Annemarie Schwarzenbach

c

Areti Georgiadou

»Das Leben zerfetzt sich mir in tausend Stücke« Annemarie Schwarzenbach

Eine Biographie

Campus Verlag
Frankfurt/New York

Die Deutsche Bibliothek – CIP-Einheitsaufnahme

Georgiadou, Areti:
»Das Leben zerfetzt sich mir in tausend Stücke«: Annemarie Schwarzenbach ; eine Biographie / Areti Georgiadou. – Frankfurt/Main ; New York : Campus Verlag, 1995
ISBN 3-593-35350-4

Das Werk einschließlich aller seiner Teile ist urheberrechtlich geschützt. Jede Verwertung ist ohne Zustimmung des Verlags unzulässig. Das gilt insbesondere für Vervielfältigungen, Übersetzungen, Mikroverfilmungen und die Einspeicherung und Verarbeitung in elektronischen Systemen.
Copyright © 1995 Campus Verlag GmbH, Frankfurt/Main
Umschlaggestaltung: Atelier Warminski, Büdingen
Umschlagmotiv: Annemarie Schwarzenbach,
fotografiert von Marianne Feilchenfeldt
Satz: Leingärtner, Nabburg
Gedruckt auf säurefreiem und chlorfrei gebleichtem Papier.
Printed in Germany

Inhalt

Vorwort 7

DAS ELTERNHAUS AM ZÜRICHSEE

Kinderparadies mit Schattenseiten 13
»Die stopften ihr die Strümpfe und himmelten sie an« 30
Das Lieblingskind der Mutter 35
Der Erste Weltkrieg und seine Auswirkungen 44

SCHWÄRMERISCHE, TRAURIGE JUGEND

Jugend als Ideal 49
Der Wandervogel 56
Die Liebe zu den Frauen 60

AUFBRUCH

Studentenleben 67
Die große Tradition der Familie 75
Erika und Klaus Mann – eine zweite Familie 84
»Freiheit – dein Name ist, glaube ich, Berlin« 97

IN DER FERNE

Persienreise 117
Schriftstellerkongreß in Moskau 129
Hochzeit in Teheran 137
Der Kampf mit den Drogen 148

Das Unternehmen USA 158
Reise durch Vorkriegseuropa 172

VORAHNUNG DES TODES

Rückfall und erneuter Entzug 179
Mit Ella Maillart in Afghanistan. 188
Traurige Liebe 195
Die letzte große Reise – Afrika 210
Tod in der Schweiz 221

Biographische Daten – Annemarie Schwarzenbach 227
Anmerkungen 239
Quellen und Literatur 253
Bildnachweis 264

Vorwort

Das Leben der Schweizer Industriellentochter Annemarie Schwarzenbach gleicht einer modernen Odyssee. In ihrem kurzen Leben reiste sie durch Europa, die Sowjetunion, die USA, Afrika und immer wieder in den Orient, vor allem nach Persien, dessen Archaik und Fremdheit sie faszinierte, in dessen Weite sie sich aber auch zu verlieren drohte. Die Fremde wird für Annemarie Schwarzenbach zum Programm und zur einzigen Möglichkeit, auf die tiefe Krise Europas in den 20er und 30er Jahren zu reagieren.

Einige der Krisengebiete, die sie auf ihren Reisen kennenlernte, finden sich auch heute in den Schlagzeilen wieder – die Schwierigkeiten in den baltischen Republiken, die Folgen der stalinistischen Herrschaft in der ehemaligen UdSSR, der Nationalitätenkonflikt auf dem Balkan und der schiitisch-sunnitische Konflikt im vorderen Orient. Es scheint sich nicht viel geändert zu haben in der Welt.

Mit den Reiseberichten, die unterwegs entstehen, macht sich Annemarie Schwarzenbach schon bald einen Namen als Journalistin. Regelmäßig erscheinen ihre Artikel in der renommierten *Neuen Zürcher Zeitung* und in der *Weltwoche*. Bereits mit Anfang zwanzig hatte sie 1931 ihren ersten Roman *Freunde um Bernhard* publiziert, der ein Kritikererfolg wurde, zwei Jahre später erscheint die *Lyrische Novelle*. Im gleichen Jahr feiert die SA mit einem nächtlichen Fackelzug Hitlers Ernennung zum Reichskanzler.

Obwohl Annemarie Schwarzenbach selbst durch die neuen Machthaber in Deutschland nicht bedroht ist, folgt sie ihren Freunden Erika und Klaus Mann ins Exil und solidarisiert sich mit der deutschen Emigration. Sie unterstützt Klaus Manns Zeitschrift *Die Sammlung*, arbeitet in New York zusammen mit den Freunden im »Emergency Rescue Committee« und besucht 1934 den Allunionskongreß der Schriftsteller in Moskau.

Ihr Thema aber bleibt schriftstellerisch und biographisch der Versuch, den Individualismus zu retten, und in Zeiten kollektiver Unterordnung ihren eigenen Weg zu gehen.

Auf dem elterlichen Gut Bocken bei Horgen am Zürichsee sind die Meinungen über das Leben und die politischen Aktivitäten der Tochter gespalten, außerdem sorgen Annemaries Morphiumsucht und ihre Liebe zu Frauen gesellschaftlich für Skandale. Während ihr Vater, Alfred Schwarzenbach, versucht, sich aus dem Leben der Tochter herauszuhalten, wird die Beziehung zwischen Mutter und Tochter immer dramatischer und findet am Tag des Todes der Schriftstellerin seinen Höhepunkt darin, daß Renée Schwarzenbach einen großen Teil der privaten Aufzeichnungen und Briefe Annemaries vernichtet. Die »innere Seelenschau« ihrer jüngsten Tochter war Renée Schwarzenbach schon immer ein Dorn im Auge gewesen, und da sie selbst mit dieser Form der Auseinandersetzung nichts anzufangen weiß, ermächtigt sie sich, Zensur zu üben – gegen den ausdrücklichen, in ihrem Testament verfügten Willen Annemaries, eine alte Freundin – Anita Forrer – möge sich nach ihrem Tod um den Nachlaß kümmern. Auch die Großmutter Annemaries, Clara Wille, beteiligt sich, wohl auf Bitten ihrer Tochter, am Vernichtungsakt Renées. In dem Brief, den sie dem kärglichen Rest noch erhaltener Aufzeichnungen in einer Sendung an Anita Forrer beifügt, schreibt sie: »Ich hoffe, Sie wissen, wie sehr ich mich stets freue, wenn Sie mal kommen – und Sie sollten auch wissen, wie sehr ich immer zu Annemarie hielt und diese lieb hatte. Es ist ganz gewiss nur in deren Interesse, dass ich Sie bitte, diese von Annemarie selbst sicher vergessenen Tagebücher zu ignorieren! – Jemand der so gerne und so viel schrieb wie Annemarie, die überdies mir des öfteren sagte, dass sie nie etwas thun würde, nie etwas gegen ihre Mutter – kann natürlich nicht verantwortlich gemacht werden für solch unüberlegte momentane Ergüsse und überdies Ergüsse, die nur ihr selbst schaden würden! Es sind ja wirklich für jeden Andern sehr unwichtige Dinge, und der einfachste Takt verbietet, sie zu (nicht ganz saubern Zwecken) zu verwenden. Sie sehen ja, wie ehrlich Renée ist, sonst hätte sie sie gar nicht weiter beachtet und sofort vertilgt – und Sie haben ja auch selbst schon einiges weg gethan – so muss dies nun auch mit diesen ›Tagebüchern‹ geschehen. Ich wenigstens nehme die volle Verantwortung dafür, und fand immer das Aufrühren jedweden Unerfreulichen und jeden Schmutzes eine Niedertracht. – Glauben Sie mir, liebe Frau Anita – es ist so. Es sind schon der ›wilden‹ Gerüchte genug.«[1]

Einfach war das Verhältnis Annemaries zu ihrer Mutter, Renée Schwarzenbach, nie gewesen. Die große Liebe der Tochter zu ihr, die

Annemarie in ihrem Testament 1938 noch einmal bekräftigt, ist immer überschattet von Renées erdrückendem Besitzanspruch.

Mit Beginn der nationalsozialistischen Herrschaft wird der private Konflikt, unter dem Mutter und Tochter leiden, noch verstärkt durch den politischen, denn zumindest zu Beginn der 30er Jahre sympathisiert Renée Schwarzenbach mit den neuen Machthabern in Deutschland, was immer wieder zum Streit zwischen Mutter und Tochter führt und am Ende zu einer starken Abkühlung der Beziehung. Renée Schwarzenbach sind abweichende Ansichten oder gar enttäuschte Erwartungen ein Greuel, und Menschen, die sich ihrem Diktat nicht beugen, spielen in ihrem Leben bald keine Rolle mehr.

Annemarie bedrückt der Konflikt mit ihrer Mutter zeitlebens. Ihre vielen abenteuerlichen Reisen, die sie bis in die entlegensten Orte der Welt führen, sind immer überschattet von dem Bewußtsein, ihre Mutter enttäuscht zu haben. Bocken, der Ort ihres Heimwehs und ihrer Sehnsucht nach der Zeit der unbeschwerten Kindheit wird so immer auch zum Ort der Schuld und der mütterlichen Ablehnung.

Aufnahme findet die rebellierende Tochter erst als Tote wieder. Renée Schwarzenbach, die eine stark ausgeprägte nekrophile Seite hat, macht von ihrem Leichnam, wie zuvor von dem ihres Ehemannes, Dutzende von Photografien, die für lange Zeit im Mittelpunkt ihres Totenkultes stehen.[2]

Danken möchte ich an dieser Stelle der Schwester Annemarie Schwarzenbachs, Suzanne Öhmann, die freundlicherweise auch ihr privates Fotomaterial zur Verfügung gestellt hat, ihren Cousinen Gundalena von Weizsäcker und Elisabeth Albers-Schönberg, ihrem Cousin Jürg Wille, Carl-Friedrich von Weizsäcker sowie den Freundinnen Annemaries, Marianne Feilchenfeldt, geb. Breslauer, Margot von Opel und Ella Maillart. Sie alle haben sich bereit erklärt, eine Reise in die Vergangenheit anzutreten, die zum Teil schmerzhaft war, um ihre Erinnerungen zu diesem Buch beizutragen. Mein Dank gilt auch Daniela Steinberger, die mit Geduld und in vielen Gesprächen die Entstehung dieser Biographie begleitet hat, und der Lektorin, Britta Kroker, für ihren Einsatz und für die angenehme Zusammenarbeit.

Bei der Darstellung der »Pfeffermühlen-Ereignisse« wie auch bei anderen Darstellungen, die unmittelbar mit Erika Mann zu tun haben, stütze ich mich auf die Erika-Mann-Biographie von Irmela von der

Lühe. Darüberhinaus war die hervorragende Quellenarbeit Roger Perrets und Regine Dieterles zu den Reportagen Annemarie Schwarzenbachs eine große Hilfe wie auch die gute Zusammenarbeit mit Huldrych Gastpar von der Schweizerischen Landesbibliothek in Bern.

Wichtige Grundlage für diese Arbeit waren auch die von Uta Fleischmann (1993) gesammelten Briefe Annemarie Schwarzenbachs an Erika und Klaus Mann. Die eigenwillige Interpunktion und Ortographie Annemarie Schwarzenbachs, die sich in ihren Briefen und Texten finden, wurden aus Gründen der Authentizität auch in diesem Buch entsprechend der Quellen wiedergegeben.

DAS ELTERNHAUS AM ZÜRICHSEE

Annemarie Schwarzenbach als Einjährige im Juni 1909

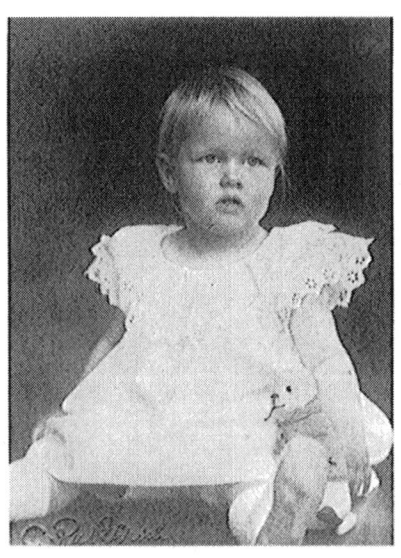 

Kinderparadies mit Schattenseiten

Annemarie Minna Renée Schwarzenbach wird am 23. Mai 1908 als Tochter einer der reichsten und mächtigsten Familien der Schweiz geboren. Ihr Vater, Alfred Schwarzenbach, ist zu diesem Zeitpunkt einer der größten Seidenfabrikanten der Welt. Schwarzenbach produziert in Italien, Frankreich, Deutschland und den USA, und er unterhält eigene Verkaufsbüros in London, Lyon, Berlin, New York und Mailand. Die Zentrale seines Firmenimperiums mit weltweit ca. 13 000 Arbeitern und Angestellten liegt im schweizerischen Thalwil am Zürichsee.[1] Alfred Schwarzenbach liebt die Ruhe, und er zieht die reizvolle Schönheit der Landschaft dem Trubel des Stadtlebens und seinen gesellschaftlichen Verpflichtungen vor. So beschließt er, auch den Wohnort der Familie aufs Land zu verlegen.

Im Sommer 1911 erwirbt er das Gut Bocken bei Horgen am Zürichsee. Bocken ist eine der großen Sommerresidenzen, die das Schweizer Bürgertum im ausgehenden 17. und 18. Jahrhundert rund um den Zürichsee errichtete. Die Kinder aus dem Dorf nennen das herrschaftliche Gut nur »das Schloß«. Für den promovierten Juristen und Seidenfabrikanten liegt Bocken günstig. Thalwil ist von hier aus schnell zu erreichen, und Zürich ist auch nur ca. 20 Kilometer entfernt.

Durch Zukäufe erweitert Alfred Schwarzenbach das Gutsgelände beträchtlich und beauftragt die Züricher Landhausarchitekten Johann Rudolf Streiff und Gottfried Schindler mit der Neugestaltung Bockens. Unter Berücksichtigung des bestehenden Gebäudes bauen sie das Landhaus bis 1913 zu einem großzügigen, modernen Wohnhaus um und installieren in das Herrschaftshaus, dem man von außen nicht ansieht, welche Pracht sich in seinem Inneren entfaltet, Elektrizität, Zentralheizung, Telefonanschluß und sanitäre Anlagen, die mit einer biologischen Kläranlage verbunden sind. An der Westseite wird das Gebäude um einen selbständigen Nebentrakt erweitert, der sich in Größe und Form von dem älteren Teil absetzt. Annemaries Zimmer befindet sich später in einem der oberen Stockwerke dieses Gebäudes. Neu hinzu kommen auch die Stallungen und 1926 sogar eine eigene Reitbahn, denn Alfred Schwarzenbach ist ein passionierter Reiter und Annemaries Mutter,

Renée Schwarzenbach-Wille, eine ebenfalls leidenschaftliche und erfolgreiche Concoursreiterin. Auch Garten und Park lassen die Schwarzenbachs neu gestalten, und noch heute bietet sich von hier aus eine wechselvolle Ansicht auf den See, das Hochgebirge und den Waldrücken des Albis.

Sobald die Umbauarbeiten abgeschlossen sind, ziehen Alfred und Renée Schwarzenbach mit ihren Kindern vom noblen »grünen Winkel« Zürichs, wo sie bisher gelebt haben, nach Bocken. Annemarie ist zu diesem Zeitpunkt vier Jahre alt, ihre ältere Schwester Suzanne sechs, ihr Bruder Alfred erlebt den Umzug im Babyalter und der Jüngste der Schwarzenbach-Kinder, Hans, wird erst ein Jahr später zur Welt kommen. Der älteste Sohn des Ehepaares, Robert-Ulrich, lebt schon zu diesem Zeitpunkt nicht mehr bei der Familie. Durch einen schweren Schock, den der überaus sensible Junge 1907 im Alter von drei Jahren erlebte, hatte er seine Fähigkeit zu sprechen verloren und wurde seit 1910 von der Familie Kölle in Stuttgart-Möhringen außer Hause betreut. Kölle war bis 1909 Leiter der epileptischen Anstalt in Zürich gewesen und betreute nach der Pensionierung einige Kinder weiterhin privat.[2]

Für die kindliche Abenteuerlust ist das weitläufige Gelände Bockens mit seinen Schluchten, Bächen und großen Wiesenflächen wie geschaffen. Die Schwarzenbach-Kinder können sich hier nach Herzenslust austoben und erfinden zusammen mit den Kindern vom Dorf oder denen der Gutsangestellten jeden Tag neue Spiele. Als erwachsene Frau schreibt Annemarie unter dem Himmel Persiens in Erinnerung an die Kinderzeit und das unbeschwerte, freundliche Landleben zu Hause: »Dieser Himmel ist nicht einmal feindlich, nur zu groß! Hoch und weiß in der Mittagsglut, ohne Wolken, ohne Vögel, ohne Wind. Eine goldene Kuppel, ein Bleidach. (...) Der Himmel dieses Landes, der persische Himmel hat nichts mehr gemein mit dem vertrauten Himmel meiner Kindheit. Der war freundlich über Hügel, Wiesen und Seen gebreitet, die seine Bläue tranken, (...). In der Nacht hob man die Augen zu seinem majestätischen Zelt, da leuchteten die Sterne und schwebten zarte Wolken voll tröstlicher Ahnungen. Aufatmen! Geborgenheit! Die Wälder rauschten (...). Aber hier?«[3]

Die ausgedehnten Exkursionen der Kinder werden oft vom Vater begleitet, der unermüdlich darin ist, ihnen alles zu zeigen und jede Frage zu beantworten. Sein ruhiges, geduldiges Wesen, das so anders ist als das

Bocken – Das Elternhaus am Zürichsee

Kinderzimmer auf Bocken

überschäumende Temperament seiner Frau, macht Alfred Schwarzenbach zum erklärten Liebling der Kinder.

Das Elternhaus, in dem Annemarie mit ihren Geschwistern aufwächst, bietet den Kindern aber nicht nur die Möglichkeit, landschaftliche Schönheit zu erleben, sondern auch Bildung und Kultur des Großbürgertums in der Epoche seiner Hochblüte. Musik, Geschichte, Literatur sind selbstverständlicher Teil des Lebens im Hause Schwarzenbach und wichtiger Bestandteil der Erziehung, die dem Geist des Schweizer Protestantismus folgt. In der großen hauseigenen Bibliothek, die über sechs Etageren reicht, finden die Kinder Bücher zu allen Wissensgebieten und können sich frei bedienen.

Von Bocken aus kann man mit dem Ruderboot leicht zum gegenüberliegenden Ufer übersetzen, nach Feldmeilen, wo sich das alte Landgut befindet, das General Ulrich Wille, der Großvater Annemaries, und seine Ehefrau Clara, eine geborene Gräfin Bismarck, bewohnen. Nach dem Tod des Generals zieht 1926 sein ältester Sohn, der spätere Oberstkorpskommandant Ulrich Wille, nach Mariafeld, das noch heute in Familienbesitz ist. Die Kinder des Oberstkorpskommandanten und seiner Frau Inez Wille-Rieter sind den jungen Schwarzenbachs willkommene Spielkameraden. Vor allem mit ihrer gleichaltrigen Cousine Gundalena, die gern auf Bocken ist und manchen Sommer dort verbringt, ist Annemarie eng befreundet. Nach dem Abitur werden sie an der Züricher Universität zusammen Geschichte studieren, worin beide auch promovieren, und 1929 verbringen sie gemeinsam ein Semester an der Pariser Sorbonne.

Annemarie ist ein lebendiges und aufgeschlossenes Kind, das in Jungenmanier gerne über die Stränge schlägt, »ein energischer kleiner Führer zu Spiel und Tanz«[4]. Bereits als Kind hat sie die betörende Ausstrahlung, die ihr die Herzen der Menschen nur so zufliegen läßt. Mit Gundalena zusammen erprobt sie gerne ihren Mut. In einem Spiel geht es darum, eine Papierkugel in der hohlen Hand anzuzünden. Wer das brennende Papier am längsten in der Hand behält, hat gewonnen. Die Brandwunden, die es bei diesem Spiel immer gibt, müssen tapfer ertragen werden. Bei einem beliebten anderen Spiel, in dem Annemarie unschlagbar ist, rasen beide freihändig auf dem Fahrrad die Hänge bergab.

Liebstes Kleidungsstück ist die kurze Lederhose, die die Mutter ihr aus München mitgebracht hat. Annemarie entdeckt schon hier ihre Vorliebe für die Hose, die so viel mehr Bewegungsfreiheit und ein verwegenes Lebensgefühl ermöglicht. Ihre »Lederne« liebt die Siebenjährige so heiß und innig, daß sie sie selbst bei einem Kirchenbesuch mit ihrem Onkel, Ulrich Wille, und ihrer Cousine Gundalena anbehält. Der Pfarrer findet das gar nicht lustig und wirft das Mädchen kurzerhand hinaus.[5]

»Herrin auf Bocken«, wie Annemarie ihre willensstarke Mutter selbst tituliert, und wichtigste Bezugsperson im Leben der Tochter ist Renée Schwarzenbach-Wille. Der strenge Tagesrhythmus der Frühaufsteherin und ihre Leidenschaften, besonders ihre Leidenschaft für Pferde, bestimmen das Leben auf dem Gut, das sich unter den Schwarzenbachs zu einem landwirtschaftlichen Musterbetrieb entwickelt und bis in die 60er Jahre im nationalen Vergleich eine führende Rolle einnimmt. Berühmt ist vor allem der »göttliche Kuhstall«, wie die Verwandtschaft ironisch die moderne Stallanlage nennt, die Alfred Schwarzenbach, der allen technischen Neuerungen sehr offen gegenübersteht, 1919 aus den USA importieren läßt. Der Dung soll automatisch auf einem Fließband ins Freie befördert werden. Leider ist das Band für die Schweizer Stallgröße etwas zu breit, so daß es öfter stockt und man per Hand nachhelfen muß. Die neue Einrichtung auf Bocken spricht sich herum und führt zu einer Art »Stalltourismus«. Bauern aus dem ganzen Land kommen an den Zürichsee, um sie sich anzusehen.

Das Attribut »Herrin«, mit dem Annemarie ihre Mutter versieht, paßt zu Renée Schwarzenbach, denn eine gütige oder zärtliche Mutter war sie nicht, auch nicht ihrem Liebling Annemarie gegenüber. Als jüngstes der fünf Kinder des Generals, darunter drei Brüder, die die kleine Schwester gerne quälten, hatte Renée schon früh gelernt sich durchzusetzen und eigensinnig ihren Weg zu gehen. Mitleid oder fremde Hilfe lehnte sie dabei jederzeit kategorisch ab. Die Familienmitglieder erzählen gerne eine Geschichte aus der Kinderzeit Renées, die ihre Eigensinnigkeit und Härte gut dokumentiert: Als sie einmal als Kind vom Pferd gefallen war und weinend an der Straßenecke saß, fragte sie eine Passantin: »Na, mein Engel, warum weinst Du denn?« Der kleine Engel aber antwortete nur frech: »Halt den Mund, Du alte Schachtel.«[6]

Renée ist eine unnachgiebige und stolze Frau. Sie ist stolz auf ihren Besitz, auf ihren Vater und auf ihre Herkunft. Dem Namen ihres Mannes, Schwarzenbach, fügt sie nicht nur, wie es üblich ist, ihren Mädchen-

Renée Schwarzenbach-Wille als junges Mädchen zu Pferde

namen, Wille, mit einem Bindestrich hinzu, sie unterschreibt statt dessen immer mit dem Zusatz »geborene Wille«. In den Kreisen der Züricher Gesellschaft trägt ihr das den Beinamen »Die Geborene« ein, was Renée aber sicher, wenn sie überhaupt davon Kenntnis hat, nicht bekümmert, denn ihr Vater, der 1883, gerade am Tag ihrer Geburt, zum Waffenchef der Kavallerie befördert wurde, bildet den Mittelpunkt ihres Lebens. Er ist ihr großes Vorbild. Und auch der General hegt eine besondere Vorliebe für seine jüngste Tochter, die sich so mutig durchzusetzen weiß.

Reneés schwieriger Charakter, ihr aufbrausendes Temperament und ihre Launenhaftigkeit sind allgemein bekannt. Wer Bocken einen Besuch abstatten will, erkundigt sich besser schon im Vorfeld, was und wem die Gunst der »Herrin« gerade gilt. Renée Schwarzenbach kann liebenswürdig sein, großzügig und überaus charmant. Sie kann aber auch regelrecht explodieren, und dann hält man sich tunlichst fern. Pfarrer Spinner versuchte 1959, anläßlich ihres Todes, Reneés absolutistisch anmutendes Wesen charmant zu fassen. Bei der Begräbnisrede sagte er, es sei offensichtlich, daß diese Generalstochter zu kommandieren wußte. »Nach dem ganzen Zuschnitt ihrer unabhängigen, unbeugsamen Persönlichkeit war sie wie aus einem anderen Jahrhundert.«[7] Häufig sei sie deshalb in Konflikte geraten, denn die Gabe, sich bei Menschen beliebt zu machen, hätte sie nicht besessen, und sie hätte sich auch nicht darum bemüht. Ihre Persönlichkeit sei für eine andere Epoche gemacht gewesen.

Nur einer Person gegenüber bleibt Reneés Liebenswürdigkeit konstant und ungetrübt: gegenüber ihrer engen Freundin, der Wagnersängerin Emmy Krüger. Renée trägt diese Frau, der sie sehr zärtlich zugeneigt ist, auf Händen. Ihr zuliebe richtet sie sogar die Züricher Junifestwochen ein, die heute noch jedes Jahr im Züricher Opernhaus und in der Tonhalle stattfinden. Die Stadt begrüßte damals zwar die Idee eines solchen Festivals, finanzieren wollte sie es aber nicht. Renée trat deshalb mit anderen als Garantin ein, um der Freundin Auftrittsmöglichkeiten zu bieten. Eröffnet wurden die Festwochen 1919 mit der neunten Symphonie Ludwig van Beethovens unter dem Dirigenten Arthur Nikisch.

Wie alle Menschen, die Annemarie kennenlernten, ist auch Nikisch begeistert von dem musisch begabten jungen Mädchen, das gerade 11 Jahre alt ist und deshalb noch zu jung, um in die Tonhalle gelassen zu werden. Die Lösung des Problems ist jedoch schnell gefunden. Nikisch lädt Annemarie kurzerhand ein, das Konzert vom privilegiertesten aller Plätze aus zu verfolgen, von seinem Dirigentenpult.

Emmy Krüger, die in den 20er Jahren große Erfolge als Sängerin feiern und in den 30er Jahren auf Bocken eine Art Musikschule einrichten wird, lernt Renée Schwarzenbach 1910 kennen. Renée Schwarzenbach richtet ihrer Freundin auf Bocken ein eigenes Zimmer ein und tut alles, damit sie sich dort wohlfühlt. Die »Herrin auf Bocken«, die Inszenierungen liebt, stellt für Emmy Krüger sogar eine kleine Garde auf, bestehend aus den zwei Jungen und Annemarie. Als Pagen verkleidet, bewachen sie vor der Tür der Operndiva den Mittagsschlaf der Schönen, und am Nachmittag, wenn sie dann erfrischt heraustritt, stehen die drei für sie Spalier. Ein anderes Mal, als die Sängerin in Zürich gerade Erfolge als Oktavian feiert, ist Annemarie auf Bocken als Rosenkavalier zu sehen. Am liebsten aber ist ihr die Matrosenrolle. Suzanne, die ältere und unabhängigere der zwei Schwestern, ist für solche Spielereien nicht zu haben.

Emmy Krüger gehört mit der Zeit fast zur Familie. Sie nimmt an allen Festlichkeiten teil und ist auch bei engeren Familientreffen auf Mariafeld dabei, manchmal sogar begleitet von ihrer alten Mutter. Die Schwarzenbach-Kinder wissen bald, wie wichtig es ist, gut mit Frau Krüger auszukommen, denn die Stimmungen und Urteile Renées hängen stark vom Wohlbefinden der Freundin und ihren momentanen Vorlieben ab. Um ungestört und alleine zu sein, fahren die beiden Frauen oft gemeinsam auf die Schwarzenbach »Alp« oberhalb von Schwyz in der Gegend des Vierwaldstättersees. So auch nach einer schlimmen Verletzung, die Renée sich bei einem Reitunfall zugezogen hatte. Annemarie ist zu diesem Zeitpunkt 15 Jahre alt, und es bleibt ihr wohl kaum verborgen, daß Emmy Krüger ihre Mutter nicht nur in Ruhe pflegen will.[8]

Die Verwandschaft belächelt zwar mild diese zärtlichen Bande zwischen den zwei Frauen, aber sie akzeptiert sie. Wo die Operndiva sich allerdings zu sehr in die Familienangelegenheiten mischt, stößt sie auf Protest. Als Renées Bruder, Ulrich Wille, seine Tochter Elisabeth nach dem Abitur für ein halbes Jahr nach Rom schicken will und Emmy Einwände dagegen erhebt – man könne doch ein Mädchen nicht allein ins Ausland schicken –, sagt er nur: »Frau Krüger, ich frage Sie ja auch nicht, wenn ich mir Unterhosen kaufe nach Ihrer Meinung, warum sollte ich es in diesem Fall tun?«[9] Emmy Krüger errötet und schweigt.

Die Freundschaft zwischen Renée Schwarzenbach und Emmy Krüger findet auch deshalb allgemeine Akzeptanz, weil Renées Ehemann keine

Einwände dagegen erhebt. Alfred Schwarzenbach gönnt seiner Frau offensichtlich die Freude, wie er ihr die Erfüllung aller ihrer Wünsche gönnt, wohl wissend, daß dies nur zum Teil durch seinen Reichtum möglich ist. Kultiviert, zurückhaltend und souverän, wie er beschrieben wird, leidet er zwar zuweilen unter dem überschäumenden Temperament Renées, er hat aber auch seine Freude daran. Außerdem bleiben ihm genügend Rückzugsmöglichkeiten. Einmal jährlich fährt er in die USA, um in den dortigen Fabriken, die sein älterer Bruder Robert leitet, nach dem Rechten zu sehen, und im Sommer spielt er regelmäßig einige Wochen Golf im Engadin.

Von den Kindern auf Bocken erfordert das Leben unter der »Herrin« einiges Geschick. Man legt sich gewisse Strategien zurecht und behilft sich öfter mit kleinen und großen Notlügen, um den mütterlichen Wutausbrüchen zu entgehen. Noch als erwachsener Mann muß Renées jüngster Sohn Hans, der nach dem Tod des Vaters 1940 die Konzernleitung übernimmt, zu solchen Mitteln greifen. Da seine Mutter verlangt, daß er frühmorgens schon am Arbeitsplatz anzutreffen ist und ihn täglich durch

Annemaries Brüder Alfred (links) und Hans Schwarzenbach (rechts)

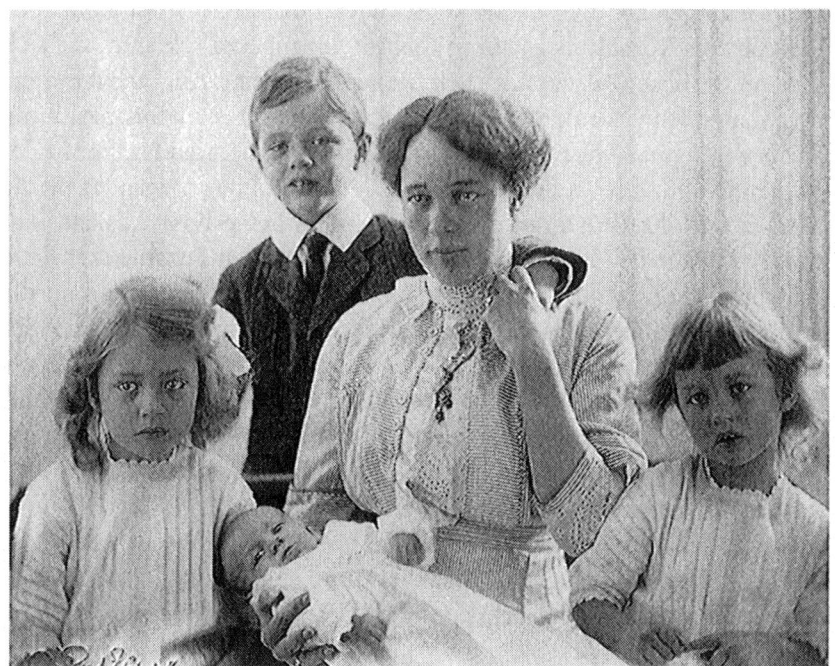

Renée Schwarzenbach mit den Kindern Robert-Ulrich, Suzanne (links), Annemarie (rechts) und Alfred (im Arm der Mutter)

Telefonanrufe im Büro kontrolliert, legt er kurzerhand eine spezielle Leitung, über die Telefonate zu seinem Privathaus weitergeleitet werden, so daß sich Renée im Glauben wiegen kann, ihren Sohn im Büro erreicht zu haben.

Diese Lektion, daß man die Mutter mit Humor und List ertragen muß, lernen die Jungen allerdings bereitwilliger als die Mädchen. Für Hans ist es sogar eine Strategie, die seinem Temperament entspricht. Alfred tut sich da schon etwas schwerer, doch hat er im Gegensatz zu Annemarie zumindest nicht die Bürde zu tragen, das auserkorene »Lieblingskind« zu sein. Annemarie, die unter Renées Besitzanspruch besonders stark zu leiden hat, kann sich am wenigsten von der Mutter distanzieren und die vollständige Ablösung wird ihr nie gelingen. Mit ihren überschwenglichen Liebkosungen knüpft Renée ein emotionales Band zwischen ihr und der Tochter, das Annemarie aus Angst um den Verlust der mütterlichen Liebe nie ganz zu lösen wagt. Die Angst ist durchaus begründet, denn Renée wendet sich ohne zu zögern schnell und radikal von Menschen ab, über die sie keine Gewalt mehr hat. So ist wohl auch ihr kühleres Verhältnis zu ihrer Tochter Suzanne zu erklären, die sich dem mütterlichen Machtanspruch früh entzogen hat. Aber nicht nur die divergierenden Charaktere von Renée und ihrer ältesten Tochter führen zur Bevorzugung Annemaries. Es ist vielmehr der betörende Charme der Jüngeren und ihre außergewöhnliche Ausstrahlung, denen auch die Mutter und ihre Freundin erliegen. So ist es keine böse Absicht, daß Emmy Krüger bei einer ihrer Ankünfte auf Bocken Suzanne zur Seite schiebt, um direkt auf Annemarie zuzusteuern und sie kosend an die üppige Brust zu drücken. Es ist einfach symptomatisch. »Annemarie hat immer die Menschen angezogen, und ich stand daneben. Unbeachtet«, lautet das Resümee der älteren Schwester, die darüber jedoch niemals Verbitterung empfand. Dabei sind die Zärtlichkeiten der Damen Annemarie gegenüber durchaus widersprüchlich. Ein beliebter, eher erniedrigender »Kosename« für sie ist »Zwerg«.

Schon in ihren frühen Texten wird Annemaries Irritation über diese Art der mütterlichen Liebe deutlich. Als Kind aber greift sie zunächst zur Reproduktion der mütterlichen Gewalt über sie. Ein kleines Nachbarsmädchen, Bertele, lockt sie unter dem Vorwand, ihr etwas Schönes zeigen zu wollen, in den Keller und schließt sie dort ein. Erst bei Anbruch der Dunkelheit, als man beginnt, das arme Mädchen zu suchen, findet man es schließlich vollkommen verängstigt in seinem Gefängnis und befreit es.

Sobald sie schreiben lernt, entdeckt Annemarie ein geeigneteres Mittel, sich des Zugriffs der Mutter für eine gewisse Zeit zu entziehen und ihren ambivalenten Gefühlen Ausdruck zu verleihen. Ganze Tage verbringt sie auf ihrem Zimmer, um Märchen, Sagen und kleine Erzählungen zu schreiben, in denen sie ihre alltäglichen Erlebnisse schildert, und die sich bald auch mit zwei ihrer zentralen Themen als Schriftstellerin beschäftigen: Liebe und Einsamkeit. Die schreibende Tochter weckt das Mißtrauen der Mutter. »Die schwersten seelischen Schmerzen als Privateigentum« – das war die Prämisse, unter der Renée erzogen worden war. Die Selbstreflexion und die hemmungslos offene »Seelenschau« der Tochter sind ihr da zwangsläufig ein Dorn im Auge. Außerdem merkt Renée, die immer instinktiv und machtbewußt agiert, daß sich die Tochter durch das Schreiben eine Welt aufbaut, auf die sie keinen unmittelbaren Zugriff hat. Folgerichtig versucht sie, es ihr zu verbieten. Es gibt unzählige Diskussionen darüber. Renée bezeichnet Annemaries Arbeiten als »krank« und scheut sich auch nicht davor, die labile Gesundheit der Tochter als Argument ins Feld zu führen. Am 11.11.1925 bedankt sie sich schließlich in einem Brief dafür, daß Annemarie nun endlich mit dem Schreiben aufgehört habe. »Und Dank, daß Du nicht schreibst. Bleibe bei dem Entschluß. Du sollst *gesund* sein, das ist die Hauptsache.« Annemarie, der Diskussionen wohl müde, hatte ihre Mutter angelogen.

Die Mutter sieht Annemarie lieber an der frischen Luft und auf dem Rücken der landesweit berühmten Pferde des Gutes, mit denen Renée auf allen wichtigen Reitturnieren in Österreich, Deutschland und der Schweiz Preise erringt.

Ihrem Lieblingskind nimmt sie es übel, daß sie ihr darin nicht nachtun kann – wie sie es immer übel nimmt, wenn etwas nicht nach ihrem Gusto verläuft.

Die sonst sportliche Annemarie tut sich tatsächlich schwer mit Pferden. Der Reiter unter den fünf Geschwistern ist ihr jüngster Bruder, Hans. 1951 und 1959 wird er Europameister im Military werden und 1960 bei den Olympischen Spielen in Rom die Mannschafts-Medaille in Silber gewinnen. Pferde, vor allem das erfolgreiche Turnierpferd »Primula«, Reitturniere, Reiterkollegen und Ausritte tauchen jedoch in den Briefen Annemaries immer wieder auf. Am 15.10.1930, kurz nach ihrer ersten Begegnung mit Erika Mann, schreibt sie: »Ausserdem schuften wir, Hasi u. ich, weil Samstag/Sonntag Concours ist u. 6 Pferde geritten werden müssen. Ich bin aber schwach darin: ich reite eins, höchstens zwei Pferde. Hasi stets drei oder vier. Er reitet blendend gut, als ich aber vorgestern meinen ersten Parcour ritt (mit Unterbruch von einmal herunterfallen!) wurde mir nachher beinahe übel u. Hasi konstatierte mit Erstaunen, ich sei weiss gewesen wie ein Tischtuch. Ich kann nämlich die Pferde nicht *halten*, u. wenn sie zu rasch gehen, werfen sie natürlich die Hindernisse um oder bleiben stehen. Genau genommen habe ich nachts Angst, u. jedesmal vor dem Springen ebenfalls.«[10]

Fesch und hoch zu Roß muß »Hasi«, ähnlich wie die Mutter, einen veritablen Eindruck gemacht haben, und Annemarie ist stolz, wenn sie es ihnen nachtun kann. Sofort werden dann Jubelbriefe an die neue Münchner Freundin, Erika Mann, geschrieben: »Ausserdem passiert furchtbar viel, z. B. mussten wir, die Buben u. ich, uns 3x umziehen, weil die Infantin v. Spanien[11], die ich begeisternd finde, samt Schwiegermutter hier anrückte – ferner war schrecklich viel Hausbesuch von süssen Leuten da, Reitkollegen von Mama, vor allem die nämlich international gepriesene, von uns allen gleichermassen geliebte Annelies Stoffel samt Schwester Marion Goldschmid[t] Rothschild die wir mit viel Spannung erwarteten. Dazu war mir schon schlecht weil ich reiten sollte, u. natürlich ging es sehr gut, ohne Refus u. andere Schrecknisse, u. ich bekam den 5. Preis u. errang wie man mir versichert grosse Sympathien nebst Hoffnung auf zukünftige Siege, da mein Talent verbürgt sei – Ich platze vor Stolz. Wichtiger ist die Befriedigung meiner Eltern, ich merkte ordentlich wie durch die ›Tat‹ meine Zugehörigkeit u. Fähigkeit zu der grossen Tradition der Familie festgestellt wurde –.«[12] Annemarie gibt sich als Jugendliche offensichtlich alle Mühe, dem mütterlichen Bild zu entsprechen, und sie achtet auch äußerlich auf die opportunen Formen. Da Renée sich rühmt, im Sattel immer aufrecht zu sitzen, weil eine Schwarzenbach eben wisse, was reiterische Haltung sei, sitzt Annemarie eine Zeit lang in allen Situationen, auch bei Tisch, immer betont aufrecht, und weil Renée, die sich als Kind immer gewünscht hat, ein Junge zu sein, Gefallen findet am schmalen, jungenhaften Aussehen ihrer Tochter, betont Annemarie dieses Erscheinungsbild durch jungenhafte Kleidung und hungert sich prophylaktisch, zum Teil mit Hilfe von Abführmitteln, die weiblichen Hüften ab. Während Suzanne sich über die schwesterlichen »Marotten« nur wundern kann, sind sie eher Ausdruck für die tiefen Bedürfnisse Annemaries, den Erwartungen der Mutter zu entsprechen und ihre Anerkennung zu gewinnen.

Mit Beginn ihrer Schulzeit macht Annemarie auf Bocken die prägenden Erfahrungen der Einsamkeit und der Kausalität zwischen Krankheit und zärtlicher mütterlicher Zuneigung. Nur wenige Wochen, nachdem sie begonnen hat, die Volksschule zu besuchen, zwingt sie eine Scharlach-Erkrankung ins Krankenbett. Zuvor hat Annnemarie gemeinsam mit ihren Geschwistern einen schweren Keuchhusten durchgemacht, von dem sie sich zum Zeitpunkt der erneuten Erkrankung noch nicht ganz erholt hat. An einen weiteren Schulbesuch ist zunächst nicht zu denken, und Suzanne, die bereits in der dritten Klasse ist, muß während der akuten Ansteckungsgefahr eine Zeitlang nach Mariafeld ziehen.

Renée kümmert sich aufopfernd um das kranke Kind, und Annemarie gefällt sich in der Rolle der Umsorgten. Neben Karl Mays *Diwan* liest Annemarie im Krankenbett mit großer Begeisterung eine Biographie Friedrich Nietzsches. War es Emmy Krüger, die von Nietzsche sprach und Annemarie darauf brachte, war es ein Bild des Philosophen, das sie faszinierte, oder war es ein mehr oder weniger zufälliger Griff ins Bücherregal? Annemarie läßt sich auf jeden Fall von dieser Lektüre faszinieren, während Suzanne, die es ihr nachtun will, das Buch schon bald gelangweilt zur Seite legt.

Annemarie Schwarzenbach als junges Mädchen im Garten des Elternhauses

Für Annemarie ist die Erfahrung, als Kranke die Mutter ganz für sich zu haben und sie zudem auch noch als zärtliche und fürsorgliche Frau zu erleben, beeindruckend. Immer wieder taucht in ihren späteren Schriften das Motiv des kranken, fiebrig-erschöpften Jünglings auf, der von der Mutter oder einer anderen älteren Frau gepflegt wird und sich ganz ihrer Liebe und Fürsorge anvertrauen kann. In dem erhaltenen Nachlaß Annemaries erscheint dieses Bild zum ersten Mal in der *Pariser Novelle I*, die sie 1929 in Paris schreibt. Unter dem Eindruck der Schicksale russischer Emigranten, die sie dort kennenlernt, schreibt sie Fragmente einer russischen Familiengeschichte, in die sich auch ihre eigenen Sehnsüchte und ihr Heimweh mischen: »Und weiter zurückdenken, bis dahin wo die Mutter ist. Und viele grüne Bäume und Blumenbeete die bunt leuchten in der Sonne. Das war, als wir noch mit Mamma auf dem Gut wohnten, Anna, Lisaw[e]ta und ich. Nikolai war damals erst 8 Jahre alt, aber er war ein kluger kleiner Knabe und Papa liebte ihn sehr. Wenn Papa von Petersburg zurückkam wurden wir alle gerufen und gingen mit ihm über die Felder spazieren. Manchmal auch ritten wir mit Papa, aber nur Nikolai und ich. Wenn wir zurück kamen, heiss und laut und froh, wartete Mamma auf uns, und Anna und Lisaweta machten Thee. Wir hatten immer grossen Hunger und wenn der Hauslehrer uns holte, wollten wir noch weiter essen – Mamma aber schickte uns fort, und abends assen Nikolai und ich allein im Kinderzimmer. Wir schliefen nebeneinander, und wenn man das Licht ausgelöscht hatte, machte ich die Türe zu ihm auf. Dann erzählten wir uns alles was wir am Tag ausgedacht hatten, z. B. wollte Nikolai General werden, oder manchmal auch Kammerherr des kleinen Zarensohns, oder König von Polen. Wir hatten eine alte Tante in Polen, zu der wir in den Sommerferien eingeladen waren. Sie war sehr hässlich, und Nikolai sagte er wisse nicht ob er sie zur Hofdame machen würde. Darüber lachten wir so laut, dass Mamma uns hörte und plötzlich stand sie im Zimmer (gar nicht böse etwa) und lief zu Nikolai und verschloss ihm mit der Hand den Mund, und dann küsste sie ihn und schloss die Türe. Ich aber liess sie nicht fort, und Mamma setze sich auf mein Bett und beruhigte mich. ›Was sind das für Dummheiten‹ sagte sie, ›Du hast ja Herzklopfen und Deine Hände sind ganz heiss‹, und sie küsste mich viele Male, bis ich sie von selbst los liess und dann war ihr Gesicht wieder ernst wie gewöhnlich. Manchmal, glaube ich, schlief ich ein, während Mamma noch bei mir sass und halb im Traum fühlte ich, dass sie ihre Hand von meiner Stirn nahm (...).«[13]

Interessant ist, daß Annemarie alle anderen Familienmitglieder in dieser Geschichte nach und nach sterben läßt, so daß zum Schluß nur der junge Ich-Erzähler übrig bleibt und seine Mutter.

Auch nach ihrer Genesung wird Annemarie nie wieder die Volksschule im Dorf besuchen. Bis 1923 erhält sie zu Hause Privatunterricht. War es die mütterliche Sorge um das gesundheitlich labile Kind? Oder war es der Wunsch, die Tochter bei sich zu behalten? Durch den Privatunterricht zu Hause ist Annemarie jedenfalls lange von sozialen Kontakten mit Gleichaltrigen relativ isoliert, und Bocken war sicherlich besonders einsam, wenn Annemarie die anderen Kinder mit dem Schulranzen auf dem Rücken in die Schule gehen sah und allein zurückblieb.

Die Erkrankung Annemaries bedeutet vorerst auch das Ende ihres Klavierunterrichts. Sie hatte so viel Talent im Spiel gezeigt, daß die Familie anfangs dachte, sie würde Pianistin werden. Berühmt war insbesondere ihr einzigartiger Anschlag und ihre exzellente Technik, die sie schon früh befähigte, das »Concerto« von Schumann zu spielen. »Wenn sie Klavier spielte, war sie eine völlig andere Person« sagt Ella Maillart, mit der Annemarie 1939 nach Afghanistan reiste, und die es bedauert, Annemarie nicht öfter spielen gehört zu haben. »Aber wissen Sie, auf unserem Weg nach Kabul gab es nur wenige Gelegenheiten, auf einem Klavier zu spielen«[14], fügt sie noch hinzu.

Annemaries Privatlehrerin auf Bocken ist Fräulein Zweifel. Die junge Frau bemüht sich um einen fundierten Unterricht und fördert besonders die musikalische Begabung ihrer Schülerin. Schon bald aber verfügt sie nicht mehr über die nötige Autorität gegenüber dem jungen Mädchen, das gegen sein einsames Schicksal rebelliert. Annemarie streunt immer öfter alleine herum, statt im Unterricht zu erscheinen, und sie zieht sich mehr und mehr in eine Welt von Einsamkeit und Leiden zurück. Vielleicht beginnt hier die ihr eigene Heroisierung dieses Zustands, der so paradigmatisch ist für die Schriftstellerin. Einsamkeit als leidvolle Größe und als Voraussetzung für die Annäherung an die hohe geistige Welt, nach der sie strebt.

Während einer Abwesenheit der Mutter nimmt Suzanne, die sieht, daß ihre Schwester auf Bocken leidet und daß ihre schulischen Leistungen weiter nachlassen, Annemarie kurzerhand mit in das Freie Gymnasium, die Privatschule, die sie besucht. Annemarie ist begeistert, und beide erzählen der Mutter bei ihrer Rückkehr stolz, was sie da ausprobiert haben und woran Annemarie großen Gefallen gefunden hat. Aber

Renée ist nicht einverstanden. »Mama fand das Freie Gymmi immer so schrecklich, nur weil ich mich dort so wohl gefühlt habe«, sagt Suzanne Öhman.[15] Renée Schwarzenbach will Annemarie lieber in einer anderen Schule sehen, und sie überredet Annemarie unter vier Augen, dies ebenso zu wollen. Auf Vorschlag von Frau Zweifel kommt Annemarie daraufhin in die Privatschule »Götz-Azzolini«. Annemarie bleibt von 1923 bis 1924 auf dieser Züricher Privatschule. Ihre Leistungen lassen aber auch dort zu wünschen übrig, und Suzanne schlägt ihrer Mutter vor: »Schick sie doch nach Fetan«, was Renée schließlich auch tut.

»Die stopften ihr die Strümpfe und himmelten sie an«

Das hochalpine Töchterinstitut in Fetan, das Annemarie von 1925 bis zum Abitur 1927 besucht, hat einen guten Ruf und ist international bekannt – es ist aber trotz allem ein Internat. Ihr Freund, der Schweizer Schriftsteller und Theologe Ernst Merz, bei dem Annemarie Konfirmationsunterricht genommen hatte, schreibt über ihre Zeit dort: »Es war nicht leicht für sie, das Haus, den See und die Stadt zu verlassen, aber sie fügte sich und stellte sich rasch auf die neuen Verhältnisse ein. Anfangs bereitet ihr die Mathematik einige Schwierigkeiten, aber vom Moment an, wo sie den persönlichen Kontakt zu dem betreffenden Lehrer findet, leistet sie auch hier Vortreffliches. Die Briefe an mich erzählen vom Studium, von den Mädchen, mit denen sie zusammenlebt, von ersten seelischen Kämpfen. Den grössten Teil ihrer Kameradinnen schildert sie als selbstzufrieden und geistlos. Sie schreibt, wie sie sonntags morgens, umgeben von Büchern und Heften, im Bett liegt und an alles Schöne und Hohe denkt; sie vertraut mir die quälenden Fragen von Reinheit und Schuld an und meint, wohl nur die Kraft der Persönlichkeit könne das Gefühl der Sünde überwinden.«[16]

Das »Gefühl der Sünde«, von dem Annemarie an Merz schreibt, ist nicht nur metaphysischer Natur, es drückt auch Annemaries Verhältnis zur homosexuellen Liebe aus, die, trotz ihres frühen Selbstverständnisses darin, ähnlich wie bei Klaus Mann, Hans Henny Jahnn und vielen anderen Schriftstellern, auch bei ihr schuldbeladen bleibt und an deren Ende deshalb nur Unglück, Strafe und Tod stehen dürfen. Eine glückliche Beziehung wird Annemarie tatsächlich nie gelingen.

In Fetan wird dieses Gefühl durch Sabine Nagel, die Tochter eines Textil- und Kleidungsfabrikanten aus Berlin, die im Internat das Zimmer gegenüber bewohnt, ausgelöst. In Annemarie Schwarzenbachs erstem Roman *Freunde um Bernhard*, der 1931 im Wiener Amalthea Verlag erscheint, sind Fetan und das junge Mädchen in der kurzen Episode wiederzufinden, während der Ines das Internat besucht.

Sabine Nagel aber, die extrem homophob ist, sind die Annäherungsversuche Annemaries unangenehm. Sie fühlt sich geradezu verfolgt von dieser jungen sportlichen Frau mit dem kurzen Männerhaarschnitt, die geübt und vollkommen unmädchenhaft Berge erklimmt und furchtlos in eiskalten Seen schwimmt. Im Freundeskreis macht sie Bemerkungen über die Verehrerin, die keine Gelegenheit ausläßt, sich während der Pausen oder in der Freizeit in ihrer Nähe aufzuhalten.[17]

Die ablehnende Haltung Sabine Nagels ist allerdings eine ungewöhnliche Reaktion auf Annemarie, die auch in Fetan einige junge Verehrerinnen hat, die bewundernd zu ihr aufschauen. »Die stopften ihr die Strümpfe dort und himmelten sie an«, sagt ihre Schwester.[18]

Annemarie ist trotz ihrer schiefen Zähne, die man nie ganz richten konnte, eine Schönheit. Ihre jungenhafte Gestalt, ihr entrückter Blick, ihr Charme, ihre Ausstrahlung und dieser aristokratisch leidende Gesichtsausdruck, der auf so vielen Photos von ihr dokumentiert ist, machen sie fast unwiderstehlich. Annemarie kann bezaubern. Männer und Frauen schwärmen gleichermaßen von ihr und verlieben sich reihenweise in sie.[19] Roger Martin du Gard schenkt ihr 1932 in Berlin ein Exemplar seiner *Confidance africaine* mit der Widmung: »Für Annemarie Schwarzenbach, als Dank, daß sie mit ihrem schönen Gesicht eines untröstlichen Engels auf dieser Welt spaziert.«[20] Die Assoziation des untröstlichen oder traurigen Engels ist eine Assoziation, die Annemarie häufig erweckt. Und wenn man die Photos betrachtet, scheint es, als ob sie dieses Bild bewußt stilisierte. Nur selten sieht man sie darauf lachen.

Die Photographin Marianne Breslauer, die sie später so oft portraitierte und unvergeßliche Photos von Annemarie gemacht hat, erzählt über ihre erste Begegnung mit Annemarie im Jahre 1931, die durch Ruth Landshoff zustande kam: »Ich war nur vollkommen fassungslos beim Anblick dieser Person, die, da ich ja nun Photographin war und auch das Leben sehr optisch sehe, die sah also für mich aus, wie ich noch nie einen Menschen gesehen hatte, und wenn man mir gesagt hätte, sie sei der Erzengel Gabriel und stünde vor dem Paradies, hätte ich's auch geglaubt. Sie sah eben nicht aus wie eine Frau oder wie ein Mann, sondern wie ein Engel, wie ein Erzengel, wie ich mir einen Erzengel vorstelle.«[21] Das Photo, das Marianne Breslauer damals im Atelier Ullstein von Annemarie machte, wurde beim Erscheinen von *Freunde um Bernhard* in einem Schaufenster zusammen mit dem Buch ausgestellt. Tags darauf war die Scheibe zerschlagen und das Bild entwendet. Beeindruckte Passanten hatten es während der Nacht gewaltsam in ihren Besitz gebracht.

Die Menschen, die Annemarie Schwarzenbach begegnen, sind aber nicht nur beeindruckt von ihrer Schönheit, sie mögen sie auch: »Das ist ein Teil von mir«, wird sie 1942 an Ella Maillart über diese Eigenschaft von ihr schreiben, »er bewirkt, daß mich alle leicht lieben können (...).«[22] Ihr Kollege, der Journalist Manuel Gasser, wird sich in seinem Nachruf kurz nach ihrem Tode erinnern: »Ihr irgendwo zu begegnen, bereitete unbeschreibliches Vergnügen; ein Zusammensein mit ihr war jedesmal eine bezaubernde, festliche Angelegenheit.«[23]

Selbst die engste Freundin Sabine Nagels hängt sich, ungeachtet der Ablehnung ihrer Busenfreundin, ein Photo Annemaries an die Wand. Aus Angst, ihr Freund könne es entdecken, dreht sie es mit dem Gesicht zur Wand. Auf der Rückseite ist ein unverdächtiges Gemälde zu sehen.[24]

Ihre Lehrer und Lehrerinnen beeindruckt Annemarie durch ihren Wissensdurst und die existentiellen Fragen, die sie an das Leben stellt. Mit Halbheiten gibt sie sich nicht zufrieden, sondern sie will auch die letzten Geheimnisse des Lebens ergründen. Ernst Merz schreibt darüber: »Meine Schülerin nahm mit einer Lebendigkeit und Aufgeschlossenheit sondergleichen die Lebensfragen in Angriff und suchte, wobei die Rollen gelegentlich vertauscht wurden, noch die letzten Dinge zu ergründen. Am Palmsonntag 1925 wurde dann im kleinen Kreis der Familie die Konfirmation gefeiert, und ich gab meiner Schülerin das schönste Wort mit auf die Lebensfahrt, das der Priester dem jungen Menschen schenken kann, den Hymnus auf die Liebe (1. Kor. 13.1-4).«[25]

Mit solcherart Geschenken lassen sich allerdings die klassischen Fragen der Pubertät nach dem Sinn des Lebens, nach dem Dualismus von Einsamkeit und Gemeinschaft und nach dem Wesen der Liebe, die Annemarie zu dieser Zeit beschäftigen, nur notdürftig beantworten, zumal die »religiöse Krise«, die fast notgedrungen jeden empfindsamen Menschen ihrer Generation erfaßte, auch für Annemarie ein brennendes Thema ist. In der *Pariser Novelle* schreibt sie: »Ich weiss nicht, Jaqueline, ob sie sehr religiös sind? Ich bin es nicht. Ich habe gar nichts, um daran zu glauben. Ich bin immer allein und manchmal schrie ich nachts: Gib mir einen Menschen – Das ist eine Art von Gebet. Aber nachher ist es wieder dunkel. Und Jaqueline, das ist böse und hart wie Verzweiflung, denn alles was wir leiden, leiden wir heimlich für einen Menschen der uns lieben wird, alles, was wir tun, tun wir heimlich für ihn. Glauben Sie es nicht? Aber manchmal weiss ich ganz deutlich, dass es vergeblich ist, und ich sehe immer in die Dunkelheit, die um mich wächst und begreife,

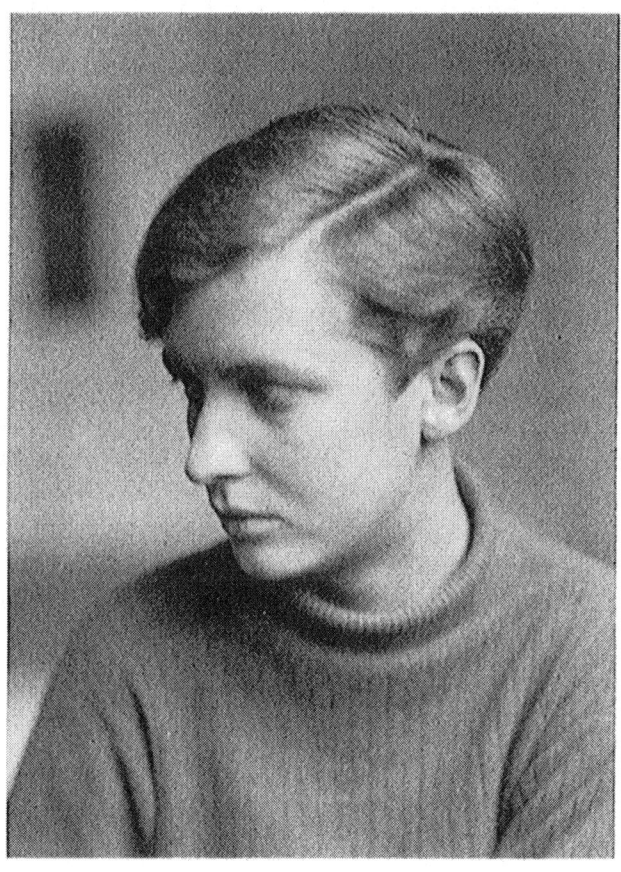

»Sie hatte eine unglaubliche Ausstrahlung«

dass ich mich an niemanden wenden kann. (...) Sie denken ich warte auf jemanden der mich durch seine Liebe erlösen wird. Und das ist es ja nicht, ich habe viele Menschen, die mich lieben, und sie helfen mir dennoch nicht. Ja ihnen ist Sinn. Ich aber suche in allen Leiden der Welt einen *Sinn*, einen Gott, Wahres.«[26]

Verstärkt durch die Umstände auf Bocken, die sie früh in eine Form der Innerlichkeit fliehen lassen, und durch die geistesaristokratische Literatur Rilkes und Hofmannsthals, in deren Tradition sich Annemarie begibt, wird die Einsamkeit als zentrale Erfahrung der Moderne sie noch lange nach der Pubertät beschäftigen und ein zentrales Motiv in ihrem Leben und ihrem schriftstellerischen Werk werden. Allzuschnellen Bekundungen von Zuneigung und Vertrauen begegnet sie deshalb skeptisch. Zum einen gebietet ihr romantisch geprägtes Freundschafts- und Liebesideal, daß die »echte tiefe Liebe«[27] nur wenigen gehören dürfe; zum anderen gesteht sie Merz, daß immer schnell ein toter Punkt erreicht ist, »der regelmässig da einsetzt, wo *sie* sich wohl fühlen und wo *ich* dann eine ganz verzweifelte Einsamkeit spüre ...«.[28] Unweigerlich denkt man bei diesem Satz an die Bilder von Mutter und Tochter, auf denen Renée der selbstbewußte Besitzerstolz anzusehen ist, während ihre Tochter eher mißtrauisch in die Kamera blickt.

Fetan, das 1750 m hoch in den Bergen liegt, folgt reformpädagogischen Ansätzen und wird von einer internationalen Schülerinnenklientel besucht. Die Schule hat den Mädchen einiges zu bieten. Neben den üblichen Sportanlagen gibt es auch einen Tennisplatz und eine Eislaufbahn. Das Essen ist gut, das Unterrichtsprogramm abwechslungsreich. Es werden Ausflüge in die Berge und ins nahegelegene Italien veranstaltet, und samstags kommen die Schüler von der Jungenschule in Zuoz zu Besuch.

Annemarie ist dennoch nicht glücklich im Hochalpinen Töchterinstitut und schließlich heilfroh, als die Zeit dort nach dem Abitur, das sie mit Leichtigkeit besteht, beendet ist. Eine Mitschülerin erinnert sich: »Sie wollte da schnell raus. (...) Die wollte Menschen treffen, die Welt sehen, nicht bloß Schülerinnen.«[29]

Das Lieblingskind der Mutter

Es scheint wie ein Widerspruch, daß gerade Annemarie, das Lieblingskind der Mutter, das Internat besuchen und nur die Ferien zu Hause verbringen sollte. Gleichzeitig war es eine Möglichkeit, der Tochter schon hier die Aura des Besonderen zu verleihen und sie in die besten Kreise einzuführen. Wichtig schien es der Mutter vor allem, Annemarie von allem Gewöhnlichen fernzuhalten und ihr unter den Geschwistern eine Sonderbehandlung zukommen zu lassen.

Suzanne erklärt die Bevorzugung Annemaries damit, daß Renée, die bei Annemaries Geburt fast verblutet wäre, in dieser Tochter von Anfang an eine Art Ebenbild sah; das Kind, das ihr am meisten entsprach[30], was nicht zuletzt am burschikosen Stil gelegen haben mag, den Annemarie pflegte, und in dem sich Renée, die sich als Kind oft gewünscht hatte, ein Junge zu sein, wiedererkennen konnte. Aber das Burschikose an Annemarie, die Kinderbilder zeigen es deutlich, ist ihr nicht von Anfang an eigen. Es tritt erst durch die bewußte Förderung der Mutter, etwa durch die Kostümierungen zutage.

Renée fördert auch Annemaries Homoerotik, die sie offiziell natürlich ablehnen muß. Der Auftrag an die Tochter, ein Leben zu führen, das sie selbst nur im Geheimen leben kann, ist jedoch eindeutig, und er fällt auf fruchtbaren Boden.

An der komplizierten Beziehung, die zwischen Mutter und Tochter im Laufe der Jahre entsteht, leiden beide. Renée, weil die Versuche Annemaries, der Mutter zu entfliehen, skandalös werden – spätestens als die Tochter einen Ausweg im Morphiumkonsum sucht und Renée am Ende nur noch mitansehen kann, wie ihre Tochter langsam daran zugrunde geht. Annemarie, weil es ihr nicht gelingt zu unterscheiden, wann ihr Renée echte mütterliche Liebe entgegenbringt und wann sie sie nur für ihre Machtspiele benutzt.

Immer wird sie – zum Teil durch Gewaltanstrengungen, die sie bis in die letzten Winkel dieser Welt führen, versuchen, der mütterlichen Gewalt zu entkommen. Den Mut, für ihre eigene Unabhängigkeit und individuelle Freiheit die Zuneigung der Mutter aufs Spiel zu setzen, wird sie aber nicht finden. Renée Schwarzenbach kann ihren Machtanspruch zwar nie ganz durchsetzen, sie nimmt der Tochter im Gegenzug aber jede Möglichkeit, einen eigenen Weg zu gehen und glücklich zu werden, denn

Erfolg und Mißerfolg mißt Annemarie ihr ganzes Leben immer nur am mütterlichen Urteil. Renée aber verurteilt kategorisch alle Arbeiten der Tochter und auch ihre Lieben.

Obwohl Annemarie weiß, daß das Unglück, das sie ein Leben lang begleitet, in dieser Beziehung zu ihrer Mutter seinen Ursprung hat, kann sie den Bruch nicht vollziehen, und selbst Wut oder Ärger zu empfinden fällt ihr schwer. Immer wieder wird sie sich dem Traum einer sie liebenden Mutter ergeben und die reale Auseinandersetzung einem Ideal von Versöhnung opfern, das nur in ihrer Phantasie existiert. Die Anerkennung der Mutter zu erhalten, wünscht sich Annemarie ein Leben lang, doch der Kampf um diese liebende Anerkennung ist von vornherein für sie verloren. »Was ist zu Hause? Meine Mutter? Ja, meine Mutter«, heißt es in einem kurzen Dialog in der *Pariser Novelle*. »Deine Mutter wird nie begreifen, dass Du frei leben sollst. Du kannst nicht arbeiten, wenn Traditionen um Dich sind. Verstehst Du denn nicht? Du erstickst dort, vor lauter Rücksicht. Es nimmt Dir Dein bestes. Und das kann eine Mutter nicht verstehen.« »Eben weil sie es nicht verstehen kann«, lautet nur die trotzige Antwort der Ich-Erzählerin Ursula, die sich trotz aller Schwierigkeiten nicht von der Mutter abwenden will.[31]

So wie Annemarie einen Kampf um die Mutter führt, kämpft diese auch um die Tochter. Dabei kommt ihr in gewisser Weise und trotz der gesellschaftlichen Skandale, die sie zur Folge hat, Annemaries Drogensucht zu Hilfe. Sie gibt Renée Schwarzenbach immer wieder Anlaß, Annemarie hilfreich zur Seite zu stehen und damit ihren Besitzanspruch zu manifestieren.

Ihren Freundinnen sind Annemaries Schwierigkeiten mit der Mutter so präsent, daß auch heute noch das Gespräch bald auf Renée kommt.

Ella Maillart, die ich zwei Jahre, nachdem ich die Arbeit an diesem Buch begonnen habe, in den Bergen der französischen Schweiz besuche, sagt gleich zu Beginn unseres Gespräches: »Annemarie war ein wundervoller Mensch. Sie war sehr charmant, sehr talentiert, aber es gab da ein großes Drama in ihrem Leben mit ihrer Mutter glaube ich.«[32] Ella Maillart bestätigt damit, was vor ihr schon Margot von Opel und Marianne Feilchenfeldt, geb. Breslauer, in Gesprächen über Annemarie gesagt haben: jung, talentiert, charmant, schön, aber unendlich traurig und niedergedrückt durch die unglückliche Beziehung zu ihrer Mutter, die sie liebt und verehrt und die sie gleichzeitig als Ursache ihrer ewigen Unruhe weiß.

Annemarie mit Mutter Renée 1932 auf Bocken

Annemaries frühe Darstellungen der Mutter sind bereits durchaus ambivalent. In der kurzen Geschichte *Der Hut*, die sie 1930 unter dem Eindruck des frisch errungenen Turniersiegs mit »Primula« fertigstellte, ist es eine Mischung aus zärtlichem Stolz und humorvoller Bewunderung, mit der sie die Mutter beschreibt. Es ist die Geschichte eines Ausritts zu dritt, den sie mit Hans und Renée auf Bocken unternimmt. Renée Schwarzenbach mit ihrer »schön u. erstaunlich gewölbten Stirn« steht dabei als stolze Reiterin und »Amazone« im Mittelpunkt. »Frau Schwarzenbach ritt heute Herrensattel, was ihr nicht übel stand obwohl es ihr, da sie ziemlich kurzbeinig war, etwas von ihrer sonstigen Würde nahm. Sie wirkte nämlich wie ein kleiner Jockey, die Kinder allerdings behaupteten es sei auch eine gewisse Ähnlichkeit mit Friedrich dem Grossen vorhanden, welch ehrenvoller Vergleich um so weniger von der Hand zu weisen war als eben jener König zwar gross im Geist, sonst aber ebenfalls kurzbeinig gewesen ist. (...) Die drei ritten Kopf an Kopf die Allee empor und begrüssten die eben zu Besuch weilende Kammersängerin Emmy Krüger, die ihnen durch den Garten entgegenkam und isoldenhaft winkte. Lebhaft beteuerte sie die Schönheit des gebotenen Anblicks, klopfte auch den gebogenen Hals von Primula, zog sich aber rasch zurück als diese mit den langen Ohren zu winken begann. Befriedigt wandte man die Pferde und blieb nicht ohne Eitelkeit erhobenen Hauptes und mit geradem Rücken im Sattel sitzen, solange man sich im Sehbereich der Schönen wusste.«[33]

Auf der anderen Seite erzählt sie offen, wie ihre Mutter mit ihr spielte und sie für ihre Inszenierungen einsetzte. Mag sein, daß Annemarie Margot von Opel gegenüber etwas übertrieben hat, als sie ihr 1940 erzählte, daß sie der opulenten Sängerin mit bravem Knicks täglich eine Rose überreichen mußte, und daß sie auf Geheiß der Mutter auf einem eigens dafür eingerichteten Altar Räucherstäbchen für Emmy Krüger opferte.[34] Ohne Zweifel aber fand Renée großen Gefallen daran, die reizende kleine Tochter den befreundeten Damen und Teegesellschaften zu präsentieren. Und man kann sich leicht die verzückten Gesichter der Gäste vorstellen, wenn Renée mal wieder ihren jungen, galanten und zärtlich verwöhnten Kavalier vorführte.

Für Annemarie bleiben diese Bilder prägend, wie auch ihre Irritation über Renées Eifersucht, wenn sie sich der Dame Krüger zu sehr näherte. In der *Pariser Novelle*, die sie 1929, während ihres Studienaufenthaltes in Paris schreibt, heißt es: »Früher als ich noch sehr klein war, kamen

Emmy Krüger (zweite von rechts) 1921 zu Besuch auf Bocken. Annemarie in ihrer geliebten »Ledernen« vorne rechts.

schöne Frauen auf Besuch in unser Haus. Sie sassen bei Mama und tranken Thee aus blauen Tassen. Wenn ich hinein ging um guten Tag zu sagen, zogen sie mich zu sich heran, und streichelten mich. Und ihre weissen Hände dufteten – zart und süss, der Duft bleibt noch eine Weile in meinem Kinderzimmer hängen und ich sass still und atmete ihn ein. (...) später als viele Besuche in unser Haus kamen, hatten die meisten Frauen gleichgültige Gesichter hinter matten Farben und es war nur eine die schön war und das geheime Lächeln war nur in einem Gesicht. Diese Frau streichelte mich auch, zog mich an sich heran und sah mir ins Gesicht. Und da ich nun grösser war, konnte ich bleiben und blieb neben ihr die manchmal meine Hand hielt, während sie mit den fremden Besuchen sprach. Aber immer wandte sie sich zu mir zurück, redete selbst zu mir und lächelte, während sie mein Haar streichelte. Ich errötete und sah zu Mama hinüber, die mich rief und mich mit Aufträgen hinausschickte. Aber darin fühlte ich etwas Ungerechtes, und ich weinte heimlich darüber. Immer wenn man schöne Frauen traf, begann das Ungerechte und Unrechte.«[35/36]

Diese Bestrafung für etwas, das die Mutter selbst inszeniert hat, weckt das Mißtrauen der Tochter und verleidet ihr wohl auch den kindlichen Spaß an den mütterlichen Spielereien. Soweit, einen befreienden Haß auf diese Form des mütterlichen Amusements zu entwickeln, geht Annemarie aber nicht.

Nach ihrem zwanzigsten Geburtstag sind es nicht mehr allein die Freundinnen der Mutter, die zärtliche Gefühle in Annemarie wecken. »Jetzt wa[r] dafür Jaqueline gekommen: Denn wie konnte das Leben anders sein als gerecht!« heißt es in der Novelle, die sie in dieser Zeit schreibt.[37]

Die homoerotischen Zärtlichkeiten außerhalb der mütterlichen Inszenierung werden ruchbar. Das Spiel wird ernst und damit, vor allem für die Elterngeneration – Annemarie differenziert da sehr genau – gesellschaftlich tabu. Mißtrauen macht sich breit, wissende Blicke werden gewechselt, und es kommt zu wütenden Maßregelungen. Das Gefühl, im Kreise der Familie sicher aufgehoben zu sein, bekommt Risse. Eben noch hat sich die Erzählerin in der *Pariser Novelle* mit der Selbstverständlichkeit der engen Verwandten in den Salon des Onkels gesetzt[38] und mit Jaqueline vergnügt die Reste des Festes auf dem Tisch verspeist. Als sie jedoch den Wunsch äußert, die Nacht nicht nur als Gast im Haus zu verbringen, sondern ein Zimmer mit Jaqueline zu teilen, folgt sofort das wütende Verbot des Großonkels. »Auf keinen Fall«, sagt er, »ich erlaube es auf keinen Fall.« »Nun weiss ich nicht, wie ich die Furcht erklären soll, die mich in diesem Augenblick überfällt: Es ist eine Art von Kinderangst, als könnte man mich rauh anfassen, mich strafen, mich verletzen – und zur selben Zeit ist es bodenlose Angst vor Verrat. Zu jedem Menschen wittert mein gekränktes Gefühl Verrat, der eine neue Anklage gegen mich verborgen hält, der eine neue Lüge über mich sagt und gerade den Menschen die ich liebe und sie werden es glauben und ich werde wieder diesen heimlichen Blick in ihren Augen spüren. (…) Meine Cousine, die meinen Mantel geholt hat, geht neben mir die Treppe hinunter. ›Papa ist schon in seinem Zimmer‹, sagt sie. – ›Bitte richte ihm meine Grüsse aus.‹ ›Ja, und dass Ursula, will ich die Gelegenheit benützen, um Dir zu sagen, dass Du Dich in jeder schwierigen Lage an uns wenden kannst.‹ Unsicher sehe ich auf: ›Danke, aber was meinst Du damit?‹ ›Ich habe gehört, dass Du in letzter Zeit Schwierigkeiten gehabt hättest und dachte Du könntest vielleicht Rat und Hilfe brauchen.‹ Ich nehme ihre dargebotene Hand und verabschiede mich. Was hat sie denn sagen wollen, – dass sie bereit seien, mir zu helfen. Diese selben Menschen, die mir verbieten mit Jaqueline zu bleiben?«[39] Die Ich-Erzählerin verläßt nach dieser Szene alleine das Haus. Die Freundin bleibt zurück. »Jetzt ist nichts mehr da. Eine dunkle Strasse, mein Wagen, ich. Grenzenlos leer ist die Nacht.«[40]

Das Bild der nächtlichen Straßen, auf denen man mit dem Automobil alleine ist; die Einsamkeit und das Licht der Laternen, das sich auf dem feuchten Asphalt spiegelt, werden sich in den Erzählungen Annemarie Schwarzenbachs oft wiederholen. Vor allem in der *Lyrischen Novelle*[41] wird das Auto neben der erleichternden Sicherheit fiebriger Krankheitsanfälle, die schon auf den beginnenden Morphiumkonsum hinweisen, der einzige sichere Ort in der verwirrenden Komplexität und Einsamkeit menschlicher Gefühle sein. Ganze Nächte lang fährt man im Automobil die Straßen der Großstadt entlang – unendlich einsam. Es gibt keine Hoffnung und keine Erlösung. Nur kurz erlebt der junge Ich-Erzähler Momente des Glücks, dann, wenn sich die Hand der Geliebten auf das gequälte Haupt legt und einen kurzen Moment lang Trost spendet.

Für Suzanne, die immer im Schatten Annemaries steht, und die für jeden gemeinsam unternommenen Streich der Geschwister verantwortlich gemacht wird, ist die ständige Parteinahme der Mutter für ihre jüngere Schwester nicht leicht zu ertragen. Und es zeugt von Größe, daß sie es Annemarie nie persönlich nachgetragen hat. Wie so oft muß der Vater auch in diesem Punkt ausgleichend wirken und sich manchmal schützend vor seine ältere Tochter stellen.

Suzanne kommen die Umstände zur Hilfe. Während ihrer Gymnasialzeit lebt sie fünf Jahre bei ihrem Onkel Ulrich Wille in Zürich, da der tägliche Schulweg in die Stadt von Bocken aus doch zu lang wird. Bei ihrer warmherzigen, sanften Tante, Inez Wille-Rieter, kann sie etwas von der Wärme erleben, die sie bei Renée vermissen muß. Außerdem gibt es in der Villa Schönberg, wo die Willes wohnen, auch drei Cousinen, mit denen sich Suzanne gut versteht und bei denen sie fast zur vierten Schwester wird. Durch ihre frühe Heirat 1925 – sie ist gerade 19 Jahre alt – mit dem schwedischen Geschäftsmann Torgny Öhman, entzieht sich Suzanne vollends dem mütterlichen Zugriff. Das junge Ehepaar zieht nach Schweden in die Nähe von Stockholm.

Hochzeit von Suzanne Schwarzenbach und Torgny Öhmann, Horgen 1925. Auf der Treppe vorne links die 17jährige Annemarie

Suzanne lernte ihren späteren Mann bereits als Kind auf Bocken kennen. Torgny Öhman war regelmäßig zu Gast auf Bocken, und Suzanne wußte schon bald, daß er der Mann war, den sie heiraten wollte. Für Renée und die Geschwister sind die Heiratsabsichten der älteren Schwester ein gefundenes Fressen und Gegenstand der vielfältigsten Hänseleien: »In Stockholm da laufen die Eisbären über die Straße! Wissen Sie, wenn Sie das einmal hören, dann ist es nicht schlimm, wenn es aber täglich ist, dann kann es schon sehr anstrengend sein.«[42] Alfred Schwarzenbach schickt Suzanne sogar nach London, um sie vor den Sticheleien der Geschwister und der Mutter zu bewahren.

Für Annemarie bedeutet die Heirat ihrer Schwester eine sehr frühe Trennung von einer nahestehenden Person, die neben dem Vater die einzige ist, die gegen die Übergriffe Renées Partei für die Schwester nehmen kann.

Die Schwestern halten über die Distanz hinweg zwar Kontakt miteinander, und Suzanne ist weiterhin regelmäßig auf Bocken zu Besuch, aber sie hat nun selber Kinder, was den schwesterlichen Zusammenhalt beeinträchtigt. Im Frühjahr 1929 besucht Suzanne Annemarie, die sie länger nicht mehr gesehen hat, in Paris. Im Gegenzug besucht Annemarie die Schwester ein paar Mal in Schweden und hält sie auch über ihre schriftstellerische Arbeit auf dem Laufenden. Suzanne ist nämlich eine der wenigen in der Familie, die Annemaries Schreiben fördert und von ihr als Schriftstellerin überzeugt ist, während Renée bei ihrer Einschätzung bleibt, Annemaries Arbeiten seien »krank«.

Suzanne Öhman führt eine glückliche Ehe und wird, trotz der Prophezeiungen auf Bocken, glücklich in Schweden. 1938 beginnt sie, in Stockholm Germanistik zu studieren. Wie Annemarie schließt auch sie das Studium mit der Promotion ab und bekommt 1951 einen Lehrauftrag für Sprachforschung an der Stockholmer Universität.[43]

Von ihren Brüdern liegt Annemarie besonders ihr jüngster Bruder, Hans, am Herzen, zu dem sie ein sehr inniges Verhältnis hat, und der ihr, der Reisenden, später bei Vermögensangelegenheiten beratend zur Seite stehen wird. In ihrem Testament wird sie ihn als Haupterben einsetzen. Hans ist auch der Vertraute bei den heiklen Herzensangelegenheiten der Schwester, die sich von Anfang an um Frauen drehen. Hans Schwarzenbach studiert später Jura, worin er wie sein Vater promoviert. Nach dem Tode Alfred Schwarzenbachs im November 1940 übernimmt er die Leitung der Firma. Er stirbt Anfang der 90er Jahre in der Nähe von Zürich.

Auch Annemaries Verhältnis zu ihrem Bruder Alfred ist gut, wenn er auch in den Aufzeichnungen Annemarie Schwarzenbachs über die Familie etwas im Hintergrund bleibt. Nach einer kaufmännischen Ausbildung geht er ebenfalls in die väterliche Firma und arbeitet lange in der amerikanischen Dependance.

Der älteste Bruder, Robert Ulrich, bleibt bei den Kölles und wird bis zu seinem Tode von dem Ehepaar und ihrer Tochter gepflegt.

Der Erste Weltkrieg und seine Auswirkungen

Der Erste Weltkrieg hat auch in der neutralen Schweiz verheerende wirtschaftliche Folgen, von denen weite Teile der Bevölkerung betroffen sind. Während sich die Großindustrie bald nach Kriegsausbruch wieder erholt und beachtliche Gewinne erzielt, treibt die Inflation Arbeitnehmer, Angestellte und Beamte vor allem in den Städten fast in die Verelendung. Die Kantonalregierungen sehen sich angesichts der Not gezwungen, Armenspeisungen einzuführen. Allein in der Stadt Zürich beziehen 1918 täglich 4000 Kinder ein Gratisfrühstück.[44]

Aus Unerfahrenheit, mangelnder Weitsicht und wohl auch aus Mangel an Phantasie hat es die Bundesregierung vor Kriegsbeginn versäumt, nötige Vorkehrungen zu treffen, und kann jetzt nur noch verspätet und punktuell versuchen, das Schlimmste zu verhindern. Die Folge sind soziale Unruhen, die im November 1918 im Landesstreik gipfeln – diesem großen Trauma des Schweizer Bürgertums.

Verschärfend wirkt sich in dieser Situation die Mobilmachung aus. Die Männer stehen daraufhin an den Grenzen, ohne ausreichenden Ausgleich für ihren Verdienstausfall zu erhalten. Streiks hat es in der Schweiz bereits seit 1907 immer wieder gegeben, um den sozialen Forderungen der Arbeiter Nachdruck zu verleihen. Ab 1917 kam es sogar regelmäßig zu Hungerrevolten. Der Landesstreik im November 1918 aber ist die größte Aktion dieser Art und muß den Schweizer Bürgern tatsächlich wie die Fortsetzung der russischen Revolution auf Schweizer Boden vorgekommen sein. Dabei sind sich vor allem die Sozialdemokraten einig darüber, nicht das politische System stürzen zu wollen – schließlich hat man schon eine direkte Demokratie und damit politische Einflußmöglichkeiten. Ziel ist es vielmehr, die sozialen Forderungen durchzusetzen und dem Bürgertum deutlich seine Macht zu demonstrieren.

In dieser politisch aufgeladenen Situation gerät auch Annemaries Großvater, General Ulrich Wille[45], in das Kreuzfeuer der Kritik. Die langen Dienstzeiten der Soldaten und eine Grippeepidemie, die sich in den Kasernen schnell ausbreiten kann und vielen Männern das Leben kostet, werden auch der Armeeführung angelastet. Außerdem bekommt Willes Deutschfreundlichkeit durch die starke Polarisierung zwischen den einzelnen Landesteilen der Schweiz während des Ersten Weltkriegs eine neue Qualität.

Für die Enkelkinder dagegen ist der Großvater Wille der Sonnenschein. Wenn Annemarie seine Vorstellung von der Armee als pädagogische Anstalt später auch scharf kritisiert.[46] Der General ist, nachdem er aus der Armee ausgeschieden und in Pension gegangen ist[47], oft der rettende Anker, ein Fluchtpunkt für die Kinder, wenn es mit den Eltern Schwierigkeiten gibt. Wenn Annemarie sich als Kind wünscht, General zu werden, so spielt dabei neben der Befehlsgewalt, die dieser Posten bietet, bestimmt die Liebe zu ihrem Großvater eine große Rolle.

Anders als ihre deutschen Freunde Erika und Klaus Mann bleibt Annemarie von den unmittelbaren Folgen des Krieges verschont, die gesellschaftlichen Auswirkungen sind für sie aber ebenso entscheidend wie für einen großen Teil der deutschen Zwischenkriegsgeneration. Der »Sturz der Werte« und das ideelle Vakuum, das durch den Ersten Weltkrieg entstanden ist, wird ein wichtiges Thema in ihrer Arbeit als Schriftstellerin.

SCHWÄRMERISCHE, TRAURIGE JUGEND

Annemarie Schwarzenbach um 1932

Jugend als Ideal

Annemarie wird die Tragweite der politischen und gesellschaftlichen Veränderungen nach dem Ersten Weltkrieg spätestens Mitte der 20er Jahre bewußt, als sie sich gemeinsam mit ihren Altersgenossen in der Jugendbewegung »Wandervogel« die Frage nach den Aufgaben und dem Standort ihrer Generation stellt.
Als Auslöser eines veränderten Lebensgefühls und als Ursache eines Generationskonflikts, der auch für die Schweizer Zwischenkriegsjugend eine grundlegenden Erfahrung ist, wird sie den Weltkrieg, ähnlich wie ihre deutschen Zeitgenossen, in ihren frühen Texten als identitätsbildendes Moment ihrer Generation thematisieren. Das Lebensgefühl ihrer Generation formuliert sie als Gefühl der Suche: »Ich brauche hier nicht zu wiederholen, was schon oft gesagt wurde und in reiferer Auseinandersetzung als ich es hier vermag«, schreibt sie 1930 in ihrem Artikel *Stellung der Jugend* für die *Neue Zürcher Zeitung*. »Daß der Krieg und seine Folgen schuld waren am Sturz aller Werte. Unsere Väter sind anders aufgewachsen als wir, ihnen waren Staat und Bürgertum Begriffe, die Sicherheit und Gültigkeit in sich trugen, und in der Atmosphäre einer solchen Ordnung konnten auch Religion und Moral eine gesicherte Grundlage (des inneren Menschen) sein, wenn man sich nicht allzu rebellisch und eigenwillig ablehnend verhielt. Aber von solchen einzelnen, die es zu allen Zeiten gab und die immer ihre eigenen Wege gehen werden, wollen wir nicht sprechen: es geht um das Allgemeine. Unserer Zeit, einer Zeit der Wandlung, sind alle Ordnungen genommen. (...) Uns konnte die Fragwürdigkeit alles Bestehenden nicht entgehen, und alle unter uns, die die Not der Zeit erkannt haben, müssen sich um ihre Überwindung bemühen.«[1]
Die Krise ist nicht nur politisch-gesellschaftlicher Art, sie ist vor allem eine moralische. Nach dem Weltkrieg scheint endgültig nichts mehr übrig geblieben zu sein, an das man glauben kann. Weder das kosmopolitische Lebensgefühl des aufgeklärten Bürgertums während der Vorkriegszeit, noch die »Solidarität« der Sozialisten hat den Krieg verhindern können. Die Vernunft, die im Zuge der Säkularisierung für die »Entgötterung der Welt« gesorgt hatte und die nun an die Stelle einer

metaphysischen Instanz getreten war, hatte versagt. Fernando Pessoa drückt das Lebensgefühl seiner Generation zur gleichen Zeit in Lissabon so aus: »Als die Generation geboren wurde, der ich angehöre, fand sie die Welt ohne Stützen für Leute mit Herz und Hirn vor. Die zerstörerische Arbeit der vorangegangenen Generationen hatte bewirkt, daß die Welt, in die wir hineingeboren wurden, uns keinerlei Sicherheit in religiöser Hinsicht, keinerlei Halt in moralischer Hinsicht und keinerlei Ruhe in politischer Hinsicht bieten konnte. (...) Trunken von äußerlichen Formeln, von den bloßen Verfahren der Vernunft und der Wissenschaft hatten die uns vorangegangenen Generationen alle Fundamente des christlichen Glaubens unterhöhlt.«[2]

In den Metaphern der Verunsicherung, die zentral sind in Annemarie Schwarzenbachs Werk, kommt die Verunsicherung ihrer Epoche zum Ausdruck, die sich nahtlos in ihre eigene individuelle Verunsicherung fügt. War für die Romantik durch das blutige Scheitern der Französischen Revolution der Utopieverlust prägend, das Ende der Hoffnung auf eine sozial gerechtere Welt im Sinne der Aufklärung, so ist für die Generation, die den Ersten Weltkrieg und seine Nachwehen erlebte, die Vernunft in den Granatfeuern und Gasangriffen, die in ihrem monströsen Vernichtungspotential bislang einzigartig gewesen waren, verlorengegangen.

In der Wahl ihrer literarischen Topoi und ihrer ästhetischen Mittel macht Annemarie Schwarzenbach deutlich, daß auch die zwei großen politischen Heilstheorien ihrer Zeit, der Faschismus und der Kommunismus, keine Alternative für sie darstellen. Auch literarisch bleibt sie der bürgerlichen Tradition der Auseinandersetzung mit einer zusammenbrechenden Welt treu. Ein Kollektiv gibt es für sie nicht, sondern nur das einsame Individuum. Ein Individuum, das sich, selbst gebrochen, alleine und einsam einer Realität stellt, die rational nicht mehr faßbar und auch nicht mehr zu bewältigen ist. Annemaries Texte lassen sich deshalb auch als eine Aneinanderreihung von Impressionen lesen. In dichten Bildern führt sie in die Gefühlswelt ihrer Protagonisten ein, wo Bedrohung und Einsamkeit herrschen. Eine Welt, in der sich ein Grauen niederschlägt, vor dem es kein Entrinnen gibt. Liebe, Glück oder Nähe können darin nur ersehnt werden. Eine Erfüllung gibt es nicht. Nur in der Natur, wo man sich in relativer Harmonie mit der Schöpfung fühlen kann, gibt es kurze Momente des Glücks, das sich aber wieder ins Gegenteil kehrt, wenn die umgebende Landschaft, wie in Persien, ins Uferlose gerät und zur flirrenden unermeßlichen Weite wird.

Die Jugendlichen der Nachkriegszeit empfinden auch ein tiefes Mißtrauen gegenüber den elterlichen Normen und das Bedürfnis nach einer neuen transzendentalen Instanz. »Man wirft uns auch vor, wir seien es, die die Welt entgötterten, weil wir ohne Ehrfurcht seien. Dies wollen wir nicht anerkennen. Wir sind ehrfürchtig, aber man hat uns nichts zu verehren gegeben, was bestand. Trotzdem glauben wir an das Göttliche, und so suchen wir jetzt nach einem neuen Gott, und in unserer heimlichsten Hoffnung wissen wir, daß er sich uns offenbaren wird. In welcher Form das auch geschehen mag, wir wollen bereit sein, ihn zu empfangen.«[3]

So läßt Annemarie Schwarzenbach in ihren Texten diejenigen ihrer Generation, die »die Not der Zeit« erkannt haben, Gottsuchende sein, und sie zeigt sich an der deutschen Romantik geschult, wenn sie die Natur zum einzigen Ort erklärt, an dem sich Gott noch offenbart. Einsam und ruhelos durchwandern diese ätherischen Jugendlichen mit dem Aussehen von Seraphen die Welt. Einsam bis zu dem Moment, als sie die zerbrechlichen Züge der eigenen Physis im Antlitz eines anderen Menschen widergespiegelt finden.

Die Einsamkeit als Zeichen des Göttlichen und das einsame Leben als Weg dorthin. Dies unterscheidet Annemaries Haltung vom faschistischen Jugendideal ihrer Zeit, das diese Kraft lieber in ein straffes und hierarchisch organisiertes Bandenwesen investiert sieht. Von einem ästhetischen Standpunkt ausgehend, betrachtet Annemarie Schwarzenbach das Kollektiv mit äußerstem Mißtrauen und nimmt statt dessen schmerzhafte Einsamkeit in Kauf. »Wir fühlen selbst dieses Verdächtige unserer Haltung, dieses Ueberall und Nirgends, dieses Alles und Nichts unserer Traditionslosigkeit. Wir fühlen uns selbst noch heimatlos, und davon werden wir traurig wie Kinder. Es wird uns manchmal schwer, nicht schwach zu sein, nicht gedankenlos ein Leben zu übernehmen, das nicht unser eigenes ist und das deshalb für uns nicht fruchtbar werden kann. – Aber aus unserer Ratlosigkeit und Not kommen uns die ersten Anzeichen der neuen Zeit. Es ist ganz wenig, ein Gefühl nur, das uns warm und hoffnungsvoll ergreift. Zuerst ein Zug der Traurigkeit, im Spiegel am eigenen Munde wahrgenommen, und nun seltsam rührend im Gesicht eines Fremden – die Gebärde einer Hand, stark modelliert und schmal, die man erstaunt als sei es nicht das erstemal im Bild verfolgt, ein Zusammenklang von Farben, von Worten oder Tönen – und in diesen kurzen Augenblicken eine übermächtige Erkenntnis, eine Sicherheit ohnegleichen, daß dies wahr sei wie eine Offenbarung und schön wie die Natur selbst, daß in diesem Gefüge von Worten, in dieser wohlgeratenen Gebärde, in diesem überraschenden und seligen Gefühl ein Teil sei von der Vollkommenheit Gottes.«[4] Annemarie greift mit diesen fragilen, unsicheren, seraphisch reinen Gottsuchern das ästhetische Jugendbild der geistesaristokratischen Literatur auf, das ihr zeitlebens auch privat als Vorlage dient.

Literarisch ermöglicht ihr das Ideal des androgynen Jünglings, ihre Protagonisten und Ich-Erzähler männlich zu definieren, ohne sich dabei selbst als Frau verleugnen zu müssen. Ihr ephebenhaftes Aussehen relativiert jede geschlechtliche Einordnung, und auch durch den männlichen Artikel werden sie nicht viril. Sie bleiben jung, unschuldig und geschlechtlich nicht definierbar: Symbole eines ursprünglichen Standes der Unschuld. Das idealisierte Kind als Inkarnation der Utopie, als Ausdruck der Sehnsucht nach Reinheit und Ursprünglichkeit. Da jede Geschlechtlichkeit diese Reinheit beflecken würde, lieben sie entweder unglücklich, gleichgeschlechtlich, oder sie sublimieren ihre Erotik in Kunst, denn in Annemaries Welt herrscht neben der Einsamkeit die Unfruchtbarkeit als Vision von Freiheit.

Annemaries Abgrenzung von der elterlichen Welt bleibt aber, trotz der brisanten subversiven Elemente, die sie birgt, versöhnlich. Das Recht auf Konfrontation und damit letztendlich den Raum zur Selbstverwirklichung gesteht sie sich nicht zu. Ihr ästhetisiertes Bild von Jugend und von dem Generationskonflikt hat nichts mehr mit dem orgiastischen Vatermord zu tun, den die Expressionisten noch forderten oder mit dem radikalen Bruch der Dadaisten. Bei den Bürgerkindern der nachrevolutionären Ära weicht die radikale Opposition einem Verständigungsangebot, wie es auch Klaus Mann in *Der fromme Tanz* formuliert. »Der revolutionären Geste hatte man sich skeptisch enthalten«, beschreibt er die veränderte Situation zu Beginn der 30er Jahre. »Der Abgrund war ja an sich schon tief genug gezogen zwischen dem vorigen, man verzichtete lieber auf die umstürzlerische Allüre oder man gebrauchte sie nur selten, wie als Maske und letzte Zuflucht. Eher war man schon froh, wenn sich irgendwo ein Halt einem bot, eine Richtlinie, an die man sich klammern konnte.«[5] Und Annemarie schreibt: »Mein Gott (...) Haben wir denn noch nicht genug mit unseren Vätern gestritten. Immer über dieselben Dinge, (...). Wir sollten loyaler sein. Jedem seine Welt. Eine Generation bedeutet eine Losung. Siegreich ist immer die Jugend. (...) Uns gehört die Zukunft.«[6] Implizit versuchen Annemarie Schwarzenbach wie auch Klaus Mann dem Attribut »Jugend« damit ein eigenes, neues Profil zu geben. Nicht mehr der expressionistische Aufruf zum Vatermord eines Arnolt Bronnen soll gelten, sondern das Angebot zur Versöhnung. Denn beide werben gleichzeitig um die Gunst ihrer Eltern. Klaus um seinen Vater, Annemarie um ihre Mutter.

Indem Annemarie Schwarzenbach in ihren Texten die Nachkriegszeit allein als Zeit der ideellen Krise charakterisiert, schweigt sie über die Freiheiten, die ihr der Zusammenbruch der patriarchalen Ordnung nach dem verlorenen Weltkrieg ermöglicht. Die moderne Frau und begeisterte Automobilistin in ihr, die autonom die Welt bereist und ein Hochschulstudium absolviert, spart sie vollkommen aus. Im Leben aber will sie auf diese neuen Freiheiten durchaus nicht verzichten. Die tradierte Frauenrolle hat sich auf gesamtgesellschaftlicher Ebene unter dem Druck der Kriegswirtschaft und der fortschreitenden Industrialisierung, die immer mehr Arbeitskräfte erfordert, verändert. Der massive Einsatz von Frauen an traditionell männlichen Arbeitsplätzen hat während des Krieges einen neuen »androgynen« Typus von Frauen hervorgebracht, der sich nicht so leicht wieder in die Schranken weisen läßt. Während die Männer an der Front waren, standen die Frauen nicht nur an den Werkbänken der Textilindustrie oder in den Wäschereien, sondern auch an den Hochöfen. Sie sind Lastwagen, Krankentransporte, Straßenbahnen gefahren und haben Straßen gebaut.

Das erstarkte Selbstbewußtsein der Frauen, die während des Krieges eine andere Form der Anerkennung und Entlohnung ihrer Arbeit erfahren haben, prägt auch modisch einen neuen Stil und schlägt sich nach dem Krieg in der Kultivierung des eleganten Garçonne-Typus nieder. Die weiten, rockähnlich geschnittenen Beinkleider, die die Frauen um die Jahrhundertwende besonders für die damals neue und für Frauen revolutionäre Art der sportlichen Fortbewegung, das Fahrradfahren, brauchten, werden von der klassisch männlichen Garderobe abgelöst. Frauen in Herrenanzügen, Hemden, Manschettenknöpfen und Krawatten prägen noch heute das Bild, das wir von den Frauen der 20er und frühen 30er Jahre haben.

Annemarie Schwarzenbach ist mit ihrer hoch aufgeschossenen, schmalen Jünglingsfigur – sie ist 1,76 m groß – wie geschaffen für die neue Mode, in der sich nicht nur ein neues Selbstbewußtsein ausdrückt, sondern auch der Anspruch auf Freiheiten, die bislang allein Männern

Annemarie und ihr Mercedes-Mannheim um 1936

vorbehalten waren. Die neue Mode entspricht dem neuen Lebensgefühl der Frauen. Allein auf die Rolle der Ehefrau und Mutter reduziert zu werden, wollen sie nicht mehr akzeptieren.

Daß diese Utopie einer neuen Freiheit, die unter dem Schlagwort der »Neuen Frau« durch die Presse der Weimarer Republik ging, allerdings nur wenigen Frauen vorbehalten war und als Massenphänomen, als das es die damaligen Medien darstellten, nur eine Illusion der Modeindustrie und eine Projektion der Männer war, zeigt ein Blick in die Statistik. In Deutschland etwa bekamen die Frauen während der Weimarer Republik durchschnittlich 20% bis 40% weniger Lohn für ihre Arbeit und waren somit weiterhin gezwungen, bis zur Ehe bei den Eltern zu wohnen. Dort war es üblich, die Töchter nach einem harten Arbeitstag, in der Regel als Stenotypistin, Sekretärin oder Verkäuferin, noch für die Hausarbeit heranzuziehen.[7] »Begründet wurde diese Minderbezahlung damit, daß Männer generell mehr Geld für Kleidung und Haushalt ausgeben müßten als Frauen, die ihre Blusen und Röcke selber nähen, ihre Pullover selber stricken, ihre Strümpfe selber flicken und ihr Essen selber kochen konnten.«[8] Die beruflichen Aufstiegsmöglichkeiten für Frauen waren, trotz des Gleichstellungsartikels, der im Grundrechte-Katalog Weimars aufgenommen worden war, weiterhin gering bis nicht existent und ihre Arbeitsplätze in wirtschaftlich kritischen Zeiten ständig bedroht.[9] Ohne Rücksicht wurden Frauen schon nach dem Ersten Weltkrieg, während der Demobilisierungsphase 1919, per Gesetz als erste entlassen[10], und auch in der Weimarer Republik wurde die Debatte um weibliche »Doppelverdiener« immer wieder von neuem geführt. Im Interesse arbeitsloser Familienväter wurden sowohl 1923 mit Beginn der Inflation als auch 1929 zu Beginn der Weltwirtschaftskrise verstärkt verheiratete Frauen entlassen, weil sie als »versorgt« galten. Die Debatte wurde vor allem von rechten und konservativen Politikern entfacht, die sich dadurch nicht nur eine Entlastung des Arbeitsmarktes erhofften, sondern auch eine »Stärkung der Familie«.[11]

Für die Frauen aus den bürgerlichen Schichten waren diese arbeitspolitischen Probleme nur von geringer Bedeutung. Die Grenzen, an die sie in der Regel stießen, waren die Grenzen der Tradition. Eine Tradition, an die man sich in Zeiten der Verunsicherung und der Identitätssuche, die keineswegs nur der damaligen Jugend vorbehalten war, um so mehr klammerte und zu bewahren suchte.

Die politische Verunsicherung war in der Schweiz, real betrachtet, natürlich ein viel geringeres Faktum als in Deutschland. Kulturell aber beeinflußten die Veränderungen im nördlichen Nachbarland, an dem man sich vor allem in der deutschen Schweiz in einer Mischung aus Bewunderung und Abwehr immer orientierte, durchaus auch das Leben dort.

Der Wandervogel

In den Jahren 1924-1925 ist Annemarie Mitglied im »Wandervogel«. Trotz der kurzen Mitgliedschaft bleibt diese Zeit als Erfahrung wahrscheinlich prägend. »Jugend« war ein Schlüsselbegriff der Zwischenkriegszeit. »Man sagte: ›Ich bin jung!‹ und hatte eine Philosophie formuliert, einen Schlachtruf ausgestoßen. Jugend war eine Verschwörung, eine Provokation, ein Triumph«, schreibt Klaus Mann im *Wendepunkt*.[12]

Durch die soziokulturelle Umstrukturierung der Nachkriegsgesellschaft, in deren Zuge vor allem junge Menschen in die schnell wachsenden industriellen Ballungsräume zogen, wurde die Jugend zu einem auffälligen und ökonomisch wichtigen gesellschaftlichen Faktor. Sie wurde zum Trendsetter der modernen Massengesellschaft, deren schnelle Lebensweise sie am ehesten adaptieren konnte, und zur Chiffre für den Zusammenbruch der alten Ordnung.

Der »Wandervogel« war dabei eine Erfahrung der eigenen Art. Nüchtern gesprochen könnte man sagen, daß Annemarie hier mit den großen Themen der Jugendbewegung – Freundschaft, Kameradschaft, Natur und Technologiekritik – in Berührung kam. Von großer Bedeutung war aber auch die suggestive Wirkung der glühenden Atmosphäre und der leidenschaftlichen Art, in der man sich dort, glücklich dem elterlichen Wohnzimmer entkommen, mit diesen Themen beschäftigte. Man muß sich das Ambiente vorstellen, in dem diese Diskussionen stattfanden: Die Lagerfeuer, die jungen, leidenschaftlichen Gesichter, in denen sich die lodernden Flammen widerspiegelten, die Zelte, in denen man gemeinschaftlich campierte, und den sternenklaren Himmel über sich, der nur noch eine Begrenzung kannte – Gott, mit dessen Schöpfung man sich in diesen Momenten eins wußte. Begriffe wie Liebe, Treue, Seligkeit bekamen in dieser Atmosphäre die Bedeutung eines ewigen Gelöbnisses. Die Jugendlichen wußten sich verbunden in einer Gemeinschaft der Suche nach dem Höheren, nach den inneren Werten, die in einer technisierten Welt unterzugehen drohten. Für die vorwiegend städtische Jugend bürgerlicher Herkunft, aus der sich die Mitglieder des »Wandervogels« zusammensetzten, waren das einzigartige Erfahrungen, die in der Regel ein Leben lang in ihnen nachwirkten. Die Freundschaften, die hier geschlossen wurden, standen unter dem Zeichen der Ewigkeit und

Am Zürichsee im Sommer 1932

der Treue bis in den Tod. Im Ersten Weltkrieg führten sie zu dem »Wunder von Langemark«, wo ein ganzes Bataillon, das vorwiegend aus Soldaten bestand, die dem »Wandervogel« angehört hatten, sich freudig in das Trommelfeuer stürzte und singend den Tod fand.

In der Zeitschrift »Jung-Wandervogel« erscheint 1919 die Schilderung einer Zusammenkunft am Lagerfeuer, die die jugendlich euphorische Atmosphäre sehr gut widergibt: »Wir setzten uns dicht ums Feuer. Wie stets, ernstes Schweigen. Ergriffen schauen wir in die Flammen. Mancher denkt, was wohl jetzt seine Eltern sagen würden. Alle fühlen, daß Jugend Schicksal ist. Und Kampf. Liebe ... Jeder fühlt ihr Wesen. Innig umschlungen sitzen die Buben da und schauen aufrecht in die Glut. Sie fühlen erbebend das unendliche Glück und die tiefe Tragik ihrer Freundschaft. Eine dunkle Knabenstimme singt weich in das Schweigen. Wir erkennen: Willie Jahns Lied von der Freundschaft. Wir fassen die Hand des Freundes, wortlos. Die Flamme beleuchtet rätseltiefe, sehnsuchtsferne Augen. Der Glanz der Ewigkeit spiegelt sich in ihnen wie das ewige Suchen nach dem Glück.«[13]

Für Annemarie Schwarzenbach hat der »Wandervogel« trotz der bewegenden Momente, die sie dort erlebt, und trotz ihrer Aufgeschlossenheit gegenüber den Themen, die dort diskutiert werden, einen gravierenden Schönheitsfehler: Es ist vorwiegend ein Männerbund. Erst nach langen erbitterten Diskussionen, die sogar zur Spaltung führen, ist ein Teil bereit, Frauen aufzunehmen. 1925 äußert sich Annemarie Schwarzenbach öffentlich in einem Wandervogelorgan »Zur Mädchenfrage« und beklagt darin, daß die Mädchen »halb losgelöst und doch abhängig von den Buben« blieben.[14] Sie fordert die jungen Frauen auf, sich nicht nur mit »Romantik, Fahrten und Singabende[n]«zu begnügen[15], sondern über den »Wandervogel« hinauszuschauen und zu versuchen, eine eigene Persönlichkeit zu entwickeln. Diesem leidenschaftlichen Aufruf zur Emanzipation ging 1925 eine Veranstaltung voraus, an der Jungen- und Mädchengruppen gemeinsam teilgenommen hatten. Das Verhalten ihrer Gefährtinnen, das Annemarie dort beobachten mußte, widerspricht sowohl ihrer Erfahrung mit selbstbewußten Frauen auf Bocken, als auch ihrem Vertrauen auf die eigenen intellektuellen Fähigkeiten. »In den Diskussionen war kein Mädchen fähig, wirklich eine Meinung zu vertreten oder persönliche Kraft zu beweisen. Dass die Buben uns im Spiel weit überlegen sind, ist weiter nicht merkwürdig. Aber im allgemeinen sind wir Mädchen absolut nicht unter den Buben stehend. Ich meine, die jungen Mädchen zwischen 15 und 21 brauchen sich wahrhaftig nicht vor der Ueberlegenheit des männlichen Geschlechts zu fürchten. Aber im Wandervogel ja. Es gibt hundert Erklärungen, aber keine Entschuldigung dafür.«[16]

Trotz seines zum Teil revolutionären Potentials liegt dem »Wandervogel« an einer Änderung der Geschlechterrollen wenig. Das äußerlich »zünftige« Auftreten der Mädchen, das sie zwangsläufig zum Wandern brauchen, erleichtert zwar den Umgang mit ihnen und fördert das Ideal einer kameradschaftlichen Beziehung zwischen Jungen und Mädchen, doch bleiben beide Geschlechter in den vorgegebenen Rollen. Für Annemarie ein unerträglicher Zustand der Unterwerfung und

Fremdbestimmung, der sie zu vernichtenden Urteilen über das eigene Geschlecht führt: »Frauen haben die Fähigkeit zur Vertiefung nicht. Sie sind kleinlich und geschwätzig (…) Keine ist Flamme, ganz Opfer, ganz mir vertraut. Die meisten unter ihnen leben für einen Mann (…) Und ihre besten Kräfte entfalten sie nur durch ihn«[17], schreibt sie 1929 an Ernst Merz.

Die Beziehung zwischen den Geschlechtern ist für Annemarie Schwarzenbach meist nur implizit ein Thema. Wenn sie sie doch einmal offen thematisiert wie in *Freunde um Bernhard*, dann ist es eine Geschichte von Gewalttätigkeit und Fruchtbarkeit, die in scharfem Kontrast steht zu den homoerotischen Beziehungen.

Nur einmal, in der *Pariser Novelle*, ist ihre Protagonistin selbst in einer Beziehung zu einem Mann involviert.[18] Annemarie Schwarzenbachs Alter ego, Ursula, hat in Paris den Weltreisenden Deutschen Hochberg kennengelernt. In Schreiben an ihn drückt sich eine Mischung aus Sehnsucht und Abscheu aus: »Vielleicht glaubst Du mir nicht, aber das ist nebensächlich: denn trotzdem liebe ich Dich. Uebrigens bist Du ja so sicher Deiner selbst, so eingebildet in Deiner Ueber-Kritik, so grenzenlos allein vor Wissen. (…) Du glaubtest immer, dass ich Dir offen schrieb. Aber ich tat es nie. Oh ich fürchtete mich, nicht *mich* zu verraten, aber dass Du mich verraten würdest. Denn auch für schlecht halte ich Dich. Von dieser schwachen, eitlen, kleinen Schlechtigkeit, die in allen Männern ist, weil sie nicht soviel Schamgefühl haben wie wir. Nun siehst Du, ich fürchtete mich auch vor Dir. Ich fürchte mich jetzt noch, denn wie kann ich Dir Dinge schreiben, in Dir Rechte an mich geben, die Dir meine Schwachheit zeigen.«[19]

Der Besitzanspruch Hochbergs, der aus dieser Beziehung entsteht, ist ihr unerträglich, überhaupt die Art, in der eine Frau behandelt wird, sobald sie in »festen Händen« ist. »Als ich nach Paris zurückkam, behandelten mich die Leute als wäre ich verheiratet. Sie hielten irgendwie Abstand, und ihre Freundlichkeit hatte ein falsches Gesicht.«[20] Sie merkt zwar, wie komfortabel, vor allem für die Familie, es ist, mit einem Mann liiert zu sein, ihr Resümee lautet aber: »(…)ich wäre frei durch ihn, ich will aber frei sein durch mich.«[21] Bei einer letzten Begegnung zwischen Ursula und Hochberg spricht sie ihm jedes Recht an ihr ab und gesteht Jaqueline: »Die Freiheit des Herzens wurde mir genommen […]. Nichts war ich mehr ohne ihn. Mein Gefühl war nichts ausser wenn es ihm gehörte, mein Glaube war nichts, ausser wenn sein Urteil ihn bestätigte. – Und ich lächelte unter seinen Augen, aber ringsum star[b] die Welt –«.[22]

Das Kapitel Männer scheint nach Beendigung dieser Erzählung in den Jahren 1929/1930 für Annemarie endgültig abgeschlossen zu sein.

Die Liebe zu den Frauen

Annemarie Schwarzenbach sind in ihrem Leben nur wenige Grenzen gesetzt. Das Vermögen der Familie erlaubt ihr, das Schreiben zur Profession zu machen – auch wenn der finanzielle Erfolg ausbleibt –, mit dem eigenen Automobil zu reisen und andere Kontinente kennenzulernen. Das außergewöhnliche Leben der Tochter ist vielleicht – zumindest in den ersten Jahren ihres Aufbruchs – interessanter Erzählstoff auf Bocken. Eines aber können die Eltern, v. a. die Mutter, nie vollständig akzeptieren. Die Liebe Annemaries zu Frauen bzw. die Offenheit, mit der sie sie lebt und beschreibt.

In den drei *Pariser Novellen* sind Frauen das beherrschende Thema, und auch die Accessoires, mit denen sich Annemarie kleidet, sind – Mode hin, Mode her – eindeutig und nicht zu übersehen. Auf Bocken scheint die erotische Ausrichtung der Tochter ein merkwürdig untergeordnetes Thema gewesen zu sein, zumindest sprach man es nicht offen aus. Ihre Schwester antwortet auf die Frage nach den Konflikten deswegen nur lapidar: »Wieso? Meine Mutter hatte doch selbst eine Freundin!«[23], und auch Marianne Breslauer sagt, daß es während ihres Besuches mit Annemarie auf Bocken nur Streit über Politik gab zwischen Tochter und Mutter, während ihr Privatleben ausgeklammert blieb. Die Briefe Annemaries an Erika Mann lassen aber vermuten, daß die Eltern andere, subtilere Formen fanden, der Tochter ihre Nichtanerkennung einer offenen lesbischen Lebensweise zu zeigen. Denn Renée achtet sehr auf Konvention und erlaubt sich die eigenen homoerotischen Amouren nur hinter der Fassade einer verheirateten Frau. Tatsächlich gibt es neben den »Schwierigkeiten«, die sie in der *Pariser Novelle* andeutet, in Annemaries Briefen Hinweise darauf, daß Renée und unter ihrem Einfluß auch der Vater schon früh begannen, ihre Empfindungen zu pathologisieren. »Verstehst Du, sie sind einfach überzeugt, dass mit mir etwas ›nicht stimmt‹, dass ich irgendwo nicht normal, nicht zurechnungsfähig, u. zu allem noch hervorragend herzlos sei. Merkwürdigerweise ist es Mama, die dieses Mal Papa verhindert hat an, ich weiss nicht was.«[24]

Vorwürfe dieser Art sind bezeichnend für das Verhältnis zwischen Annemarie und ihren Eltern, nachdem deutlich geworden ist, daß Annemarie nicht dem Lebensentwurf folgen würde, der für sie vorgesehen war. Ertragen konnten die Eltern diese rebellierende Tochter nur, indem sie eine Kranke in ihr sahen.

Die Eltern bekamen, falls sie sich mit solcher Lektüre beschäftigt haben, durchaus wissenschaftlichen Rückenwind – was bei der Stilisierung dieser Epoche als Zeit des ersten gesellschaftlichen Durchbruchs von Homosexuellen gern übersehen wird. Wie auf das erstarkte Selbstbewußtsein der Frauen reagierte man auch auf die Homosexualität, die in den 20er Jahren mit einer neuen Offenheit gelebt wurde, abwehrend. Zwar konnte die Theorie des dritten Geschlechts von Magnus Hirschfeld die Akzeptanz von Homosexualität etwas fördern – er trat für die Natürlichkeit der Homosexualität ein und gegen die quälende Schuldzuweisung gegenüber den Homosexuellen –, ein Durchbruch gelang Hirschfeld damit aber keineswegs. Trotz mehrerer Debatten im Reichstag blieb der § 175 StGB in alter Form bestehen und kriminalisierte weiterhin die Beziehung zwischen Männern. Die Frauen dagegen bezahlten die Entkriminalisierung ihrer erotischen Beziehungen zueinander mit ihrer Pathologisierung. Annemarie, die unter diesem Eindruck der Diskriminierung stand, erzählte Ella Maillart, daß ihre Mutter sie schon als Kind zu C.G. Jung gebracht habe, der eine Behandlung allerdings ablehnte. Gundalena von Weizsäcker und auch Suzanne Öhman bezweifeln allerdings, daß Renée überhaupt wußte, was Psychoanalyse war. Sie winken beide bei dieser Vorstellung nur ab. Da Annemarie zu dem Zeitpunkt, als sie Ella Maillart von diesem Behandlungsversuch erzählte, also 1939, unter der Wirkung des Langzeitkonsums von Morphium zur Verdrehung der Wahrheit neigte, ist ihr Bericht tatsächlich nicht sehr glaubwürdig.

Daß Annemarie aber noch als 31jährige einen solchen Behandlungsweg gegenüber der Freundin erwähnt, zeigt, wie prägend der Eindruck auf sie geblieben ist, in den Augen der Mutter »nicht ganz normal zu sein«.

Einige der damaligen Probleme mit der Familie läßt Annemarie in ihren ersten Roman *Freunde um Bernhard* einfließen, den sie 1930/31 noch auf Bocken schreibt. Der Knabe Bernhard findet sich darin ebenfalls in familiäre Konflikte verstrickt, nachdem er sich mit »Ines« und »Gert« befreundet hat. Und es ist weniger die Antipathie der Familie gegen die Freunde, aus der die Ablehnung resultiert, als vielmehr die Eigenständigkeit seiner Wahl. »Man empfand ihn beinahe als Fremden«, heißt es dort, »welcher durch irgendwelche, nicht sichtbaren Fäden mit anderen Welten zusammenhing und deshalb in einem noch nicht faßlichen Sinn gefährdet und gefährlich war.«[25] Gefährdet und gefährlich, so empfand sich Annemarie wohl selber, nachdem man sie davon überzeugt hatte, daß sie an dem Unglück der Mutter schuld war und daß jede Form der Entfernung von ihr nur in einer Katastrophe enden könnte. Die prophezeite Katastrophe tritt in Annemaries Leben ein, und auch jede ihrer Beziehungen endet in einer solchen.

Der Veröffentlichung von *Freunde um Bernhard* legt die Familie keine Hindernisse in den Weg. Und das gehört zu den Bockener Widersprüchen, denn die Beziehungen Bernhards und seiner Freunde sind recht unverhüllt homoerotischer Natur. Zwar verbindet sie dieser Eros nur geistig miteinander, er liegt aber wie ein leichter rosaroter Schleier über allem und läßt die Atmosphäre im Roman stellenweise vibrieren. Vielleicht hat Renée das Ganze aber auch gar nicht gelesen. Den Veröffentlichungen ihrer Tochter gegenüber verhält sie sich in der Regel eher verhalten bis indifferent.

Renée macht ihre ablehnend-eifersüchtige Haltung in bezug auf die Frauen in Annemaries Leben nicht nur ihr gegenüber deutlich, sie zeigt sie auch offen den Freundinnen der Tochter. Sobald sie merkt, daß sich Annemarie Frauen nähern, die sie als ernste Konkurrenz ansehen muß, hört ihr Charme auf. Margot von Opel fiel bei der Beschreibung der »Herrin« auf Bocken nur ein: »N'Besen. Um Gottes willen, was ein Weib. Ich bin nur einmal oben in Bocken gewesen. Ich wäre auch nie wieder hingegangen. Wegen dieser Person.«[26] Und Erika Mann schreibt, daß die Prügelstrafe für Schweizerdamen wegen Renée Schwarzenbach eingeführt werden sollte.[27] Erika Mann war es auch, die zum Hauptfeind Nummer eins um die Gunst der Tochter avancierte. Sie war die Frau, mit deren Persönlichkeit, Attraktivität und Prominenz es Renée, die sich gerne mit Berühmtheiten schmückte und einen guten Namen durchaus zu schätzen wußte, nicht aufnehmen konnte und die später zur persona non grata auf Bocken wurde. Annemarie verteidigte ihre neue Freundin tapfer: »Jetzt habe ich aber Mama ernsthaft geschrieben, dass

Annemarie mit zwei Freundinnen im Engadin, 1936

eigentlich alles in Ordnung ist (...) – Und dass sie alles, was sie vorgibt von mir zu fordern, doch nicht ernstlich wünschen kann. Wie, wenn ich meinen ›Umgang‹ aufgäbe – wäre ich nicht in Kurzem notwendig wieder dabei angelangt? Wobei ich gleich hinschrieb dass, solange Du auch nur im Geringsten gewillt seist mit mir etwas zu tun zu haben, ich darauf in keinem Fall verzichten könnte. Welche Feststellung, E. – einfach u. glücklich, sie machte mich ebenso selbstbewusst wie versöhnlich. –«[28]

Zu Beginn der Freundschaft Annemaries mit der Tochter des großen Romanciers ist Renée noch umgänglich, schließlich geht es um ihre Lieblingstochter, und die junge Erika Mann ist von unwiderstehlichem Charme; so wird die erste Begegnung zwischen ihnen anläßlich eines Vortrages von Erika und Klaus Mann in Zürich am 16.12.1930 sehr angenehm. Ein paar Tage nach der Abreise der Freundin, die während ihres Aufenthaltes in der Schweiz auch auf Bocken gewohnt hatte, schreibt ihr Annemarie: »Dass Du Schuhe u. Fläschchen an Dame Krüger so prompt gesandt, hat Dir das Herz meiner Mama sicher noch völliger erobert.«[29] Die Beziehung zu Renée ist zu der Zeit so gut, daß Erika offenbar sogar einen Briefwechsel mit ihr führt.[30]

Ihre Liebe zu Frauen, die ihre Mutter so sehr erzürnte, war Annemarie schon früh bewußt. Und der akkurat geschnittene Herrenhaarschnitt, mit dem sie in Fetan die Mitschülerinnen irritierte, da er noch nicht ganz modern war dort, zeigt trotz aller Widrigkeiten und mißtrauischen Blicken ein frühes Selbstbewußtsein darin.

Aber auch für sie war das Bekenntnis zum eigenen Geschlecht eine Schwierigkeit, die immer neu bewältigt werden mußte. An Ernst Merz, ihren Konfirmationslehrer und Freund, schreibt sie: »Weil ich weiss (...), dass Du nicht so denkst wie die andern, kann ich Dir sagen, dass ich warme, starke Zuneigung, brennendes Freundschaftsgefühl, alle jungen glühenden Kräfte in mir nie anders als einer Frau gegenüber empfunden habe und dass ich nur Frauen mit wirklicher Leidenschaft lieben kann.«[31]

Das Bekenntnis an Merz wurde allerdings erleichtert durch seine eigene Homosexualität.

AUFBRUCH

Studentenleben

Im Wintersemester 1927 immatrikuliert sich Annemarie in Zürich für Geschichte und Literatur. Sie gestaltet sich das Studium abwechslungsreich. Ein Semester verbringt sie in den USA und zwei in Paris, wo sie auch die Fächer Philosophie und Psychologie belegt.

Ihr erster Auftritt an der Universität muß beeindruckend gewesen sein. Die schlanke, elegant gekleidete junge Studentin, die da die Halle der Universität betritt, steht sofort im Mittelpunkt des Interesses. Annemaries zerbrechlich wirkende Figur, der Hauch von Aristokratie in ihrer Haltung, der schmerzhafte Ausdruck in ihrem Gesicht: Ihre Ausstrahlung füllt förmlich den Raum. Alle Blicke wenden sich ihr zu, und Gemurmel wird laut. Gundalena, die die Wirkung ihrer Cousine bereits kennt, beobachtet ihre Kommilitonen interessiert und wartet geduldig ab, bis sich Annemarie einen Weg zu ihr gebahnt hat. Die Cousinen begrüßen sich und verlassen dann Arm in Arm die Halle, um in ihren Seminarraum zu gehen. Hätten sie sich an der Tür umgedreht, das gesamte erste Semester hätte ihnen nachgestarrt.[1]

»Ihre königliche Hoheit« wird Annemarie an der Universität von einigen genannt[2], und wie schon in Fetan finden sich auch hier unzählige Verehrer und Verehrerinnen. Die Mehrzahl ihrer Kommilitonen bleibt Annemarie, die weiter auf der Suche nach den »echten«, »tiefen« menschlichen Beziehungen ist, fremd. Die Distanz, die sie deshalb zu den meisten bewahrt, führt manchmal auch zu Anfeindungen; sie nährt aber vor allem den Mythos, der die junge Frau aus reichem Hause bald umgibt.

Während ihres Studiums beteiligt sich Annemarie an vielen Veranstaltungen der Studentenschaft. Die interessanteste Exkursion während ihrer Studienzeit aber führt sie im Herbst 1928 für zwei Semester nach Paris. Dieses internationale Pflaster, wo sie mit jungen Studenten und Künstlern aus den unterschiedlichsten Ländern und den verschiedensten Schichten zusammentrifft, sagt ihr zu. Mit Wonne stürzt sie sich in dieses neue, freie Leben, mit seinem Bohèmemilieu, den Schauspielern, Malern und den verrauchten Kneipen vom Montparnasse. Ihre Studien vernachlässigt sie darüber hinaus allerdings nicht. Annemarie ist zielstrebig und läßt sich nicht leicht von den selbst gesteckten Zielen abbringen. Zusammen mit ihrer Cousine, Gundalena, wohnt Annemarie in einer Studenten-Pension, dem »Foyer international des étudiants« am Boulevard St. Michel, wo sie auch Maria Daelen kennenlernt, die dort ebenfalls ein Zimmer bezogen hat. Morgens müssen sie ihre Betten in einer Art und Weise machen, die exakt vorgegeben ist, und sich dann zum Frühstück in die Schlange des ersten Self-Service Buffets stellen, das sie in ihrem Leben je gesehen haben.

Schon kurz nach ihrer Ankunft lernen sie russische Emigranten kennen, mit denen sie oft bis tief in die Nacht hinein in den kleinen russischen Lokalen von Paris zusammensitzen und den traurigen Weisen der Balalaika oder des Tango lauschen. Tagsüber trifft man sich oft in den verwahrlosten Künstlerateliers, wo man zwischen Farben, Staffelei und jungen Modellen mit einer Tasse Tee bewirtet wird.[3]

Paris ist aber auch die Stadt der fahlen Wintersonne, der einsamen Boulevards und der Frauen. Einige rühren Annemarie in ihrer mageren, blassen Jugend und mit ihren Träumen von Glück und Erfolg, in einige verliebt sie sich, z. B. in Madeleine. »Alles war fern und unverständlich. Paris war fremd, eine grosse Stadt, von der ich wusste, dass ich sie geliebt hatte: Die Strassen mit vielen Cafés und Stühlen und Trottoirs, Abende im matten Gold der untergehenden Sonne, roter Wein und traurige Musik in den kleinen Zimmern der Studenten, die meine Freunde waren. In einem der Zimmer hatte ich Madeleine kennen gelernt. Sie sass still und aufrecht in einem hohen Stuhle nahe der Türe. Sie sah uns an, während wir Thee tranken und laut sprachen und mit gedämpfter Stimme Lieder sangen. Ihr Blick, den ich auffing, war ruhig (von jener Ruhe, die auf Französisch »calme« heisst) und nicht ohne Teilnahme. Aber ihre Teilnahme schien mir unpersönlich, wie die eines Arztes. Ich stand auf und näherte mich ihr. Ihre Hände lagen blass und sehr schlank auf den steifen Armlehnen des Stuhls. Wenn sie sprach, wurde man aufmerksam und sah auf ihren Mund, der traurig war, beinahe streng. Aber weil er so traurig war, ahnte man hinter seiner Verschlossenheit seine schmerzliche Süsse. Auch ihre Hände waren voll einer unbegreiflichen Süssigkeit und man sehnte sich, ihre Liebkosungen zu fühlen, wie man sich nach einfachem sehnt: nach Wärme, Zartheit und Ausruhen, und nach Tränen, von denen man nicht weiss, warum sie geweint werden. Sie war freundlich zu mir, und ohne jene Ueberlegenheit, die meine Jugend und mein knabenhaftes Gesicht bei vielen Frauen hervorrief.

(...) Nun gehen wir aus, in einem roten Renault-Taxi fahren wir durch die winkligen Strassen des quartier latin, überqueren die Seine, tauchen in das Lichtmeer der grossen Boulevards mit ihrer nächtlichen Bewegtheit, ihren Blumenverkäufern, ihren Cafés und den wie rasend gewordenen Lichtreklamen des Cinémas. ›Wer von Euch hat denn Geld‹ erkundigt sich Madeleine, die im Fond des Wagens hin und her gerüttelt wird. Ich sehe schüchtern auf: ›ich habe noch‹, sage ich und gebe Marcel, der der älteste ist, einen Schein. Er steckt ihn in die obere Tasche seiner Jacke und klopft mir auf die Schulter.«[4]

Alle drei Pariser Texte, die *Pariser Novelle I*, die *Pariser Novelle* und *Paris III*, sind in dieser melancholischen Stimmung gehalten, die so charakteristisch ist für Annemarie Schwarzenbachs literarisches Werk. »Niemals bin ich offener, als wenn ich gerade einen guten Freund verlassen musste. Meine Seele ist noch gefüllt mit dem Glück seiner Gegenwart. Die Welt erscheint ihr schrecklich verlassen und mit einem Gefühl nostalgischer Ohnmacht sieht sie in jedem Gesicht den Reflex des verlorenen Wesens«, schreibt sie 1928 in *Gespräch*.[5] Trauer, Schmerz, Einsamkeit bleiben der Nährboden ihrer Literatur. Selbst ein geselliger Abend in einem gemütlichen Lokal gerät so am Ende zu einem Drama, das dem jungen Protagonisten nur seine Einsamkeit bestätigt. Für glückliche Momente, die es ohne Zweifel in Paris für sie gegeben hat, ist in ihrem ästhetischen Konzept kein Platz, und so endet auch die kurze Liebesgeschichte mit Madeleine traurig.

In Paris bewegt sich Annemarie in einem Freundeskreis, der sie die Kluft, die durch ihre großbürgerliche Herkunft zwischen ihr und den anderen liegt, besonders deutlich spüren läßt. »Was sich meine Tante wohl denkt, wenn sie fragt, ob es ›nett‹ gewesen sei bei meinen Freunden? Ob sie glaubt, wir seien in einem ähnlichen Zimmer gewesen wie diesem, an einem weissgedeckten Tische (...) Und, dass wir dazu passende Gespräche geführt haben über Verwandtschaft, Zukunftsaussichten und Frühjahrsrennen? Mit kleinen Flirts dazwischen zu kalter Bowle? – Oder ob sie sich ein grosses helles Atelier denken kann mit einem nackten Mädchenleib – ein Lokal voll Rauch und Dunst – ein kleines Mädchen zitternd im hellen Lampenlicht. Oder Nicolas, der mit mir Tango tanzt und mir zunickt mit seinem schönen Lächeln – oder vielleicht Madeleine, ausgestreckt unter der wollenen Decke, Madeleine, die von Marcel geküsst wird und die lautlos weinend ihr blasses Gesicht auf meinen Scheitel senkt ... Ich fühle mich namenlos einsam.«[6]

Annemarie Ende der 30er Jahre, Ort unbekannt

Ihr sozialer Hintergrund ist so sehr von dem der neuen Freunde entfernt, so fremd und einschüchternd, daß sie niemals ganz Zugang zu deren Welt erhalten wird. Dieses Erleben verstärkt Annemaries Gefühl, im Grunde heimatlos und zur Einsamkeit verdammt zu sein. Auch Madeleine, die am Ende der Geschichte gefährlich lungenkrank aussieht, lehnt das Angebot des jungen Mannes mit dem »hübschen Kindergesicht« – der in dieser Geschichte als Annemaries Alter ego angesehen werden kann –, mit ihm zu gehen, ab. Mühsam ihren Husten unterdrückend, bleibt sie lieber in dem ärmlichen Atelier zurück.

Diese sozialen Brüche, die sie in Paris so intensiv erlebt, spart sie in *Freunde um Bernhard*, dem Roman, den sie nach ihrer Rückkehr aus Paris beginnt und der 1931 im Wiener Amalthea Verlag erscheint, vollkommen aus. Wie sich in diesem Roman überhaupt sprachlich und atmosphärisch nur noch ein schwacher Abglanz von der fiebrig-intensiven Stimmung der Pariser Novellen wiederfindet. *Freunde um Bernhard* wirkt konstruiert, farblos und im Grunde pubertär. Der Erzählroman ist einfach nicht Annemaries Genre.

Die existentielle Suche Bernhards und seiner Freunde nach höheren

Werten und ihr Versuch der Selbstverwirklichung bleibt in der trägen, hellen Atmosphäre allgegenwärtiger, großbürgerlicher Prosperität unglaubwürdig und die Figuren fragmentarisch. Interessant wird der Roman nur vor dem Hintergund von Annemaries Jugendideal, das hier deutlich um die Homoerotik als elementarem Teil erweitert wird. An Dramatik und relativer Tiefe gewinnt die Geschichte erst im zweiten Teil mit dem Eintritt der Geschwister Leon und Christina, für die Erika und Klaus Mann die Vorlage abgaben. Entscheidend ist die Begegnung mit dem Geschwisterpaar vor allem für Gert, Annemaries Alter ego. Noch bevor er ihn kennenlernt, hat Leons Name eine magische Anziehung auf ihn. Er ist wie ein Versprechen nach der Erfüllung all seiner Sehnsüchte. Die Motive in Leons Malerei bestärken diese Erwartungshaltung: »(...) Bilder schmalhüftiger kretischer Knaben und barocker Frauen, die ihn fremd anmuten und die schwer von Ausdruck sind. Beladen mit hinterhältiger Kraft, beladen mit Gefühl aus der Tiefe steigend, sprechend in einer unlernbaren Sprache, und doch erschütternd und ans Herz greifend.«[7] Im Gegensatz zu den anderen Jugendlichen erträumt dieses Geschwisterpaar die neue Jugend nicht nur, sie lebt sie bereits. Künstlerisch erfolgreich, selbstbewußt und autonom werden sie durch ihre inzestuöse Beziehung, an der Gerts Liebe zu Leon letztendlich auch scheitert, vollends zu Gottkönigen erhoben, zu einem sexuellen Kompositum im Sinne der griechischen Antike, das die Eingeschlechtlichkeit überwunden hat und so tatsächlich zum Hermaphroditen wird.

Die Darstellung dieses Geschwisterpaares ist biographisch interessant. Denn sie zeigt neben der großen Bewunderung für dieses ideale Paar auch eine Hellsichtigkeit in bezug auf die spätere Beziehung Annemaries zu den Mann-Freunden. Wie Gert muß auch sie später die Erfahrung machen, daß in der engen Beziehung zwischen Erika und Klaus Mann nur an der Peripherie ein Platz für Dritte ist. In den inneren Kreis der Geschwister kann man nicht vordringen. Auch die inspirierende Kraft, die sich Gert für seine eigene Entwicklung als Maler von Leon erhofft, erfüllt sich nicht. Leons Schaffenskraft reißt ihn nicht mit, sondern sie blockiert ihn und behindert damit seine eigene Entwicklung. Erst als Gert sich von ihm löst, findet er künstlerisch zu sich selbst.

Interessant ist auch die Abkehr von der Stadt, die sie fasziniert und inspiriert hat. Die exotischen Künstlerateliers sind in *Freunde um Bernhard* nur noch ein Anachronismus. »Es war hier noch Sitte, daß die jungen Künstler ihre Modelle anschwärmten, man saß mit ihnen in schmutzigen Ateliers und machte auf Petroleumflamme kleine Pfannkuchen, welche ›Crepe Suzette‹ hießen und nach verbranntem Zucker schmeckten. Über dem Ganzen lag ein alt gewordener Zauber von Bohème und romantischem Dasein.«[8]

Die bohèmehafte Behäbigkeit von Paris ist nur noch eine Reminiszenz aus einer anderen Epoche. Im krassen Gegensatz dazu steht Berlin, die helle Stätte Neuer Sachlichkeit, des modernen Künstlertypus, wie Leon ihn repräsentiert. »Ich war nach Paris gekommen, um zu erfahren, wie man über das Bauhaus, über Strawinsky, über Marx und Lenin dachte«, schreibt der Lyriker Hans Sahl über die Unterschiedlichkeit der beiden Hauptstädte, »aber in dieser Samtjacken-Bohème schien Puccinis Mimi sich noch immer in jeder Mansarde zu Tode zu hüsteln, und wenn ich, obwohl schon etwas eingeschüchtert, das Gespräch auf die ›Révolution Russe‹ brachte, dachten sie, ich meinte Tucholsky und sangen die Marseillaise.«[9]

Wenn die Rückkehr nach Paris je zur Diskussion stand, so war 1931 die Entscheidung für Annemarie gefallen. Die Stadt, in die sie wollte, war Berlin. Dazwischen lag aber noch ein ganzes arbeitsintensives Jahr – das letzte Jahr vor ihrem endgültigen Auszug aus dem Elternhaus. In diesem Jahr, das Annemarie hauptsächlich auf Bocken verbringt, schreibt sie an *Freunde um Bernhard*, sie hält Lesungen – »Ich bin erschüttert über das plötzliche Debut, werde es aber mit Würde absolvieren«[10] –, auf denen sie aus ihren Texten *Erik*, *Ruth* und *Römische Skizze* liest, und sie bereitet sich gleichzeitig auf den Abschluß ihrer Promotion im Frühjahr 1931 vor. »Ich hatte – was Dir unbedingt mitgeteilt werden muss – heute eine Unterredung mit ›Karlmeyer‹, einem Professor der mehr als dies, nämlich Autorität meines Faches u. Schicksalsentscheider für mein Examen ist – ein kleiner, äusserst ›innerschweizerischer‹, (homo alpinus) u. wunderbar energischer Kerl. Seine Haltung zu mir war gnädig, meine Dissertation befriedigt ihn (Gott sei gelobt). Allerdings wünscht er noch ein Kapitel Kirchengeschichte, ich nickte stumm u. ahnungslos – u. eine Karte, was noch schlimmer ist. – Ausserdem machte er mich liebevoll aber nachdrücklich aufmerksam auf meine grosse Jugend (›Junges Semester‹ nennt er das) u. auf die diesbezügliche Strenge der Prüfungskommission, was mich bedrückte – Es folgte ein Besuch bei Korrodi[11], der ganz strahlende Freundlichkeit war.«[12]

Annemarie promoviert im Alter von 23 Jahren über die Geschichte des Oberengadins im Mittelalter und zu Beginn der Neuzeit. Schon während der Ferienaufenthalte mit ihren Eltern dort hatte sie eine enge Beziehung zu dieser Gegend aufgebaut, der sie ein Leben lang verbunden bleibt. Es sei ihr ›ureigenster‹ Boden schreibt sie an Erika Mann am 24.12.32, »wo ich mich sicherer bewege u. leichter fühle als anderswo«.

Im Spätsommer 1934 macht sie das Oberengadin endgültig zu ihrem Schweizer Domizil und mietet ein Bauernhaus in Sils-Baselgia, das für die Reisende und alle ihre Freunde ein Ort des Rückzugs und der Erholung wird. Erika und Klaus Mann werden häufig dort sein, Therese Giehse, Claude Clarac, Barbara Hamilton-Wright, mit der sie 1936/1937 die USA bereist, Marianne Breslauer, Ella Maillart und andere. Während Annemaries langen Abwesenheiten kümmert sich eine Nachbarin, Frau Godli, die eine Pension in der Nähe betreibt und mit der Annemarie sich angefreundet hat, um das Haus. Frau Godli verwaltet auch den Schlüssel für die Besucher.

Die mondäne Bergwelt zwischen Lenzerheide, St. Moritz und Sils ist landschaftlich sehr schön, und auch bei anderen Frauen aus ihren Kreisen als Erholungsort überaus beliebt. Die Ärztin Maria Daelen ist oft hier, die Kunsthistorikerin Hanna Kiel, die das »Chalet Canols« im Engadin hat, wo Annemarie und auch die Manns zu Beginn der 30er Jahre häufig zu Besuch sind. Lisa von Cramm[13] kommt hierher und ebenso Margot von Opel, die Annemarie 1935 hier kennenlernt. Die Frauen finden sich zu einer kleinen, edlen Truppe zusammen, die ganz im Stil der Zeit den Garçonne-Typus pflegt und selbstbewußt athletisch die verschneiten Pisten herunterjagt. Auf die Frage, wie sie Annemarie kennengelernt habe, antwortete Margot von Opel: »Das war ganz naheliegend. Die Annemarie war in Sils Maria, und ich war in St. Moritz. Man konnte sich eigentlich gar nicht aus dem Weg gehen.«[14]

Die Freundschaft mit Hanna Kiel und Maria Daelen wird für Annemarie auch in Berlin sehr wichtig sein. Die beiden werden ihr öfter über ihre Krisen hinweghelfen und versuchen, ihre Alkohol- und Morphiumexzesse aufzufangen. Zeitweise wohnen Maria Daelen und Annemarie wohl aus diesem Grund in Berlin auch zusammen.

Die ersten Schritte Annemaries in die Eigenständigkeit verfolgt Renée kritisch. Paris war eine Sache, Annemaries neue Freunde offensichtlich eine andere.

Ein erster großer Streit entbrennt, als Annemarie heimlich nach Venedig fährt, um dort Ruth Landshoff-York, mit der sie offenbar ein kurzes

Liebesverhältnis hat, und Karl Vollmoeller zu treffen. Die Reise wird publik, und auf Bocken spricht man von Verrat. »Mama wirft mir auf alles was ich jetzt vorbringe, Folgendes vor: Dass ich mich indem ich mich (nach den vorausgegangenen Auseinandersetzungen) überhaupt mit Vollm. oder R. abgebe, eo ipso von ihnen – meinen Eltern – lossage, dass ich auch mich persönlich degradiere – u. vor allem, dass ich den Palazzobewohnern [Karl Vollmoeller bewohnte in Venedig den Palazzo Vendramin Calergi, wo Wagner 1883 gestorben war, A.G.] den Triumph (schon wieder Pathos!) verschaffe, mich trotz Gegenwunsch meiner Eltern dazu gebracht zu haben zu ihnen zu kommen –.«[15]

Der Dichter Karl Gustav Vollmoeller, Autor des Drehbuches *Der blaue Engel*, hielt ständig Ausschau nach jungen Frauen und wurde dabei von seiner Freundin, Ruth Landshoff, kräftig unterstützt. Sie war es auch, die ihm 1930 Annemarie Schwarzenbach zuführte. Erotisch mußte ihn Annemarie enttäuschen, aber: Was ein Gesicht und welche Ausstrahlung! mag sich Vollmoeller gedacht haben. Und er sah die Schweizerin gern in seiner Nähe.

Es mag die Liebesbeziehung der beiden Frauen gewesen sein, die Renées Unmut erregte, der Umgang mit Künstlern aber war einer, den sie selbst sehr intensiv pflegte. Durch ihr Engagement wird Bocken besonders nach 1920 zu einem kulturellen Treffpunkt der Züricher Gesellschaft. Auf Bocken eingeladen zu werden, ist nicht zuletzt wegen Emmy Krüger ein Ereignis und bedeutet für viele eine große Ehre. Zu Gast sind neben der berühmten Sängerin häufig auch die Wagner-Erben Winifred und Siegfried, Wilhelm Furtwängler, der Komponist Eugène D'Albert, Bruno Walter, Richard Strauß, Arturo Toscanini und andere renommierte Vertreter des zeitgenössischen Kulturbetriebes. Ein Photo aus dem Jahre 1919 zeigt sogar Gerhard Hauptmann im Gespräch mit Alfred Schwarzenbach vertieft. Renée setzte damit eine Tradition fort, die bereits ihre Großeltern auf Mariafeld begründet hatten und die ihre Mutter, Clara Wille, ebenso weiter pflegte wie sie.

Der heftige Streit zwischen Annemarie und den Eltern wegen ihrer heimlichen Reise nach Venedig läßt sich vorerst noch mit etwas Reue und einigen Konzessionen glätten. Und so schreibt sie nur einige Tage nach dem Konflikt an Erika Mann: »Ich kann zum 12. bzw. zu den ›Geschwistern‹ nicht kommen. Vertrag mit Papa dass ich entweder mit ihm nach Amerika fahre!, oder aber bleiben kann unter der Bedingung, überhaupt nicht von Zürich wegzufahren. Ich sitze also fest, was dem Dr.[16] zu Gute kommen wird, aber nicht mir.«[17]

Der Grundkonflikt aber bleibt bestehen. Die Selbständigkeitsbestrebungen der Tochter und ihre neuen Freundschaften führen trotz der klangvollen Namen Landshoff-York, Vollmoeller und Mann vor allem zwischen Annemarie und ihrer Mutter immer wieder zum Streit. Daran wird auch Annemaries Umzug nach Berlin 1931 nichts ändern. Ihre Besuche auf Bocken enden selten ohne lautstarke Auseinandersetzungen. Mutter und Tochter können nicht davon lassen, auf der Richtigkeit des jeweils eigenen Standpunktes zu beharren. Und neben den privaten werden die politischen Dissonanzen immer größer.

Die große Tradition der Familie

Die »große Tradition der Familie«, in der sich Annemarie so sicher aufgehoben fühlte, wird zusehends zum Problem. Während die Mehrzahl ihrer Freunde nach der nationalsozialistischen Machtübernahme am 30. Januar 1933 aus Deutschland emigrieren müssen und Annemarie sich auf die Seite der deutschen Emigration stellt, hegen Renée und ihr Bruder Ulrich die Hoffnung, Deutschland würde durch die Nationalsozialisten seine »Krise« überwinden und wieder zu »Größe« kommen.

Im gleichen Jahr erreichen auch die Aktivitäten der 1933 gegründeten »Nationalen Front«, die ab dem Sommer 1934 von Annemaries ehemaligem Kommilitonen und glühenden Verehrer Rolf Henne geführt werden, einen politischen Höhepunkt. Erklärtes Ziel der »Front«, die sich nach dem Vorbild der SA als Sturmtruppe sieht, Saalschlachten veranstaltet und stolz vor der Presse ihre bandagierten Köpfe zeigt, ist eine »Totalrevision« der schweizerischen Bundesverfassung im Sinne der Nationalsozialisten und die Einführung von Rassengesetzen.[18] Im Sommer 1933 schreibt Erika Mann an ihren Vater: »Die Schweiz, da habt Ihr recht, wird toller von Tag zu Tag. Eben hat Annemarie von ihrem Papa einen Brief bekommen, in welchem er schreibt, keiner dürfe so kleinlich sein, über den unbedeutenden und gewiß überflüssigen Exzessen, die die Hitlerbewegung mit sich bringe, das Große, Reinigende, Aufbauende, Notwendige der prächtigen Sache zu vergessen. Sie solle [sie, Annemarie] doch umgehend nach Deutschland fahren und am Aufbau dieses neuen geistigen Deutschlands mithelfen, und nicht etwa eine Zeitschrift machen, die ›farblos internationalistisch‹ wie sie sei, glatt weggespült werden *müßte* von den Kräften, die erfreulicherweise am Werk seien, um ihm, wie er meint, der Depp, seine Fabriken zu erhalten. Und diese Rinder sehen immer noch nicht, was mit ihren Deutschnationalen passiert ist, – solange, bis sie selber daran glauben müssen, die vor Interessenbefangenheit blindtauben Kapitalistenratzen.«[19]

Die Hoffnung auf die Nationalsozialisten als »kathartische Kraft« war unter den Kindern des Generals offenbar schon früh erwacht. Während er selbst dieser Bewegung nicht sehr viel abgewinnen konnte, lud sein Sohn Ulrich Hitler bereits 1923 in die Schulhausstr. 19 ein, wo dieser vor ca. 20 Gästen sein Parteiprogramm erläuterte.[20] Hitler selbst soll, trotz der finanziellen Unterstützung, die seiner Partei danach zufloß, nicht begeistert gewesen sein. Dem österreichischen Kleinbürger behagte die großbürgerliche Atmosphäre keineswegs. Sie schüchterte ihn ein.

Der Kontakt zwischen Hitler und den Schweizern war durch Rudolf Hess zustande gekommen. Hess hatte als Student den Professor für Geopolitik an der Technischen Hochschule in Zürich und ehemaligen General Karl Haushofer kennengelernt, der mit der Familie Wille befreundet gewesen war. Karl Haushofer schließlich führte Rudolf Hess in die Familie ein.[21]

In der Schweiz erregten Ulrich Willes verwandschaftliche[22] und gesellschaftliche Beziehungen zu Deutschland immer mehr Mißtrauen. Und 1934 mußte er, der als einer der vier Oberstkorpskommandanten der militärischen Elite des Landes angehörte, sich einer öffentlichen Anhörung stellen, die seine Verbindungen zu Deutschland endgültig klären sollte. Anlaß dazu hatte eine private Deutschlandreise Willes gegeben, bei der er mehrmals mit führenden Personen des »Dritten Reichs« zusammengekommen war, darunter auch mit Hitler persönlich. Zwar hatte Wille bei seiner Rückkehr sofort Bundesrat Minger darüber informiert, doch der Zeitpunkt der Reise hatte zu allerlei Mutmaßungen Anlaß gegeben, zumal sich Wille zuvor für einen größeren Militäretat eingesetzt hatte und damit nun eine perfekte Angriffsfläche für die Opposition bot.

Soweit, Ulrich Wille Landesverrat vorzuwerfen, wie es Niklaus Meienberg in *Die Welt als Wille und Wahn* implizit tut, geht allerdings keiner der Autoren neuerer historischer Abhandlungen.[23] Nicht einmal Edgar Bonjour, der Wille sehr kritisch gegenübersteht, kommt zu einer solchen Schlußfolgerung. Was Wille allerdings von allen bescheinigt wird, ist seine bis ans Unerträgliche grenzende politische Naivität gegenüber dem nationalsozialistischen Deutschland. Die frühen Verhandlungserfolge des nationalsozialistischen Deutschland und seine siegreichen »Blitzkriege« bestärkten Wille soweit in seinem Glauben an die deutsche Übermacht, daß er nach der deutschen Besetzung Frankreichs im Sommer 1940 gegen die militärische Sicherung der Nord- und Westgrenze der Schweiz plädiert und im Oktober 1940 – die Schweiz ist nun vollkommen von den Achsenmächten umzingelt – sogar die totale Demobilisierung des Landes fordert.

Für ihn ist der Krieg mit dem deutschen Sieg über Frankreich zu Ende. Die »Pax Germanica« ist etabliert. Selbst sein alter Freund Ulrich von Hassell, für den sich die Nationalsozialisten in der sogenannten »Reichskristallnacht« am 9. November 1938 endgültig decouvriert haben, kann ihn nicht überzeugen.[24]

Über die Hintergründe von Willes Demobilisierungsvorschlag ist sich die Geschichtsforschung nicht ganz einig. Doch lassen sich zwei Gründe herausfiltern, die ihn zu dieser Haltung bewogen haben mögen. Zum einen war er mit der frankophilen Politik General Guisans, dem französischsprachigen Oberbefehlshaber der Schweizer Armee während des Zweiten Weltkriegs, nicht einverstanden. Guisan war ihm bei der Generalswahl 1939 vorgezogen worden. Durch die Demobilisierung aber hätte er den Konkurrenten automatisch ausgeschaltet, da ein Oberbefehlshaber in diesem Falle überflüssig geworden wäre; zum anderen, weil er, wie übrigens viele hochrangige Deutschschweizer Offiziere, glaubte, einem Angriff der Deutschen nur entgehen zu können, indem man sie so wenig wie möglich provozierte. Ziel dabei war es, durch eine deutschfreundliche Politik bei der Neuaufteilung Europas unter nationalsozialistischem Vorzeichen, die für Wille feststand, einen möglichst günstigen Ausgangspunkt für die Eidgenossenschaft zu schaffen. Der Preis, den die Schweiz politisch in einem solchen Falle hätte zahlen müssen, war ihm offenbar nicht zu hoch.

Die deutschfreundliche Politik der Schweiz gründete auch auf dem Fund der Dokumente über militärische Geheimabsprachen zwischen der Französischschweizer Militärführung und Frankreich, die der Wehrmacht bei ihrem Vormarsch nach Frankreich in Charité sur Loire in die

Hände gefallen waren. Sie dienten auf deutscher Seite als ein vortreffliches Druckmittel gegen die Schweiz, um sie zu allerlei wirtschaftlichen Konzessionen gegenüber dem »Dritten Reich« zu zwingen, was allerdings ohnehin der Preis war, den nicht nur die Schweiz, sondern auch Schweden für den Erhalt ihres neutralen Status zahlen mußten.

Die politische Parteinahme ihrer Mutter und ihres Onkels für Hitler-Deutschland ist für Annemarie unerträglich, zumal sie gerade an ihrem Onkel Ulrich sehr hängt und ihn auch vor der Familie Mann in Schutz nimmt. Es widerspricht ihrem Nationalgefühl und ihrem Bild von der Schweiz. Diesem Land, in dem sie wohl, wie viele ihrer Landsleute, eine Urzelle der Demokratie, des Liberalismus und der Freiheit sieht. »Ein Land gesicherter bürgerlicher Lebenshaltung und demokratisch-liberaler Gedankenwelt«, wie der Historiker Edgar Bonjour schreibt.[25]

Den Beweis aber, für diese Ideale kämpfen zu wollen, ist die Schweiz nach Ansicht Annemaries vor sich selbst und vor der Welt schuldig geblieben. Im Juli/August 1940 schreibt sie sich in den USA ihren Gram von der Seele. Sie spricht der Schweiz, »dem Land, daß nicht zum Schuß kam«, die moralische Berechtigung ab, sich als wehrhafte Demokratie zu sehen. Zu schnell und zu leichtfertig habe sie sich zugunsten ihrer traditionell neutralen Haltung zum Handlanger Hitlers gemacht, denn anders sei eine Neutralität in dieser Situation nicht zu halten gewesen. »Von dem Tage an, als Frankreich aufgab, war die Schweiz dazu verurteilt, deutsche Forderungen zu erfüllen. Vom gleichen Tage an war die schweizerische Unabhängigkeit eine Fiktion.«[26]

Sie überführt ihre Heimat damit der programmierten Selbsttäuschung, denn »es ist ohne jeden Zweifel eine entscheidende Frage, ob jener kleine europäische Staat, der glücklicherweise vom Krieg verschont blieb, seine zukünftige Existenz *erkämpfte* – wie die junge finnische Nation durch einen heldischen Kampf den Beweis erbrachte für ihre Lebenskraft und Existenzberechtigung – ob Hitler die Schweiz nicht anzugreifen *wagte*, – oder ob sie weiter nur bestehen darf dank ihr günstiger Umstände, – das heißt durch die von gewissen Interessen diktierte Gnade des Siegers.

Diese Interessen können morgen anders sein. Es wird sich morgen schon lohnen können, die Schweiz zu annektieren oder vorübergehend zu besetzen. Allerdings sieht es jetzt nicht so aus, als ob solche, das

Schicksal der Schweiz ungünstig beeinflussende Umstände eintreten könnten – und daher muß man heute zahlreiche Gratulationen entgegennehmen, als gebürtiger Schweizer, – und kann sich dabei eines unbehaglichen Gefühls des Unwillens und der Trauer nicht erwehren.«[27]
Der Artikel bleibt unveröffentlicht.

In einen offenen politischen Konflikt gerät Annemarie mit ihrer Familie im November 1934, anläßlich des »Pfeffermühlen«-Skandals. Erika Mann hat während der »Pfeffermühlen«-Tournee in Holland in Anspielung auf Annemaries Onkel, Ulrich Wille, und seinen politischen Standort und Einfluß das Chanson »Weil ich will« gedichtet. Das Lied gehört zum Herbstprogramm des Kabaretts[28] und wird nun, kurz nachdem sich der Oberstkorpskommandant vor einem Bundesratsausschuß wegen Landesverrates verteidigen mußte, jeden Abend von Therese Giehse im Züricher Kursaal, wo das Kabarett im November längere Zeit gastiert, gegeben. In der fünften Strophe des Liedes, in der die Willens- und Willkürmacht des deutschen »Führers« karikiert wird sowie »die fröhlich-sinnliche Willenlosigkeit derer, die sich seinem Willen so gerne fügen« heißt es: »Was so ein Wille will / ist wirklich einerlei / Wenn er das schlechte will / Ists auch egal / Es kommt nur darauf an, daß einer wollen kann / Denn dann gehorchen wir / ihm allemal.«[29] Die Anspielung auf die Affaire um den Kommandanten Wille wird in Zürich natürlich sofort verstanden, und selbst die früher freundliche *NZZ* spart nicht mit Kritik an diesem dritten Programm der »Pfeffermühle«, das nicht mehr »vom Herzen« spreche, sondern »aus der Galle«. »Man vernehme trotz aller künstlerischen Qualität zuviel »garstig politisches Lied«.[30] Das Lied wird als Einmischung in die inneren Belange der Schweiz verurteilt und als grobe Taktlosigkeit beschimpft. Am 12. November erscheint in Zürich ein anonymes Flugblatt, das Erika die Zugehörigkeit zur KPD unterstellt und ein intimes Verhältnis mit dem Basler Sozialdemokraten Schneider, dem Politiker, der in der Bundesversammlung den Antrag auf die Amtsenthebung Willes gestellt hat.[31]

Einen Tag nachdem das Flugblatt in Umlauf gekommen ist, kommt es während der Vorstellungen zu ersten Störungen und Zwischenrufen.[32] Erika Mann informiert daraufhin die Presse und sorgt dafür, daß die »Pfeffermühle« Saalschutz bekommt und sie selbst persönlichen Polizeischutz. An den Abenden des 14. und 15. November bleibt es noch relativ ruhig, auch wenn der Vorverkauf bereits zeigt, daß blockweise Karten verkauft worden sind. Erika nimmt die Anzeichen ernst.»Am Abend des 16. November war Polizei in Zivil im Saal, auch den Ordnungsdienst der Züricher Arbeiter-Organisation hatte Erika vorsorglich um Hilfe gebeten.«[33] Als Therese Giehse auf die Bühne geht, um mit dramatischer Stimme das »Lied vom Willen« vorzutragen, beginnen lautstark die Störaktionen. James Schwarzenbach, der später seine Zugehörigkeit zu den Schweizer Fronten heftig bestreiten wird, gibt mit einer Ordonnanzpfeife das Signal zum Angriff. Im Saal wird daraufhin laut »Pfui« und »Juden raus« gerufen, und auf der Straße grölen 70 Männer: »Die Schweiz den Schweizern« und »Die Juden sind unser Unglück«.»Im Saal mußte die Vorstellung unterbrochen werden, draußen auf der Straße griff die Polizei ebenfalls ein. Es kam zu Schlägereien und Verhaftungen. An den beiden folgenden Abenden wiederholten sich die Krawalle. Den Auseinandersetzungen Mitte November folgten frontische Kundgebungen und Demonstrationen, antisemitische, fremdenfeindliche und pronationalsozialistische Flugblätter wurden verteilt.«[34] Nicht nur die »Pfeffermühle« wird nun angegriffen, sondern auch die »Wühlerei der Emigranten«[35] im Schauspielhaus. Am 8. November hat dort Friedrich Wolfs »Professor Mamlock« Premiere gehabt. Die Frontisten empfanden das Drama vom jüdischen, national gesinnten Arzt, der als dekorierter Teilnehmer des Ersten Weltkriegs nun erleben muß, in Deutschland nicht mehr erwünscht zu sein, und der sich daraufhin das Leben nimmt, während sein Sohn in die Illegalität geht, als Provokation. Für den 21. November haben die Fronten eine Großkundgebung angemeldet, die das Polizeipräsidium und den Züricher Stadtrat nichts Gutes erwarten läßt. Im Rathaus beschließt man, weder die Kundgebung noch die »Pfeffermühle« zu verbieten und bemüht sich um Deeskalation.

»Die Polizei gab bekannt, alle Mitglieder des Ensembles hätten gültige Pässe, seien also keine Emigranten. Auch sei nur eine Mitwirkende Jüdin, eine weitere lediglich mütterlicherseits jüdisch, und schließlich habe sich das Ensemble bereit erklärt, drei als besonders provozierend empfundene Nummern kurzfristig aus dem Programm zu nehmen. Unter diesen war das Lied vom *Willen*, zu dem Erika Mann ausdrücklich mitteilte, es sei vor einigen Monaten in Holland ohne irgendeinen Bezug auf aktuelle innenpolitische Ereignisse in der Schweiz entstanden.«[36] Annemaries Großmutter, Clara Wille, nimmt in einem Brief an ihren Enkel Jürg Wille Stellung gegen die frontistischen Übergriffe. Sie hat weder Verständnis für die antisemitischen Parolen, die skandiert wurden, noch kann sie die Aufregung über »Das Lied vom Willen« verstehen. Hinter der Wille-feindlichen Auslegung des Liedes vermutet sie vielmehr »absichtliche Bosheit« und rät ihrem Enkel deshalb zur Zurückhaltung, da die öffentliche Meinung schon genug aufgerüttelt sei. Zum Programm des Kabaretts selber schreibt sie, daß sie zwar die Verbitterung der Emigranten über Deutschland verstehe, diese aber nicht in eine Bloßstellung des Vaterlandes ausarten dürfe. Sie sei froh, daß Annemarie nicht da sei. Auch wegen der großen Aufregung.

In Zürich brodelt die Gerüchteküche, und selbst von einer geplanten Entführung Erikas nach Deutschland ist die Rede. Erika übernachtet daraufhin erst ein paar Tage im Hotel in Zürich und fährt in den anschließenden Wochen nicht mehr mit ihrem Ford nach Küsnacht, sondern nimmt den Bus. An der Endstation läßt sie sich dort vom Dorfpolizisten abholen und nach Hause begleiten.[37]

Erika schreibt eine Erklärung zu den Ereignissen »in meiner Pfeffermühle«, die am 26. und 29. November mit Ausnahme der *Neuen Zürcher Zeitung* in fast allen Schweizer Zeitungen erscheint. Die *NZZ* druckt nur einen pfeffermühlenfreundlichen Artikel der Schweizer Schriftstellerin Maria Waser ab und gibt gleichzeitig James Schwarzenbach die Möglichkeit einer Stellungnahme, woraufhin der Eindruck entstehen muß, die größte und renommierteste Schweizer Zeitung beziehe ebenfalls Position gegen die »Pfeffermühle«. Erika ist erbost, aber wie immer in Konfliktsituationen groß in Form. Sie geht »freundlich, aber bestimmt« in die Offensive und rüttelt in einer weiteren Erklärung an dem behäbigen Schweizer Verständnis von »Gastrecht«.[38]

Es nützt ihr nichts. Es ist nicht die Zeit des »gesunden Menschenverstandes«, dem sie das Wort spricht. Obwohl sie das Züricher Gastspiel im November planmäßig zu Ende führen können, wird die weitere Tournee durch die Schweiz zu einem ständigen Kampf um Aufführungsmöglichkeiten für die »Mühle«. Nach neun Vorstellungen – meist unter polizeilichem Schutz – brechen sie die Tournee im Dezember 1934 vorzeitig ab. Erst im November 1935 gastiert die »Pfeffermühle« noch einmal bei den Eidgenossen, »allerdings nicht in Zürich«, und Erika fragt sich, ob nicht der Mond bald urbar werde, denn die Erde, »besonders die Schweiz, sei unbewohnbar geworden«.[39]

Annemarie bekommt bei ihrer Rückkehr Mitte Dezember nur noch die Ausläufer des Streits um die »Pfeffermühle« mit. Sie ist schockiert, denn es geht hier um ihre geliebte Freundin Erika Mann, und sie möchte nicht, daß die politische Gesinnung ihrer Familie, mit der sie selbst genug Probleme hat, einen Keil zwischen sie und die Münchner Freundin treibt. Annemarie reagiert sofort. Sie beschimpft zu Hause die Mutter und ihre Verwandschaft, veröffentlicht Ende Dezember eine Stellungnahme pro »Pfeffermühle« in der *Züricher Post*[40], schickt Erika zu Weihnachten Blumen und nimmt persönlich an einer Aktion gegen die Frontisten teil. Vergeblich, als Familienmitglied trifft auch sie der Bannstrahl Erikas, denn für Erika steht fest, daß Renée zu den Drahtziehern der Übergriffe gehörte.[41]

Was auch immer Annemarie tut, um ihre Sympathie und Unterstützung für Erika zu erklären, ob sie nun die erstaunten Verwandten beschimpft, ob sie Zeitungen anruft und Stellungnahmen für die Freundin abdrucken läßt, Erika Mann bricht den Kontakt zu ihr ab. Zum Streitpunkt wird nicht nur, daß Annemarie es immer noch nicht schafft, sich von ihrer politisch belasteten Familie zu lösen, sondern auch die Annahme, daß Renée wesentlich an den Krawallen beteiligt war. Denn während Erika daran festhält, daß Renée nicht nur mit den Provokateuren sympathisierte, sondern auch zu den Drahtziehern gehörte, beharrt Annemarie darauf, daß schon allein die Furcht ihrer Familie vor Skandalen gegen eine aktive Mitwirkung spreche. An Klaus Mann schreibt sie: »E. hingegen sollte nur zugeben (und nur mir) dass meine Familie (...) doch jeden Skandal *fürchtete* u. auch über den in der Mühle nur verzweifelt sein konnte – angerichtet hat sie ihn nicht. Allerdings, das entschuldigt ja nicht die vielen Fronten- u. Hasskonstellationen, entschuldigt nicht die Leichtfertigkeit mit der sie alle einstimmten, (...) u. dass sie sich gegen *mich* keinerlei Loyalität schuldig glaubten, fällt vielleicht auf mich, dass sie sich gegen Eri nicht benahmen, wie es unter unbescholtenen Leuten üblich ist, ganz allein auf sie. Mama weiss das wohl, u. merkt viel früher als die anderen: ich tu nicht mehr mit, u. die Trennung ist mehr als Sils u. die Heirat u. Solidarität mit Euch. Ich glaube, sie ist nicht fröhlich darüber. Die Anderen sind erstaunt, dass ich es nicht mit ein wenig Traurigkeit abtue.«[42] Doch Erika läßt sich nicht überzeugen und bleibt beim Schweigen.

Sowohl Renée als auch Erika Mann (die auf Bocken längst Hausverbot hat) scheinen nur auf eine Gelegenheit gewartet zu haben, sich ihres gegenseitigen Hasses zu versichern. Auf der Strecke droht dabei Annemarie zu bleiben. Aufgerieben zwischen den zwei Fronten und ohne die nötige Robustheit für einen solchen Konflikt zu haben, begeht sie im Sanatorium »Chesa Dr. Ruppaner«, wohin sie sich zur Erholung, besonders zur Entziehungskur, zurückgezogen hat, im Januar 1935 einen Selbstmordversuch. Zuvor hatte ihr Vater ihr einen Brief ins Sanatorium geschickt, in dem er Annemaries Lebenswandel, wahrscheinlich aber auch die Tatsache, daß sie sich gegen die Familie gestellt hatte, kritisierte. Nach Annemaries verzweifelter Tat wird beiden Parteien, der Familie und Erika Mann, schlagartig bewußt, auf wessen Rücken der Konflikt unbeabsichtigt auch ausgetragen wird. In seinem Tagebuch schreibt Klaus Mann: »14. 1. – Anruf von E aus Prag: Annemaries Selbstmordversuch. ICH DANKE GOTT, für sie, für E und für mich, dass es so abgegangen ist. Was für eine jammervolle Verwirrung! Die Schuld der Eltern. Das Übermass der seelisch-geistigen Komplikationen. Die Entwöhnung. – Dieses ›bittere‹ Jungsein.«[43]

Beide Parteien kommen zur Raison. Endlich redet Erika wieder mit ihr, läßt sich Annemaries Standpunkt auseinandersetzen und hält sie nun wieder wie früher mit Telegrammen auf dem Neuesten über sich, ihre Arbeit und über Klaus. Auch die Eltern zeigen sich »ehrlich bemüht«.

Annemarie bleibt aber skeptisch. Sie traut dem Frieden nicht. Vom Sanatorium aus schreibt sie an Klaus Mann: »Es ist so überraschend, wie, nach einem solchen Ereignis (soll man es ›unbesonnen‹ nennen?) zwar nichts sich verwandelt, sich neugeboren ausnimmt, wie die Besorgten es gerne hätten u. heissen möchten – sondern nur da u. dort Zweifel aufflackern – Sehnsüchte sich einseitig melden, z.B. der Wunsch, Dich u. Eri zu sprechen (was ja Gott sei Dank inzwischen möglich war) –.«[44]

Erika und Klaus Mann – eine zweite Familie

»Erika Mann wirkte vor allem durch ihre Persönlichkeit. Mehr noch als dies: sie hatte eine Mission, sie war die Tochter Thomas Manns, seine Statthalterin auf Erden. Sie war sein politisches Gewissen, die letzte Instanz, an die der ewig Zaudernde und Zögernde sich wandte, wenn er nicht weiter wußte.«[45]

Annemarie Schwarzenbach lernt Erika Mitte September 1930 in München kennen. Die Bekanntschaft kommt durch Alfred Pasternek, kurz Fred genannt, einem Jugendfreund Annemaries, zustande. »Ich glaube, er ahnt gar nicht wie gern ich ihn mag seitdem er Dich eines Dienstags in den Vierjahreszeitenkeller brachte (denkwürdiges Mahl mit Spinat, Pfirsichen, Heidelbeeren u. Eierkuchen!).«[46]

Für Annemarie zumindest ist es eine schicksalhafte Begegnung. In der Freundschaft mit Erika und ihrem Bruder Klaus, den sie drei Monate später kennenlernen wird, erfüllt sich für sie die lang gehegte Sehnsucht nach einem vorbehaltlosen Verbundenheitsgefühl. »Mir ist als sei ich nahe, in Berührung fast mit einem Kreis, der mich jäh erfassen will und mir mit der Gewissheit, ihm anzugehören, alle Zweifel nehmen würde«, hatte sie an Merz darüber geschrieben. »Zugleich aber weiche ich zurück vor dem Ernst, der Einmaligkeit, dem absoluten Jasagen zu einer neuen und fremden Welt. Ich fühle die Fremdheit, und rings um mich Abwehr (…).«[47] Die Beziehung zu Ruth Landshoff-York etwa konnte Annemaries Anspruch, den sie an Freundschaft und Liebe hatte, nicht erfüllen: Der illustre Kreis um Karl Vollmoeller hatte ihr dieses Gefühl der Fremdheit nicht nehmen können. »Was Rut in meinem Herzen macht? Das weiss ich eben am allerwenigsten. Wenn sie sich nicht um mich kümmern täte (d. h. wenn ich denken würde sie mag mich nicht –), so würde ich mich darüber aufregen. Das ist nicht viel, aber alles was ich zu sagen weiss!«[48] schreibt sie an Erika einen Monat, nachdem sie sich kennengelernt haben. Zu Erika Mann aber kann die junge Schweizerin dieses absolute »Ja« sagen. Attraktiv, charmant, selbstbewußt, ungemein lebendig und rebellisch ist Erika Mann genau die Frau, auf die sie gewartet hat. Annemarie ist hingerissen. Hingerissen auch davon, daß ihr die neue Freundin in vielem so ähnlich ist: jung, verwegen, abenteuerlustig, verwöhnt und den Frauen zugeneigt.

Erika und ihr Bruder Klaus stammen nicht nur aus einem ähnlichen Milieu wie Annemarie, sie verbreiten auch den kosmopolitischen Flair prominenter Dichterkinder, was für Annemarie durchaus von Bedeutung ist.

In die beschauliche Provinzialität Zürichs und seiner ländlichen Umgebung brechen sie ein wie ein Wirbelsturm. Für Annemarie verknüpft sich mit ihnen der Reiz des Aufbruchs. Und die reiche Industriellentochter mit dem Gesicht eines »untröstlichen Engels« ist ihrerseits extravagant genug, um den wählerischen Geschwistern zu gefallen.

Mit der souveränen Erika an ihrer Seite kann Annemarie Mut schöpfen und den schwierigen Weg in Angriff nehmen, der sie von Bocken wegführen soll.

Erika Mann ist nicht nur selbstbewußt, sie ist auch von Kind auf gewohnt zu führen, aufzuheitern und ihrer Umgebung eine Stütze zu sein. Nicht nur bei ihrem Vater übernimmt sie vor allem in späteren Jahren diese Funktion, sondern, solange sie denken kann, auch bei ihrem Bruder Klaus und bei Ricki Hallgarten, dem Jugendfreund. Ähnlich wie

Annemarie Schwarzenbach mit Erika und Klaus Mann und anderen Freunden in den frühen 30er Jahren

Annemarie leiden auch die beiden jungen Männer an Selbstzweifeln; sie sind oft niedergedrückt und kultivieren eine große Affinität zum Tod. Das Wesen der jungen Schweizerin ist Erika insofern nicht fremd und auch nicht die Rolle, die Annemarie ihr zuweist: die Rolle der züchtigenden, pädagogischen Instanz. Erika ist mal die Mutter, mal der ältere Bruder für die junge Schweizerin: »ich möchte, wie ein Kind, andauernd sagen, dass man mir helfen soll – u., Du sagtest ja ich sei innerlich verwildert u. unerzogen«[49], so Annemarie in einem Brief an Erika einige Tage nach ihrer ersten Begegnung. Bereits fünf Wochen später unterschreibt sie ihre Briefe, die seit September nun täglich zwischen Bocken und dem jeweiligen Aufenthaltsort der umtriebigen Münchner Freundin wechseln, nicht mehr mit »Deine Annemarie«, sondern immer häufiger mit »Dein Kind A«.

Dieses selbstgewählte Attribut macht unweigerlich stutzig. Immerhin ist Annemarie 22 Jahre alt und Erika gerade mal vier Jahre älter. Ist es eine Regression, die sich die junge Schweizerin hier erlaubt, ist es ein interner Code zwischen den beiden oder liebt sie Erika vor allem in der Rolle, in der sie das am intensivsten tun kann, als Kind?

Erika scheut sich offenbar nicht, die Rolle anzunehmen, die die junge Freundin ihr zuweist. Tatsächlich ist sie die erste und einzige Frau im Leben Annemarie Schwarzenbachs, die es an Autorität mit Renée aufnehmen kann – furchtlos und mit Leichtigkeit. Die streitbare Tochter Thomas Manns ist Annemarie eine große Unterstützung in dem konfliktreichen Prozeß der Ablösung vom Elternhaus. Ohne sie hätte Annemarie den Auszug nach Abschluß der Promotion vermutlich noch hinausgezögert, um den häuslichen Frieden nicht zu gefährden: »Der Friede mit den Eltern, wenn auch dauernd u. von Mama rührend aufrechterhalten, steht doch auf recht schwankender Grundlage, u. die – stets *rührende* u. liebevolle, aber besorgte, fürsorgliche, ratschlagende, zuinnerst bekümmerte Haltung *aller* (Tanten, Grossmütter, etc.) bringt meinen Mut langsam zum Sinken. Ich zweifle sehr an mir u. muss mir stets vorhalten dass Du sagen würdest, es sei Unsinn – (was wäre überhaupt ohne Dich).«[50]

In den Augen der pragmatischen Erika wäre es tatsächlich Unsinn, den Eltern nicht die Stirn zu bieten um den Preis der eigenen Freiheit. Aber, sie nimmt Annemaries starke emotionale Bindung an ihre Mutter *noch* ernst und sie übernimmt, wie bei Klaus, auch hier die Beschützerrolle und versucht zu vermitteln. Und so bemüht sie sich bei ihrem ersten Aufenthalt auf Bocken auch um ein gutes Verhältnis zu Renée Schwarzenbach. Der Abschied fällt den beiden Freundinnen nach den gemeinsam verbrachten Tagen, in denen sie sich noch näher gekommen sind, sehr schwer. Annemarie würde Erika gerne sofort wiedersehen und ganz für sich alleine haben. Exklusivansprüche weist Erika jedoch entschieden zurück. Man darf sie lieben, aber man muß sie teilen. Zuallererst mit Klaus und dann mit allen anderen Verehrern und Verehrerinnen, und davon gibt es viele. Zwei Wochen nach ihrem Besuch in Zürich hat Annemarie die Lektion gelernt. Sie schreibt: »Was jenes andere Mädchen – aber sie ist ja (sagtest Du nicht so) jetzt nicht in München. Ich hoffe dass sie bald wiederkommt und dass es ihr gut geht. Ich liebe sie mit Aufrichtigkeit, u. bis an mein Lebensende werde ich mich fair und anständig ihr gegenüber betragen, das ist mein reumütiger Vorsatz.«[51]

Der tägliche Briefwechsel dauert in dieser Intensität bis Anfang 1933, und auch wenn die politische und die persönliche Situation der beiden Frauen mit Beginn des Exils der Familie Mann öfter lange Pausen entstehen läßt, bricht er bis zum frühen Tod Annemaries 1942 nie ganz ab. Aus diesem letzten Lebensjahr Annemaries stammt auch der einzige erhaltene Brief Erikas an sie, der hier paradigmatisch für all die Briefe stehen soll, die von ihrer Mutter vernichtet wurden oder verloren gegangen sind.

Erika Mann
1550 San Remo Drive
Pacific Palisades
California
am 1. Mai 1942

Mirlieb,

es ist mir so gut und so schlecht wie *unerfindlich, wieso* ich denn all die Zeit ueber nichts habe hoeren lassen, als allenfalls festlich Gekabeltes. Dass es an der rechten *Musse* immer gefehlt hat, ist ebensowahr, wie dass die Korrespondenz zwischen den Kontinenten immer unvorstellbarer wird, sodass man sich kein Herz fasst zu ihr, wiewohl sie sich doch praktisch durchaus halten liesse. Beide Wahrheiten erklaeren wenig und entschuldigen rein gar nichts. Denn sicher

haettest Du gern Post gehabt und sicher ist es *garstig*, Dich nicht zu beliefern. Und garstig bin ich doch im Grunde nie gewesen. Oder, wie?
Meine lieben Eltern, – wie Du weisst, oder nicht weisst, haben sich das Haeuschen gebaut, in welchem ich sitze. Es hat den huebschesten Blick auf Meer und Santa Monica-Bucht, sowie in die Huegel und Cañons. Solange es Benzin gibt und die Reifen halten, laesst sich agréable leben unter den Palmen, wenn freilich das Gelaende unter feindlichen Umstaenden ganz ungewoehnlich gut brennen moechte.
Ich traf vor zwei Wochen ein, nachdem ich den Winter lectured, tippend und reisend abgehaspelt. Einen Monat lang war ich auch fuer den Coordinator of Information taetig, habe aber meine fesche Position als Civil Servant freiwillig geräumt. Der Abwechslung halber habe ich nunmehr begonnen, ein Kinderbuch, if you please, fuer Knaben und Maedchen von neun bis fuenfzehn, – allegedly. In Wahrheit hoffe ich, die durch und durch Erwachsenen, die sich, was politische Einsicht angeht, noch immer in rauhen Mengen auf dem Niveau von nicht durchaus gutartigen Knaben und Maedchen tummeln, mit meinem Selbstgemachten zu erreichen. Wenn es mir nur kindisch genug geraet, fuer die Damen und Herren!
Ob ich im Juni verreise, sei's nach Britain, sei's nach Argentinien, steht noch durchaus dahin und meine Plaene sind, wie die Wege Gottes, dunkel.
Der Himmel, scheint mir, ist aber ein *wenig* heller, als er zuweilen war. Trotz aller Triumpfe der kleinen Gelbbaeuche im Stillen Ozean, geht es den Tieren in Deutschland nun einmal schlecht, wenn auch lange so schlecht nicht, wie zu wuenschen. Die Rede des Monstrums, neulich, hat meinem Herzen wohlgetan. Der Stinkfisch ist am Ende mit seinem Latein, und das Ende der Leine ist in Sicht. Und wiewohl, ehe er stuerzt, noch das Verschiedenste sich aendern muss, auf unserer Seite, – und wiewohl, nach seinem Sturz, noch das Verschiedenste im Argen sein wird: seinen Sturz und das Ende *dieses* Unwesens zu erleben, wird uns vergoennt sein, ueber kurz, oder ein *wenig* laenger.
Alle lassen gruessen. K., nachdem er fuer Decision wie zwei Tigerinnen gekaempft, musste nun doch die gute Bude schliessen. Zu unhold sind die Laeute Unternehmungen wie dieser und das Sterben ist unter den kleineren Magazinen allgemein. Er war *sehr* bekuemmert, zornig und ratlos, hat sich aber schliesslich gefasst. Ratlosigkeit, freilich, besteht weiterhin und wie er's nun treiben soll, weiss noch keiner. Golo tippt nebenan, Medi's Tochter und Bibi's Sohn sind kuerzlich hier gewesen und Bibis zweites Geschoepf ist in Baelde zu erwarten. der Joseph naehert sich seinem Ende ....
Hier ward ich gestern unterborchen. Unterdess kam Dein Brief vom Kahn und die ueberraschende Mitteilung Deiner Rückkehr ins Portugiesische. Nun beunruhigt mich, dass ich aus Lisbon noch nichts vernommen, wiewohl das Schreiben doch aus den Iden des Maerz stammt. Wie mag es Dir gehn und was magst Du treiben? Und ob man sich gar trifft, im Juni, oder so? Das waere denn doch ...!
Ich bin neugierig auf Dein Buch, gewiss, dass viel Bildschoenes und nur das Aufrichtigste darin enthalten und gierig zu wissen, wie sehr es sich, in puncto allge-

meinverstaendlicher Verwendbarkeit, von den Persischen Noveletten unterscheidet.
Es ist Sonntag, 1.30 p. m. Pacific Wartime und Hulles sind, drei Mann hoch, zum Lunch eingetroffen. Uebermorgen muss ich nach Texas fliegen, wo ich mich fuer (wenig) Geld sehen lasse und somit Gott befohlen, wiewohl er sich doch nachgewiesener Massen nicht befehlen *laesst*.
Alle lassen gruessen, wie schon vermerkt! Sei brav und nicht zu traurig.
Mich und mein Haus betreffend, so sond wie Dir treu, auch wenn wir es haeufig verstehn, durch garstiges Schweigen Untreue vorzutaeuschen.
Gar sehr:
E.[52]

Auch wenn übrige Briefe nicht erhalten sind, so zeigt die dichte Folge der Briefe Annemaries an sie und die Antworten darin auf Fragen, die Erika in der Zwischenzeit gestellt haben muß, daß auch von der Freundin regelmäßig Post eintraf, und das Interesse durchaus nicht einseitig war.

Die beiden Mann-Geschwister bestätigen Annemarie, daß weder ihre Gefühle zu Frauen, noch ihr Wunsch unabhängig zu werden, abwegig oder »nicht normal« sind. Und Bestätigung dieser Art hat Annemarie bitter nötig. Auch für ihr Selbstbewußtsein als Schriftstellerin, das immer von großen Selbstzweifeln getrübt ist, sind Erika und Klaus – für den Schreiben ein ähnlich elementares Bedürfnis ist wie für Annemarie – eine Hilfe. Die Geschwister ermöglichen Annemarie endlich engen Kontakt zu der Welt, die sie immer gerne ihre Welt nennen wollte: Die Welt junger Künstler und Literaten, »Gleichgesinnter«, in Annemarie Schwarzenbachs Worten. Und diesen Kontakt findet sie durch die prominenteste deutsche Familie auf dem Gebiet der Literatur: den Manns.

Welchen Stellenwert die Literatur zu einer Zeit hatte, als man die Zeitung nur »unter'm Strich« las, also nur das Feuilleton, und welche Bedeutung Thomas Mann darin einnahm, beschreibt der Lyriker Hans Sahl, dem die Mann-Geschwister später bei seiner Emigration in die USA behilflich waren: »Wenn wir uns trafen, sprachen wir nicht vom Versailler Vertrag und Deutschlands wirtschaftlicher und politischer Entmachtung«, schreibt Sahl. »Wir rezitierten Hölderlin und Rilke, diskutierten Wilhelm Wörringers ›Abstraktion und Einfühlung‹ sowie die Vorlesungen des Literaturhistorikers Fritz Strich, der versucht hatte, Wölfflins ›Kunstgeschichtliche Grundbegriffe‹ auf die Literatur zu übertragen. Es war ein Unterschied wie Berg und Tal, unten die häßliche böse

Politik, auf den Höhen eine geistige Elite, die sich mit Ewigkeitsfragen beschäftigte und den Einbruch der Politik in die Ästhetik als ein Verbrechen an der Kunst betrachtete. Auf dem höchsten aller Gipfel aber saß fern und unnahbar Thomas Mann, ein literarischer Mythos schon damals, der zuweilen seine zu Unbotmäßigkeiten neigenden Kinder ins Tal hinunterschickte, um sich über die da unten informieren zu lassen.«[53] Auch nach Annemarie, von den Manns »Schweizerkind« oder »Miro« genannt, erkundigt sich der Zauberer öfter. Nach seiner ersten Begegnung mit ihr bemerkt er: »Merkwürdig, wenn sie ein *Junge* wäre, dann müßte sie doch als *ungewöhnlich* hübsch gelten.«[54]

Die Liebe zu Erika Mann macht Annemarie, die sich zu dieser Zeit ihrer Promotion und dem Roman *Freunde um Bernhard* widmet, die Zeit auf Bocken erträglicher: »Es gibt zwei erfreuliche u. wohltuende Dinge mit deren Hilfe ich dem Tag einen gewissen Reiz abgewinne – das eine ist, die Nacht vor sich zu haben (kürzer gesagt: zu schlafen!) – das andere Dir zu schreiben. Alles übrige ist eher anstrengend. Unsere Professoren welche mit der Zeit umgehen als sei sie käuflich – lesen erst vereinzelt, der volle Betrieb setzt Montag ein. Ich liebe das nicht, es kommt mir vor wie Rekonvaleszenz. Ich arbeite gern, aber viel ...«[55]

Von Annemaries Schwermut und ihrer Humorlosigkeit, die das Zusammensein mit ihr später so schwer machen sollten, ist in diesen frühen Briefen an Erika Mann nichts zu spüren.

Margot von Opel dagegen, die 1940 mit Annemarie zusammenlebte, sagt, sie sei »vollkommen humorlos« gewesen, wodurch das Zusammensein mit ihr sehr anstrengend wurde. Und auch Ella Maillart blieb diese Erfahrung mit Annemarie nicht erspart. In ihrem Buch *Auf abenteuerlicher Fahrt*, das nach ihrer gemeinsamen Afghanistanfahrt 1939 entstand, schreibt sie: »Als ich aber mit Audrey in London herumschwirrte – auf der Suche nach einem Schlafsack, der mich warmhalten sollte, wenn ich in Pamir im Schnee nächtigen müßte – erkannte ich, was für ein Vergnügen es ist, in witziger, von Lebensfreude übersprudelnder Begleitung herumzuziehen. Und ich war nicht mehr so fest überzeugt, daß unsere Unternehmung [Die Fahrt mit Annemarie, A.G.] ein Erfolg werden würde.«[56] Eine der vielen Beschreibungen Annemaries, die Ella Maillart in ihrem Buch *Christina* nennt, lautet: »Diese Augen gehörten zu einer Seele, die Schönheit liebte und oft vor einer unharmonischen

Welt zurückschreckte; sie konnten strahlen vor Begeisterung, vor Liebe, sie konnten einen anlächeln, aber lachen sah ich sie nie.«[57]

Beide Frauen hatten Annemarie am Ende einer tragischen Entwicklung kennengelernt, die für Heiterkeit oder Humor tatsächlich keinen Platz mehr ließ. Aber noch war es nicht soweit. 1930 war das Leben noch vielversprechend und voller Abenteuer und die europäische Krise noch aufs Moralische reduziert.

Annemarie war verliebt, auch wenn sie Erika Mann nicht ganz für sich beanspruchen durfte und diese immer eine gewisse Distanz wahrte, die scheinbar nicht zu überwinden war. Erika Mann war nicht die Frau, mit der man ein Leben teilte, weder jetzt noch später. Mit einer einzigen Ausnahme, der unglücklichen Liebe zu Bruno Walter, ist Erika immer die Begehrte, nie die Begehrende. Man kann mit ihr arbeiten, mit ihr reisen und sich herrlich mit ihr amüsieren, eine dauerhafte Liebesbeziehung gibt es aber mit ihr nicht.

Jeder Mann und jede Frau, der oder die sich in sie verliebte, bekam das schmerzhaft zu spüren.

Insofern ist Annemaries Kinderrolle eine sichere, auch wenn sie ein Leben lang versucht, »erwachsen zu werden« und Erika zu beweisen, daß sie autonom und ein nützliches Mitglied der Gesellschaft sein kann, um dadurch vielleicht die Kluft zu schließen. Der Beschützerrolle würde sich Erika nicht entziehen, und sie tat es auch nicht.

So werden die Freundinnen später in Berlin oft zusammen zu sehen sein, sie werden viel miteinander reisen, und Annemarie wird bis zu ihrem Tod zum engen Freundeskreis der Familie Mann zählen. Selbst in den Aufzeichnungen Klaus Manns über Familientreffen in den USA wird immer auch Miro erwähnt.

An welchem Ort Erika auch immer ist, wenn es sich irgendwie einrichten läßt, und meist läßt es sich einrichten, taucht bald auch Annemarie auf. Und Erika, die Unerreichbare, läßt sich gerne umwerben. Annemarie ist immer willkommen.

Gemeinsam schmieden sie Zukunftspläne, sprechen sie über künftige Reisen und baldige Treffen.

Das Werben um die Freundin und der Schmerz der Zurückweisung begründet bei Annemarie einen emotionalen Zustand, in den sie immer wieder flüchten kann. Ein altbekannter Gefährte. Die Unerreichbarkeit gibt dieser Liebe die Dauer und läßt Erika emotional ein wichtiger, vielleicht der wichtigste Rückhalt für Annemarie Schwarzenbach sein. An der starken Erika kann sich die junge Schweizerin immer wieder aufrichten.

Neben dem süßen Schmerz, Verzicht üben zu müssen, bietet diese Freundschaft aber auch alle Freiheiten, ein eigenes Leben zu leben. Annemarie, gerade 22 Jahre alt, ist in einer Phase des Sich-Ausprobierens. Enge Fesseln wären da auch für sie nur ein Hemmnis. Aus Lugano schreibt sie Erika Anfang September 1931: »E. Geliebtes, hier ist es aber unbeschreiblich prächtig u. ich frage mich ob man nicht – trotz Klaus – sich entschieden dem Süden, u. warum nicht gerade Italien, zuwenden sollte. Zum Schluss bin ich also Piper noch dankbar und Aufsätzchen über den Monte Verità zu schreiben ist ein helles Vergnügen. Sonne gibt es genug. Robi Frei ist da, u., hier im Hotel, eine sehr kranke Dame der ich seit Jahren angenehm bin, weiss Gott weshalb. Sie verwöhnt mich jedenfalls ungebührlich u. auf angenehm-unsichtbare Art, ich lass es mir, verwundert, gefallen. (...) Adieu, adieu, ich fahre in die Villa d'Este und bleibe trotzdem ganz die Deine A.«[58]

Erika weiß von Annemaries Beziehungen zu der Journalistin Ursula von Hohenlohe und zu der Rennfahrerin Maud Thyssen und verheimlicht ihrerseits nicht die enge Beziehung zu Therese Giehse, die Annemarie immer grüßen läßt. Ja sogar, wenn Annemarie von Therese träumt, schreibt sie der Freundin und läßt ausrichten: »sag es ihr, mit meiner ganzen Zärtlichkeit.«[59]

Der Skandal um die »Pfeffermühle« macht aber auch die zweite Rolle deutlich, die Erika Mann in der Freundschaft mit Annemarie Schwarzenbach innehat. Sie ist – wie auch Renée Schwarzenbach – strenge Zuchtmeisterin, die Liebe und Anerkennung nur dann gewähren will, wenn die Freundin ihren Erwartungen ganz entspricht – und selbst dann zieht sie ihr Versprechen wieder zurück und bewahrt einen unüberwindbaren Rest an Distanz.

Erika Mann fordert von Annemarie mehr politisches Engagement und konkretes Handeln, als diese zu leisten in der Lage ist. Und auch Annemaries Unfähigkeit, einen endgültigen Bruch mit der Familie zu vollziehen, wirft sie ihr – vor allem nach den Ereignissen des Winters 34/35 – vor. Die Angst, daß Erika ihr, der Inkonsequenten, ihre Zuneigung und Sympathie für immer entziehen könnte, wird für Annemarie Schwarzenbach zur prägenden Erfahrung und bestimmt ab jetzt die

Freundschaft. Von gespielter Koketterie mit der Unterwerfung kann keine Rede mehr sein. Annemarie ist in Zukunft auf der Hut. Jeden einzelnen ihrer Schritte möchte sie ab jetzt mit Erika und möglichst auch Klaus Mann besprechen, um nie wieder – wie in der Folge des »Pfeffermühlen«-Skandals – in den Verdacht der Illoyalität zu geraten. Selbst ihre Ehepläne mit dem französischen Diplomaten Claude Achille Clarac, den sie in Teheran kennenlernt, trägt sie erst einmal den Geschwistern vor und unterwirft sie ihrer Kritik. »Ich habe jetzt oft den Eindruck, dass, in irgendeinem Kontakt (einer liebenden Abhängigkeit in meinem Fall) mit E. – zu leben, uns in besonderer Weise formt, ähnlich wie gewisse Erziehungen, Kadetten- oder Jesuitenschulen, besondere Prägungen für das ganze Leben zurücklassen«, schreibt sie an Klaus Mann.[60]

Annemaries Verhältnis zu Klaus ist entspannter. Frei von Ansprüchen, Zurückweisungen und unglücklicher Verliebtheit ist zwischen ihnen vor allem die Literatur ein verbindendes Moment.

Wie Klaus thematisiert auch Annemarie die Situation ihrer Generation und reflektiert über Jugend und Homoerotik als existentielle und identitätsbildende Momente.

Im Rahmen einer Vortragsveranstaltung der Züricher Studentenschaft organisiert Annemarie eine Lesung der Geschwister über »Junge deutsche Dichtung«. Sie bemüht sich auf Anfrage Erikas auch um Aufführungsmöglichkeiten für Klaus Manns Theaterstück *Geschwister* in Zürich.[61] Das Stück ist eine Dramatisierung von Cocteaus Roman *Les enfants terrible* und nach *Anja und Esther* und *Revue zu Vieren* sein drittes Theaterstück. Die verheerenden Kritiken nach *Revue zu Vieren* und die handgreiflichen Tumulte bei der Premiere haben ihn nicht davon abgehalten, sich erneut dramatisch zu betätigen.[62] Für den *Völkischen Beobachter* ist das Stück mit seinen effeminierten Jünglingen und seiner inzestuösen Geschwisterliebe ein gefundenes Fressen.[63] Annemarie liegt so viel an der Lesung der Geschwister in Zürich, daß sie den Freunden, nachdem es zu Verzögerungen mit dem Honorar gekommen ist, die Summe aus eigener Tasche vorstreckt. Ob ihr die Studentenschaft das Geld je wiedergegeben hat, ist zweifelhaft.

Vor allem die Frage, wieweit man bei der Thematisierung der Homosexualität gehen kann, ist für Annemarie, die gerade an *Freunde um Bernhard* schreibt, in dem die homoerotischen Gefühle der Protagonisten füreinander kaum verhüllt zutage treten, schriftstellerisch von elementarer Bedeutung, schließlich muß sie sich gerade von ihrem Mentor, Prof. Jacob Burckhardt, anhören, daß ihre Novelle *Ruth* doch nicht gedruckt werde, da er »aus Sorge (...) und in überzeugender Weise«, wie sie schreibt, eine Veröffentlichung scheut. »Ich fürchte aber, dass man dann niemals u. nichts schreiben oder veröffentlichen dürfte. Eine ›Preisgabe‹ wird es immer sein, u. Anlass zu missverständlichen Deutungen wird es immer geben solange man jung ist u. sich selbst mitschreibt, was nicht zu vermeiden ist. Was soll ich tun? Ich finde ›Ruth‹ schön, u. alles andere, scheint mir, könne mir egal sein.«[64] Diesem Grundsatz bleibt sie treu. Immer wird sie sich in ihren Texten sehr unmittelbar »mitschreiben« und nur sehr oberflächlich kaschieren, daß sich hinter ihren jungen männlichen Ich-Erzählern in der *Lyrischen Novelle*, im *Glücklichen Tal* und im *Wunder des Baums* eine Frau verbirgt – sie selbst – und die Beziehungen deshalb homoerotischer Natur sind.

Diesen literarischen Kunstgriff Annemarie Schwarzenbachs muß man vor allem dem Herausgeber des *Glücklichen Tals*, Charles Linsmayer entgegenhalten, der in ihren nur oberflächlich männlich gezeichneten Figuren mangelndes Talent zu erkennen glaubt.

Trotz der thematischen Parallelen zeigen die schriftstellerischen Arbeiten Annemarie Schwarzenbachs eine vollkommen andere Qualität als die des Freundes. Während Klaus Mann seine Romane in großem Tempo schreibt und das Gewicht auf die Handlung, auf die Figuren, vor allem aber auf die politische Botschaft legt, ist die lyrische Prosa, in der Annemarie Schwarzenbach schreibt, ein immerwährender langwieriger Kampf um Klang, um Rhythmus und um Sprache. So wundert es nicht, wenn Ella Maillart schreibt, die Freundin hätte manchmal sieben Bögen Papier hintereinander in die Schreibmaschine gespannt, bis sie mit einem Satz zufrieden war.

»Ich schreibe fast nie einer Idee zu Liebe, sondern ein irgendwann aufgetauchter Gedanke ist nur die Grundlage und gibt mir die Mittel, schreiben zu dürfen. Der Inhalt ergibt sich von selbst, aber zu schreiben, zu formen – langsam, gleichsam musizierend zu schreiben: das gibt mir ein ungeheures Glücksgefühl.«[65]

In der Frage der literarischen Qualität der Arbeiten der Freundin ist die Haltung der Mann-Geschwister allerdings ambivalent. Obwohl sich beide Geschwister positiv über die persischen Erzählungen Annemaries äußern (1936 liest sie in Sils-Baselgia Thomas Mann zwei der Erzählungen vor, woraufhin er sich bei Bermann um eine Veröffentlichung bemüht) und auch *Winter in Vorderasien* ihnen gefällt, über das Klaus eine Rezension schreibt, überwiegen die Zweifel an ihrem Können. Peinlich berührt mußte sich Annemarie bereits nach dem Erscheinen von *Freunde um Bernhard* die Parallelen zu Gides *Falschmünzer*[66] bei der Namensgebung ihres Helden von Erika vorwerfen lassen, und über *Das glückliche Tal* notiert Klaus am 11. Februar 1940 in seinen Tagebüchern: »Mit melancholischem Charme geschrieben; aber sehr – sehr *dünn* ... ›Wo Schwermut ist, da ist auch Tugend.‹ Aber dichterische Potenz?«[67]

Konsequent weicht er jeder Veröffentlichung von Erzählungen oder Rezensionen der Freundin in seinem ersten großen Exilprojekt *Die Sammlung* aus. Während der gesamten Erscheinungszeit der *Sammlung* von September 1933 bis August 1935 erscheinen nur zwei kurze Buchbesprechungen Annemaries. Im ersten Heft eine über Thomas Wolfes *Schau heimwärts, Engel* und im dritten Heft eine über Silones *Fontamara*.[68]

Ihren Artikel über Gertrude Bell (heute leider verschollen), den sie ihm aus Bagdad schickt, hält Klaus dagegen solange zurück, bis Annemarie selbst wegen des Themas nicht mehr an einer Veröffentlichung interessiert ist.

Annemarie fragt mehrmals an: »magst Du denn nicht eine der Novellen doch drucken, eben als ›Schweizer Beitrag‹? Nächste Woche schicke ich auch endlich die 50 frs. für mein Abonnement, u. Du mir alle Nummern seit September, nicht wahr? Schrieb ferner ob ich eine Besprechung von ›Flucht‹ schreiben darf, u. wie Dir das Reisebuch gefällt.«[69]

Als Annemarie Klaus diese demütigende Bitte um eine Publikationsmöglichkeit in einem Brief mitteilt, steht sie kurz vor ihrem Selbstmordversuch.

An der Qualität von Annemarie Schwarzenbachs Texten allein kann es nicht gelegen haben, daß Klaus Mann eine Publikation verweigerte. In den Erzählungen aus Persien ist es ihr sprachlich sehr gut gelungen, das Gefühl von Einsamkeit und Fremde zu beschreiben und die Verlorenheit des Individuums in dieser Welt zu thematisieren. Und auch als Rezensentin ist Annemarie gut, was nicht zuletzt ihre Verteidigung von Klaus Manns *Vergittertes Fenster*[70] gezeigt hat.

Klaus Mann aber, der *Die Sammlung* in erster Linie als Sammlung politischer Exilliteratur konzipiert hat und ihr durch klangvolle Namen Gewicht zu verleihen sucht, gefällt weder der Hintergrund ihrer Geschichten, noch will er sich auf den literarischen »no name« Annemarie Schwarzenbach einlassen. Die Einsamkeit *seines* Exils ist die der schäbigen, kleinen, halbverdunkelten Hotelzimmer, in denen seine Helden inmitten fremder Möbel und abgenutzter Teppiche an ihrer Heimatlosigkeit, an den Drogen oder an der Liebe leiden und sterben. Die Einsamkeit eines verregneten Rittes durch die Wüste etwa, auch wenn die Reiter durch ein politisches Schicksal in die Wüste getrieben wurden und sich dort nur zwangsläufig als Ausgräber betätigen, während ihr Herz voll ist von den Glocken Kiews oder von Musik, die sie zuletzt in Salzburg hörten, sind nicht sein Thema. Und auch nicht das Schicksal des Italieners Rieti, der vor dem Dilemma, sich zwischen seinem faschistischen Vater und den im Untergrund arbeitenden Geliebten entscheiden zu müssen, nach Persien flieht.

Trotzdem ist es für Annemarie Schwarzenbach keine Frage, daß sie *Die Sammlung*, solange es ihr möglich ist, finanziell unterstützt. Zu wichtig ist es für sie, daß der Freund seine literarische Arbeit fortsetzen kann, und zu wichtig ist auch das politische Ziel der Zeitschrift.

Am 14.6.1933 unterschreibt sie als Mitherausgeberin eine Garantie für die Autorenhonorare der ersten drei Nummern der *Sammlung*. »Vermutlich würden wir uns auch für die späteren Nummern in einer noch näher zu bestimmenden Form an den Unkosten beteiligen können«, heißt es darin weiter.[71]

Von Annemarie als »Mitherausgeberin« kann aber in Wirklichkeit keine Rede sein. Es ist Klaus' Projekt. Annemarie bekommt nur als Abonnentin, meistens mit Verzögerung, die Nummern der *Sammlung* geschickt. Im Januar 1934 schreibt sie ihm aus Beirut: »*Warum* hast Du mir eigentlich nie und prinzipiell nicht die Sammlung zugeschickt? Ich bin über die ›Mühle‹ bestens informiert (...) Was unsere Finanzen anbetrifft, Kläusilein, so werden die Dreihunderter des Februars ziemlich pünktlich einlaufen. Und auch für den März soll Sorge getragen werden – Wie steht es nachher? Mit mir etwa so, dass die Reise mich ziemlich, aber nicht übermässig in Anspruch nimmt – dafür fordert der April und Mai allerdings erhebliche Autosteuer – und Versicherung – an das Haus im Tessin soll auch gedacht sein – berichte mir eben, wie sichs macht, denn keinesfalls möchte ich Dich hierin im Stich lassen.«[72]

Auch privat hilft sie den Freunden ab und zu mit Geld aus, zeitweise kann Klaus Mann sogar auf einen monatlichen Betrag von 100 sfr. von ihr rechnen, was ebenfalls keine Frage für sie ist, vor allem nicht, als die Freunde im Exil sind. Und auch das Bauernhaus in Sils-Baselgia, das sie im Spätsommer 1934 mietet, ist von Anfang an als gemeinsamer Rückzugs- und Erholungsort für sie alle gedacht.

»Freiheit – dein Name ist, glaube ich, Berlin«

Berlin, wohin Annemarie Mitte September 1931 unter dem Vorwand, hier wissenschaftlich arbeiten zu wollen, zieht, ist nicht nur eine Konzession an die Eltern, die München, den Wohnsitz der Manns, auf jeden Fall abgelehnt hätten, es ist auch das kulturelle Zentrum des deutschsprachigen Raums, eine pulsierende Großstadt. Mit dem behäbigen, morbiden Charme von Wien oder der lieblichen Schönheit Münchens hat diese Stadt nichts zu tun. Berlin ist *die* Metropole der Moderne: schnelllebig, hektisch, nervös und kreativ. Es ist die Stadt der Theater, des Films, die Stadt der Verlage, der Zeitungen und der großen Bibliotheken und deshalb für Annemarie, die nach den wohlwollenden Kritiken auf *Freunde um Bernhard* hofft, als Schriftstellerin Fuß fassen zu können, die einzig mögliche Stadt.

Kurz vor ihrer Abfahrt nach Berlin posiert sie auf Bocken noch einmal in Rock, Hemd und Pollunder vor ihrem Wagen, einem Victory. Einmal als braves Mädchen, züchtig die Beine nebeneinandergestellt und die Hände brav vor ihrem Bauch gefaltet, dann ein zweites Mal: entschlossener, fast grimmig, die linke Hand bereits am Türgriff, so daß der dicke Siegelring an ihrer Rechten zum Vorschein tritt, ein Bein, reisebereit, am Fußbrett. Besser könnte man die zwei Rollen, die sie auf Bocken spielte, kaum ins Bild setzen: die brave Tochter und der entschlossene, unnachgiebige Rebell.

In Berlin inszenieren gerade die Größen des deutschen Theaters: Max Reinhardt, Erwin Piscator und Berthold Brecht. Hier führen die Theaterkritiker Alfred Kerr und Herbert Ihering ihren leidenschaftlichen Kampf um die richtige Konzeption. Kerr tritt ein für Reinhardts bürgerliche, liberale, ästhetische und unpolitische Linie, Ihering für Piscator

Beim Aufbruch nach Berlin, Bocken 19.9.1931

und Brecht, die das aufgeklärte Bürgertum ihren eigenen Untergang beklatschen lassen.[73] Und Berlin ist die Stadt des neuen Mediums Film. Nicht nur die Ufa-Filme oder die Produktionen aus Hollywood werden hier in Deutschland uraufgeführt, auch die neuen sowjetischen Regisseure Eisenstein, Pudowkin und Dsiga Wertow, die mit ihren Filmen das neue Rußland propagieren und eine neue revolutionäre Ästhetik.

Annemarie sieht Jean Cocteaus »Das Blut eines Dichters«, den »Panzerkreuzer Potemkin«, den sowjetischen Dokumentarfilm »Turksib« von Victor Turin, der den schwierigen Bau der Eisenbahnstrecke dokumentiert, die den Baumwoll- und Kornreichtum Turkestans erschließen helfen soll. Sie sieht »Die blonde Venus« mit Marlene Dietrich, die sie durch Erika Mann auch persönlich kennenlernt, und sie besucht, fiebrig vor Aufregung, am 27.11.1931 im Gloria Palast die Premiere von Chri-

sta Winsloes »Mädchen in Uniform«, in dem Erika Mann eine kleine Nebenrolle spielt. Annemarie beginnt über dieses faszinierende neue Medium zu schreiben. Sie schreibt Film-Kritiken, einen Aufsatz über »Filmregie und Filmmanuskript«, und sie besucht die Ufa-Ateliers in Babelsberg.[74]

Quartier bezieht sie zunächst bei ihrer Cousine, Elisabeth Albers-Schönberg, einer Tochter ihres Onkels Ulrich Wille, in Berlin-Frohnau, Fischgrund 9. Sie bleibt aber nur ein oder zwei Wochen in diesem nördlichen Stadtteil, der so weit abgelegen ist. Allein zur S-Bahn braucht man vom Fischgrund aus eine Viertelstunde, eine weitere halbe Stunde dauert die Bahnfahrt bis ins Zentrum, und ihr Victory ist öfter in der Werkstatt. Annemarie zieht es in den Westen der Stadt, dahin »wo alle wohnen«.[75] Außerdem ist die junge Familie ihrer Cousine mit Ehemann und kleinen Kindern nicht die Umgebung, die Annemarie in Berlin sucht.

Die Recherchen für das Reisebuch *Was nicht im Baedeker steht – Schweiz Ost und Süd* schieben die Wohnungsfrage erst einmal auf. Annemarie fährt zunächst ins Tessin. Herausgeber des Reisebuches, das 1932 im Piper Verlag erscheint, ist Eduard Korrodi, der mächtige Feuilletonchef der *Neuen Zürcher Zeitung*. Korrodi mag Annemarie Schwarzenbach und unterstützt ihre literarische Arbeit. Zusammen mit ihren Kollegen Hans Rudolf Schmid und Manuel Gasser schreibt Annemarie einen unterhaltsamen Führer, der neben touristischen Informationen auch viel Augenzwinkern über die Eigenarten ihrer Landsleute enthält. Annemaries eigenes Urteil über ihre Arbeit ist allerdings vernichtend: »Und der Piper, *wie* er mich langweilt, E., es ist eine halbe Sache. Mies mag man nicht schreiben, gut darf man nicht weil ich dann zu seriös werde – u. Triviales unterzubringen ist eine Kunst die uns nur mangelhaft gelingt.«[76]

Nach ihrer Rückkehr nach Berlin zieht Annemarie in die vornehme Hohenzollernstraße 23/24 und später zu Maria Daelen nach Charlottenburg in die Königin-Elisabeth-Straße 39. Die Ärztin und spätere Europaabgeordnete Maria Daelen, die Annemarie bereits in Paris kennengelernt hat, gehört mit den Journalistinnen Ursula von Hohenlohe und Inge von Königswald, der Schriftstellerin und Kunsthistorikerin Hanna Kiel, Ruth Landshoff-York, Schriftstellerin und motorradfahrendes Berliner Enfant terrible, zu Annemaries Berliner »Clique«. Auch Sportlerinnen aus dem Umfeld des Rot-Weiss-Tennisclubs wie Lisa von Cramm, verheiratet mit dem damaligen deutschen Tennis-Champion Gottfried von Cramm, gehören dem Kreis an. Im Winter treffen sich die Freundinnen gern im Oberengadin. »Chronistin« dieser attraktiven Frauen, die alle im Stil der Zeit männlich gekleidet sind, kurze Haare tragen und ungeachtet ihrer tatsächlichen Neigungen »sozusagen ›auf lesbisch‹ hergerichtet« sind, ist die Photographin Marianne Breslauer. Die Schülerin von Man Ray hat ihre Freundinnen in einer Reihe von Portraits festgehalten. Alle fünf bis zehn Jahre wollte sie diese Serie von Aufnahmen wiederholen, um die Veränderungen im Leben dieser Frauen zu dokumentieren. Die Emigration, in die Marianne Breslauer 1936 gehen muß, machte diesen Plan zunichte. Auch die Mann-Geschwister tauchen regelmäßig in der Hauptstadt auf. Zusammen mit ihren Freunden, etwa der Journalistin Doris von Schöntham oder Mopsa Sternheim, bilden sie für Annemarie einen zweiten Berliner Kreis.[77] In Frohnau, wo Annemarie weiterhin gelegentlich zu Besuch ist, trifft sie auch Ulrich von Hassell und Albrecht Haushofer, zwei alte Freunde der Familie Wille, die öfter dort zu Besuch sind. Albrecht Haushofer, Lyriker, Dramatiker und ab 1940 Professor für politische Geographie in Berlin, ist sehr verliebt in Annemarie. Anfang der 30er Jahre macht er ihr sogar einen Heiratsantrag. Annemarie lehnt ab, bleibt aber mit ihm befreundet.

Wie Ulrich von Hassell ist auch Albrecht Haushofer außenpolitisch tätig. Von 1934 bis 1938 arbeitet er als freier Mitarbeiter in der »Dienststelle Ribbentrop«, einer nationalsozialistischen Einrichtung, die sich mit außenpolitischen Fragen befaßt. Trotz ihrer Mitarbeit sind beide Freunde im Grunde entsetzt über die Politik und den Populismus der Nationalsozialisten. Seinen Tagebüchern zufolge sucht von Hassell bereits seit der »Kristallnacht« nach einer Möglichkeit, Hitler auszuschalten. Sein Freund Ulrich Wille auf Mariafeld entgegnet dem besorgten Deutschen, wenn Hitler wirklich der Verbrecher sei, als den er ihn beschreibe, dann müsse man ihn erschießen. Haushofer schwankt länger als der Freund. Sein Verhältnis zu Deutschland bleibt, wie im übrigen auch das Annemarie Schwarzenbachs, gespalten. Selbst in der dunkelsten Zeit können sie Deutschland, das für sie immer mit seinem Kulturerbe assoziiert ist, nicht ganz preisgeben. Erst Ende der 30er Jahre beginnt Haushofer, wie der Kreis des 20. Juli, einen konservativ motivierten Antifaschismus zu propagieren. An der Universität beginnt er, implizit Kritik am Regime zu üben, was 1941 zu seiner ersten Verhaftung führt. Haushofer wird kurz darauf zwar wieder entlassen, aber mit der Auflage, sich nicht mehr politisch zu äußern. Die Wohnung am Fischgrund wird nun zu einem der wenigen Orte, wo sich von Hassell und Haushofer ohne Bedenken, beobachtet zu werden, treffen können. Hier ruft von Hassell nach dem Attentat auf Hitler am 20. Juli 1944 kurz vor seiner Verhaftung auch noch einmal an. Er sagt nicht viel. Nur an seiner bedrückten Stimme erkennen Elisabeth Albers-Schönberg und ihr Mann Ernst, daß etwas Schlimmes passiert sein muß.

Haushofer ist zwar nicht direkt am Attentatsversuch des 20. Juli beteiligt, aber er sympathisiert mit der Gruppe und wird nach dem mißlungenen Anschlag auf Hitler ebenfalls inhaftiert. Nur ein paar Tage vor dem Einmarsch der Alliierten wird er in Berlin am 23. April 1945 erschossen.

Im Gefängnis hat er eine Reihe von Gedichten geschrieben, die er als

Toter noch in der Hand hält. So findet ihn sein Bruder, der im gleichen Gefängnis inhaftiert war und überlebte. Die Gedichte tragen den Titel »Moabiter Sonnette«. Eines davon heißt »Traumgesicht« und ist Annemarie gewidmet, die zu diesem Zeitpunkt bereits gestorben war:

> »Du hast so lange mich im Traum gemieden
> Du früh Verblichne. Heute warst Du da,
> so jung, so unzerstört, so seltsam nah
> wie damals als zum erstenmal wir schieden.
>
> Wie loderten in junger Nacht die Sterne,
> wie schien die Welt voll Glück. Wie lang ist's her.
> Wie wurden Dir die jungen Jahre schwer.
> Wie trieb es mich hinaus in alle Ferne.
>
> Nun prüfst Du mich im Traum.
> Es ist kein Schmerz
> und keine Trauer mehr in ihm gewesen.
> Du nickst und flüsterst. Bist Du nun genesen?
>
> Ich liege still. In Ruhe schlägt mein Herz.
> Geblieben – ist ein Dank.
> Der Dank soll ziehen
> hinauf zu Deinem Grab im Engadin.«[78]

Zu Beginn der 30er Jahre ist Berlin aber noch die Stadt der Kultur und des Nachtlebens, und in dieses wirft sich Annemarie mit all ihren Unsicherheiten zunächst hinein. Es gibt die »Hohenzollerndiele«, die »Meyer Stube«, den »Toppkeller«, das »Eldorado« und eine Menge anderer Lokale, in denen sich das homoerotische Berlin und seine Freunde nachts amüsieren können. 1928 erscheint mit *Lila Nächte* sogar ein Führer durch die Damenlokale der Stadt. »Sie lebte gefährlich«, schreibt Ruth Landshoff-York in ihren Erinnerungen an Annemarie. »Sie trank zuviel«, und »sie ging nie vor Sonnenaufgang schlafen«. Wie sollte sie auch. Sie ist 23 Jahre alt, sie hat genug Geld, und sie ist gerade eben der mütterlichen Aufsicht entkommen. Sie genießt es in vollen Zügen. Auch beim Schreiben experimentiert sie mit Alkohol. Während der Arbeit an der *Lyrischen Novelle* schreibt sie Erika: »In den letzten Tagen habe ich sehr gute Sachen geschrieben, die Schlusskapitel des Buches zum unendlichsten Mal. Ich habe auch festgestellt dass es am Besten geht mit ein wenig Alkohol u. Grammophon auf den nüchternen

Magen. Doris [die Journalistin Doris von Schönthan, A.G.] machte das gestern mit, aber am Schluss hatte sie dann doch nichts geschrieben, (– was mich infamer Weise trösten konnte!)«[79]

Die Berliner Bars sind europaweit einzigartig. Selbst Vita Sackville-West, die »versnobte« englische Aristokratin aus Kent, die es ansonsten schrecklich findet in Berlin und dort vornehmlich friert, ist von dem Nachtleben der Stadt sehr angenehm überrascht. 1929, die Woolfs sind gerade in Berlin zu Besuch, schreibt sie an Virginia, die krank in ihrem Hotelzimmer liegt, daß sie den »Sodomiten-Ball« besucht habe: »Viele von ihnen waren angezogen wie Frauen, doch ich bilde mir ein, daß ich das einzige echte Fabrikat im Raum war (...) es gibt in Berlin sicherlich sehr merkwürdige Dinge zu sehen, und ich glaube, daß Potto [Virginia] Spaß daran haben wird.«[80]

In Annemaries Briefen ist von der Schwulen- und Lesbenbar »Maly und Igel« in der Lutherstraße, wo sie sich mit »einseitiger Beharrlichkeit allabendlich (...) eingebürgert« hat[81], von dem Damenclub »Ariane« und vom »Kellnerclub« zu lesen: »Mein Victory wollte beinahe in Dampf u. Flammen aufgehen als ich ihn nachts ganz allein stehen liess u. mich mit Roby Frey im Kellnerclub herumtrieb – was, nebenbei, sehr aufregend war weil ich doch so ausgesprochen u. immer Angst vor Transvestiten habe die wie grosse Nachtvögel herumirren u. dort aber geradezu scharenweise eintrafen. Auch Hansi Sturm war dabei die ein Auge auf mich warf – mir sogar gefiel solange sie nicht in die Nähe kam.«[82] Es ist aber auch die Rede davon, daß »Ariane« ein Komplex sei und daß »das Dasein in Berlin nur möglich ist, wenn man sich streng beschränkt was Zeit, Menschen u. Reden anbetrifft«.[83]

Annemarie hat erste Enttäuschungen zu bewältigen. Sie verliebt sich in Berlin unglücklich in die Journalistin Ursula von Hohenlohe und wird kurz danach diese schmerzhafte Erfahrung in der *Lyrischen Novelle* zum Thema machen.

Die Liebesgeschichte mit Ursula von Hohenlohe während der Monate September und Oktober 1931 zeigt Annemaries jugendlichen Hang zum Dramatischen. »Es scheint so zu sein, dass im *Ernstfall* jede Sentimentalität sich beschämt verkriecht, man gibt keinen Laut mehr von sich (u. fährt sich nur um ein Haar morgens zwischen 4 u. 7 Uhr auf der Avus zu Tode).«, schreibt sie an Erika[84], und ein paar Tage später: »Wie es mir geht, fragst Du – ich bin doch 10 Tage im Bett geblieben, aber das war gut, notwendig u. richtig. (...) es war ja auch so, dass die ganze unmässige Leidenschaft für Ursula noch viel unmässige physische Anstrengungen, Alkohol u. Nächte ohne Schlaf u. jene Avusfahrt mit sich brachte.«

In den wenigen Briefen, die aus der Berliner Zeit erhalten sind, wird aber deutlich, daß Ursula von Hohenlohe Annemarie nicht nur eine unglückliche Liebe, sondern auch eine gute Freundin gewesen ist, die Annemarie aus ihrer ihr Leben in Berlin bestimmenden Unsicherheit und Maßlosigkeit heraushelfen wollte. »Das sehr kluge Kind Ursula hat mir gesagt ich sollte kein zweites Buch wie den ›Bernhard‹ schreiben u. wenn ich nicht so masslos verwöhnt u. verzogen wäre, hätte ich es wohl auch nicht gedruckt. [...] Sie sagte mir übrigens dass ich, wenn ich weiterfahre mich in dieser kritiklosen Weise tausend Leuten preiszugeben – zwar meine verwöhnte Matrosenrolle noch einige Jahre liebenswürdig weiterspielen könne, aber niemals einen Menschen für mich haben würde. Worauf ich innerlich verzweifelt aufbegehrend, gern die Lüge vorgebracht hätte, dass es *Dich* unter allen Umständen für mich gäbe, aber ich habe nichts gesagt. (...) Dieses: dass ich mich (...) bei Maria oder bei Rut immer für 2 Stunden trösten lassen kann, hat mich auch verhindert, wegzufahren. Ursula findet dass ich für diese Rolle zu klug u. zu begabt sei (das findet sie immerhin), dass ich es mir zu leicht mache, u. dass es schade um mich sei. Ich finde, dass Ursula recht hat. Als Du mir etwas Ähnliches sagtest wie sie, nahm ich es nicht so ernst weil es mir dabei ganz gut ging. Jetzt geht es mir, allen Ernstes, nicht so gut, weil ich zum ersten Male eingesehen, zugegeben, wahrgemacht habe, dass ich verdientermassen allein bin u. dass ich meine bisherige Rolle unter keinen Umständen weiterspielen kann ohne mich entsetzlich zu schämen.«[85]

Bei diesen guten Vorsätzen, sich emotional zu emanzipieren und sich nicht mehr so abhängig zu machen, ist es geblieben. Immer wieder wird Annemarie Schwarzenbach Trost bei älteren Damen suchen und auch finden, vornehmlich bei Frauen aus dem Großbürgertum und der Aristokratie. Ihre Einsicht »(...) die Methode der meisten Menschen ist, mich zu streicheln, mir zu essen zu geben u. mich, wenn es gar nicht mehr gehen sollte, in die Schweiz zurückzuschicken«[86] wird nichts daran ändern.

Margot von Opel bestätigte diese Rolle, die ältere Frauen bei Annemarie Schwarzenbach fast automatisch übernahmen, beinahe wörtlich: »Ich dachte, wenn sie gut zu essen bekommt und Schlaf (...).« Ella Maillart versuchte es mit Ablenkung. »Ich wollte ihr zeigen, wie schön die

Gegenwart war, die Welt, aber sie sagte: ›Nein, laß mich leiden, nur wenn ich leide kann ich schreiben.‹«

Obwohl Annemarie ihre Rolle selbst suspekt wird, geht sie einer Auseinandersetzung mit ihrem Anlehnungsbedürfnis aus dem Weg. Zu tief müßte sie dazu in ihrer Biographie schürfen und das Bollwerk Renée stürzen – so bleibt sie auch weiterhin bei der »Matrosenrolle«.

Immerhin haben ihre Liaisons mit den Damen oft eine pikante Note, die Annemarie sicherlich amüsierte. Ihre Ehemänner sind in der Regel konservativ bis reaktionär und häufig nationalsozialistisch. In ihren Betten zu liegen und die Pyjamas der Herren zu tragen, war wohl ein besonderer Reiz. In der *Lyrischen Novelle* ist Frau von Niehoff eine solche »Trösterin«. Nachts klingelt der junge Ich-Erzähler mit fiebriger Stirn an ihrer Tür und wird von der Dame fürsorglich ins Bett gelegt. Frau von Niehoff steht im Roman für Frau von Schmidt Pauli, deren Ehemann 1933 ein Buch über Hitler veröffentlichte.[87]

Trotz dieser Pikanterie und ihrem jugendlichen Alter, das ihre Unstetigkeit und viele ihrer privaten Schwierigkeiten in Berlin erklärt, haben Annemaries Beziehungen etwas Tragisches an sich. Denn bei aller Schönheit und bei aller Faszination, die von ihr ausgeht – Annemarie wird auf die Dauer anstrengend. Ihre Stagnation, ihr Egozentrismus, ihre manische Thematisierung der Probleme, die sie mit ihrer Mutter hat, der das Treiben der Tochter in Berlin bald bekannt wird, wie auch die Tatsache, daß man ihr dabei nicht wirklich helfen kann, machen den Umgang mit ihr schwierig. »Das war ja unerschöpflich bei Annemarie, unerträglich möchte ich sagen, das war auch allen Menschen unerträglich, und das war auch ihr Debakel im Leben, weil sie eben eigentlich zu jedem immer mit ihren Problemen kam, und jeder hat sie dann beruhigt und hat gesagt, so schlimm ist das doch nicht, und du bist doch so begabt, und es ist doch so herrlich, was du alles tust, und dann war man eigentlich am Ende, und alles war gut, und dann sagte sie, Adieu, und in dem Moment, wo sie draußen stand, fing alles wieder von vorne an.«[88]

Auch Maria Daelen wird es mit Annemarie auf die Dauer offensichtlich zu viel. »Maria war eine unglaubliche Persönlichkeit. Und in die verliebte sich Annemarie in Berlin. (...) sie war auch eine von denen, die erst sehr nett zu Annemarie waren und ihr ungeheuer halfen, und dann auch die Geduld verloren. Genau dasselbe, was echt alle hatten. Ganz zum Schluß war sie ja noch mit der Nebel Zuppinger sehr liiert von der »Annabelle« [Berliner Frauenzeitschrift]. Die war dann auch noch auf die älteren Tage von der Annemarie eingenommen und beeindruckt. War ungefähr die letzte, die auch wieder auf diesen Charme stark reagierte. Sie war dann die letzte, die Annemarie auch noch einmal über alles liebte, bevor sie dann starb.«[89]

Selbst Erika Mann verliert irgendwann die Geduld mit dem selbstreflexiven *Schweizerkind*. »Jeder kämpfte um seine Existenz. Und dann war da die Annemarie, die wir alle zauberhaft fanden, die nur von ihrer Mutter und von ihren Problemen geredet hat. Das war vollständig lächerlich (...) denn sie hatte gar keine Probleme. Und diese Liebe zu Erika Mann. Natürlich, wie die Erika sorglos war, fand sie das entzückend, daß das schöne Schweizermädchen ihr auf Schritt und Tritt folgte, nachher fand sie's gar nicht mehr entzückend, nachher fand sie, sie soll ihr helfen hier in der Schweiz und soll mit Maß und Wert Klaus helfen. Ich meine, die Lage änderte sich total, nicht? Vorher war's eine reine Luxusbeziehung, die ja sehr schön sein kann, aber nachher, wie die Tatsachen anfingen brenzlig und sehr schlimm zu werden, dann war diese Annemariesche verträumte, unglückliche Liebe gar nicht mehr interessant.«[90]

Die Situation in Berlin ist schon vor 1933 kritisch. Wirtschaftskrise, Arbeitslosigkeit, instabile Regierungen und bei den Reichstagswahlen im Juli 1932 die Nationalsozialisten als stärkste Fraktion im Reichstag. Das nächtliche Berlin feiert zwar noch, doch die Spuren des Verfalls sind bereits sichtbar.

So findet auch in die *Lyrische Novelle*, die Annemarie 1931/32 schreibt, nicht die schimmernde Großstadt Eingang, sondern eine morbide Stadt, die ihre letzten Tage feiert. »Ich ging sehr spät in das Theater und nahm mir vor, nicht auf Sibylle zu warten. Es waren sehr viele Leute da. Ich hatte Mühe, bis zu meinem gewohnten Platz durchzukommen. Auf der Bühne tanzten Fred und Ingo. Sie machten seit drei Monaten das gleiche, aber das war überall so, und sie hatten Erfolg. Es war ihnen ganz gleichgültig, was sie machten, man studierte ihnen Tänze ein, und sie übten gewissenhaft. Das ganze war nur eine Probe für ihre Geschicklichkeit, für ihren Fleiss und für ihre Jugend. Ich fand sie beide langweilig, aber ich begriff, dass sie kindlich und reizvoll waren und dass die Leute das gerne sehen wollten. Wie gesagt, es war überall das gleiche, und nachts war die ganze Stadt voll von erleuchteten Sälen, die man prächtig herrichtete und wo hübsche junge Menschen sich zeigten, alles

Annemarie um 1932 während eines Besuchs auf Bocken

war gut organisiert und furchtbar laut und farbig, und es hatte nicht das geringste mit Kunst zu tun oder mit irgendwelchen tiefen Erschütterungen. Es war ein ungeheurer Leerlauf, und die betriebsamsten Leute waren von einer erstaunlich kurzsichtigen Trägheit. Aber wahrscheinlich hatte es keinen Sinn, dagegen anzugehen, die Menschen waren gar nicht fähig zu einem ernsthaften Fortschritt.«[91]

Die »tiefen Erschütterungen« kann der junge Ich-Erzähler in der *Lyrischen Novelle* nur empfinden, wenn er nachts mit der Bar-Sängerin Sibylle durch die dunklen Straßen der Stadt fährt und die Hoffnungslosigkeit und Einsamkeit der Menschen in dieser stummen Beziehung zwischen ihm und der Bar-Sängerin widergespiegelt findet. Nacht für Nacht vollzieht sich ein Ritual des Wiedersehens zwischen ihnen, das keine Fragen beantwortet, und aus dem nichts entsteht außer surreal-wortkarge Autofahrten und »diese langen Abende, diese langen Nächte, dieser Abschied vor ihrer Tür im grauenden Morgen, diese endlosen Einsamkeiten.« In dieser hoffnungslosen Verzweiflung, in der beide gefangen sind, kommt weder Glück noch Nähe vor.

Mit der *Lyrischen Novelle* ist Annemarie Schwarzenbach eine Erzählung gelungen, die mit großer Sensibilität das Gefühl der Preisgabe und des Nicht-Entrinnen-Könnens vermittelt. Die *Lyrische Novelle* erscheint im Frühling 1933 im Rowohlt-Verlag (Roger Perret vermutet, daß die Rowohlt Autoren Carl Seelig und Ruth Landshoff-York die Publikation ermöglicht haben). Der Zeitpunkt hätte nicht ungünstiger sein können für ein solches Werk. Im Januar des Jahres hatte Hindenburg Hitler zum Kanzler ernannt. Schlag auf Schlag wurden bis März 1933 die Verordnungen und Gesetze erlassen, die den Nationalsozialisten die legale Machtergreifung ermöglichten. Ein Buch wie die *Lyrische Novelle* mußte da zwangsläufig auf Unverständnis und Kritik stoßen. Man rühmte zwar die Schönheit der Sprache und das Talent der Autorin und honorierte ihren Mut, ein solch persönliches Buch zu schreiben (Carl Seelig). Klaus Mann aber kritisierte die »penetrante Atmosphäre sozialer Sorglosigkeit« darin, und der Literaturprofessor Charles Clerc forderte Annemarie auf, das nächste Mal »quelque chose de plus humain« zu schreiben. Auch von Eduard Korrodi hagelte es Kritik. Während er *Freunde um Bernhard* erstaunlicherweise positiv aufgenommen hatte, schrieb er über die Novelle: »Eine Notwendigkeit können wir in solchen Federgewichten erzählenden Bemühens nicht erblicken.«[92]

Annemarie Schwarzenbach, die als Schriftstellerin schon zu Lebzeiten kaum Anerkennung erfuhr, geriet nach ihrem Tod vollständig in Vergessenheit. Erst Mitte der 80er Jahre, als der Schweizer Huber-Verlag vergessene Schweizer Autoren neu publizieren wollte, entdeckte man sie wieder. Charles Linsmayer, der mit der Betreuung der Reihe beauftragt wurde, fand im Schweizerischen Landesarchiv in Bern den umfangreichen Nachlaß Annemaries und publizierte erstmals wieder *Das glückliche Tal*. In der Zwischenzeit war auch der Züricher Literaturwissenschaftler Roger Perret auf Annemarie Schwarzenbach gestoßen und begann nach und nach eine Reihe ihrer Arbeiten herauszugeben. Begleitet wurden alle diese Ausgaben mit umfangreichen biographischen Nachwörtern, die das Werk in seinen persönlichen und historischen Zusammenhang stellen sollten. Aufgrund der schwierigen Familiengeschichte Annemaries ist das Leiden der Protagonisten und Ich-Erzähler oft als unmittelbar autobiographisch Bedingtes interpretiert worden. Aber das stimmt, trotz der vielen Parallelen zum Leben der Autorin, nur zum Teil. In dem Leiden ihrer Figuren ist darüber hinaus auch ein literarisches Motiv zu erkennen, das charakteristisch ist für das Werk Annemarie Schwarzenbachs: ein romantisches Konzept der Nervenschwäche.

Eine Schmerzästhetik. Bewußt und feinfühlig wird hier erlebt und ausgedrückt, wovor man, ist man am Überleben interessiert, gern den Blick verschließt, denn der Boden unter den Füßen wird so leicht zum Geröll.

Annemarie Schwarzenbach ist keine Chronistin, sondern sie schafft Poeme. Poeme, in denen die drohende Gesamtkatastrophe zur subjektiven wird, und die sie in atmosphärischen Bildern festhält. Das Subjekt ringt darin um eine Wirklichkeit, die um das äußere Grauen erweitert ist. Ihr bewegtes Leben sucht man deshalb in ihrer Literatur auch vergebens. Das Leben der Abenteurerin, der modernen Nomadin, die selbst schwierigste Reisen in den Orient bewältigt, kommt darin nicht vor. Ihre literarischen Figuren verharren in Passivität und Innerlichkeit. Sie erobern die Fremde nicht, sie liefern sich ihr schutzlos aus. Und so wird nicht das gelebte Leben niedergeschrieben, sondern der gelebte Schmerz. Sie entwirft Bilder. Bilder der Einsamkeit, des Leidens und der Fremdheit. Nicht die Wirklichkeit um sie herum ist relevant, sondern das Untergangsszenario, das sie dort empfindet.

Der Schmerz ist aber nicht nur Ausdruck eines bewußt kultivierten Sensoriums, sondern auch das Mittel, durch das dem Leben des einzelnen, wenn es in der Schnelligkeit und der Uniformität der modernen Massengesellschaft unterzugehen droht, noch Erhabenheit und Einzigartigkeit abgetrotzt werden kann. – Der Schmerz ist die ästhetische Opposition.

Berlin bleibt privat und beruflich eine Enttäuschung für Annemarie. Das relativ erfolgreiche Reisebuch über die Schweiz Ost und Süd, dem 1933 der Band über die Schweiz Nord und West folgt, entspricht kaum ihren schriftstellerischen Ambitionen. Die Stadt hält aber ein wunderbares Trostmittel bereit, in dessen wohltuende Traumwelt man sich begeben kann: das Morphium. Mit Mopsa Wedekind, die durch die Verbindungen ihres Ehemanns, Baron von Ripper, Morphium jederzeit zur Verfügung hat und auch Klaus und Erika Mann damit versorgt, kommt es ab dem Herbst 1932, als Annemarie die Droge zum ersten Mal nimmt, zu regelrechten Drogenexzessen, die Annemarie selbst bald unheimlich werden. In den Briefen an Erika Mann ist schon bald die Rede davon, daß es Zeit werde, sich zu enthalten. Den ersten Kontakt mit der Droge, von der sie nie wieder loskommen wird, bekam sie offenbar durch Erika und Klaus. Die anfängliche Spielerei damit wird für Annemarie jedoch bald bitterer Ernst. Nachdem sie die Weihnachtstage 1932 auf Bocken fast nur unter dem Einfluß von Morphium verbracht hat und dabei häufig höher dosierte, als sie es vertrug, schreibt sie Anfang Januar 1933 an Erika: »Dies-(Sünden) – bezüglich habe ich ich ernste Erwägungen u. ebensolche Anfechtungen hinter mir. Nämlich – E., Liebling, ich will, kann u. mag es nicht in der ruinösen, vorweihnachtlichen Art weitertreiben. So charakterfest bin selbst ich nicht um es auch nur halbwegs gefahrlos tun zu dürfen. Und mit Dir u. Kläuschen war es meiner Festigkeit angemessen. Ich würde mir das ungern verderben – Ich werde es auch, in Berlin u. wo es sei, nicht mehr anders tun als wenn Du dabei bist. Ich hoffe, das so einzuhalten.«[93]

Sie hält es nicht so ein. Der anfänglich sporadische Konsum ist längst außer Kontrolle geraten. Etliche Entzugsversuche werden in den nächsten Jahren aufeinanderfolgen, ebenso wie die Rückfälle. Auch der letzte große Versuch, von der Droge loszukommen, auf der Afghanistanfahrt mit Ella Maillart 1939, wird scheitern.

Aus den Selbstzweifeln und den Enttäuschungen, die die Zeit in Berlin prägen, reißt Annemarie der Plan, mit Erika, Klaus und deren Jugendfreund Ricki Hallgarten nach Persien zu reisen. Die Aussicht, mit den Freunden zu reisen, begeistert Annemarie so sehr, daß sie der Freundin zu Weihnachten 1932 gleich weitere Pläne andeutet. Zunächst aber muß das persische Abenteuer vorbereitet werden. Im Frühjahr 1932 ist sie emsig damit beschäftigt. Mit dem Automobil soll die Fahrt über den Balkan und die Türkei nach Teheran führen. Den Briefen nach, die nunmehr fast ausschließlich von Kartenwerken handeln, die Annemarie gründlich studiert, und von Reiseführern, Geld, Visa und Gesprächen mit Verlegern, die eventuell an Reisebeschreibungen interessiert sein könnten, hat Annemarie einen großen Teil der Reiseplanung übernommen. Ein Unsicherheitsfaktor bei dem Projekt ist Ricki. Rickis Leidenschaft für den Tod ist den Freunden bekannt. »Ricki, der von sich selber sagte, daß er nicht ›bisexuell‹, sondern ›hysterisch-panerotisch‹ sei, war bezaubert von einer Schöpfung, in der er sich nicht zu Hause fühlte. Blumen, Berge, Bücher, Kinder, Tiere, Segelschiffe, der Schnee, das Meer, Musik, Bilder, Frauen (...) alles entzückte, faszinierte ihn. Trotzdem sprach er vom Selbstmord, manchmal wie von einer anrüchigen Lustbarkeit, die er sich irgendwann einmal doch wohl gönnen werde (...).«[94] Nur mit Mühe konnten Erika und Klaus den Zeichner und Illustrator, der »am liebsten traurige und makabre Bilder« malte[95], »Krüppel, (...)

Erika Mann, Annemarie Schwarzenbach und Klaus Mann in Venedig

blinde Greise in unheimlich verödeter Landschaft, Bucklige und hagere Katzen«[96], mit immer neuen Projekten, die sie ihm vorschlugen, immer wieder an das Leben binden. Und auch das Vorhaben, nach Persien zu fahren, ist Teil dieser Bemühung um den latent selbstmordgefährdeten Freund. Die Reise soll am 5. Mai 1932 beginnen. Erika und Klaus, in der Öffentlichkeitsarbeit versiert, haben der Presse das Unternehmen als gefährliche Autoexpedition präsentiert. In den Studios der Filmgesellschaft »Emelka« wurden daraufhin Aufnahmen für die Wochenschau gedreht. »Wir trugen unsere neuen Overalls, mit Tropenhut, Sonnenbrille und allem Zubehör; unsere beiden Ford-Wagen, frisch lackiert, stahlgrau mit viel Nickel, blitzten in der Sonne. Es war ein herrlicher Tag.«[97] Die Filmarbeiten ziehen sich hin, so daß die Abfahrt auf den

6. Mai verschoben wird. Ricki, der während der langwierigen Dreharbeiten gut aufgelegt scheint, soll die Freunde am Nachmittag des 5. Mai im Hause der Manns in der Poschingerstraße treffen. Kurz nach dem Mittagessen ruft statt dessen ein Wachtmeister dort an, der eine Nachricht an Frau Katia Mann überbringen soll: »Sehr geehrter Herr Wachtmeister! Habe mich soeben erschossen. Bitte, Frau Thomas Mann in München zu benachrichtigen. Ergebenst – R. H.«[98] Dies hatte Ricki Hallgarten geschrieben, bevor er sich am Mittag in seinem Sommerhaus in Utting das Leben nahm.

Der Tod des Jugendfreundes, mit dem die Geschwister in ihrer Kindheit gemeinsam die Gegend um den Herzogenpark unsicher gemacht haben, trifft alle tief. Ihr Kinderbuch *Stoffel fliegt übers Meer*, das Ricki illustriert hatte, widmet Erika dem toten Freund, der das Erscheinen des Buches nicht mehr erlebt.

Nach diesem tragischen Scheitern des Persienabenteuers reisen die drei Freunde Ende Mai gemeinsam nach Venedig. Der Aufenthalt in der Lagunenstadt ist jedoch von dem tödlichen Ereignis überschattet, auch wenn die drei den Sonnenschein und die Museen genießen und sich lässig rauchend zu dritt in einer Gondel photografieren lassen.

Venedig ist der Auftakt zu einer Reihe von Reisen, die die Freunde bis zum Sommer 1933 gemeinsam unternehmen. Zwischendurch hält sich Annemarie immer wieder in Berlin auf, doch sie rutscht dort mehr und mehr in die Katastrophe. Der Übersetzer Hans Faist macht ihren Drogenkonsum publik, was ihr äußerst unangenehm ist. »Er [Faist] hat mir etwas sehr Böses angetan, (aus Rachsucht gegen Mops – meine ich) nämlich irgendwem oder mehreren gesagt, Mops hätte mir M [Morphium, A. G.] gegeben – was, Du weisst wie das in Berlin zugeht, in variablen Formen schon zu Maria u. zu aller Welt gedrungen ist. Und weil Maria so etwas ungern vernimmt ist es mir recht schrecklich – Dafür habe ich mir, weil ich Kummer immer mit Missgeschick verbinde, angesichts ganz friedfertiger Menschen u. so ganz rasch u. nebenbei eine richtige Alkoholvergiftung zugelegt, ein unbeschreiblich scheusslicher Zustand. Maria hat mich, dank ärztlicher Sachkenntnis, die Nacht über gepflegt u. gerettet. Ich fürchte bloss dass ich den besten französischen Cognac einfach verabscheuen werde.«[99] Zu allem Überfluß fährt sie mit ihrem neuen Mercedes-Mannheim »träumend« gegen eine Straßenbahn. Nun hat sie auch noch finanzielle Sorgen, »u. für ein reiches, von zu Hause schon sanft ermahntes Mädchen ist es schrecklich erschwert,

Annemarie beim Einstieg in ihren Mercedes-Mannheim im Sommer 1932

auch nur das Dringenste aufzutreiben«.[100] Zudem übernimmt sie sich schriftstellerisch an einer dramatischen Fassung von »Cromwell«. Euphorische Zustände wechseln sich mit depressiven Stimmungen ab. Am 5.11.1932 schreibt sie an Erika: »Verzeih diesen eiligen Brief. Ich bin ganz besessen von Schreibwut u. dichte unentwegt seit morgens 9 Uhr, selbst wenn keiner es wissen u. lesen u. drucken will – u. jetzt kann ich einfach die Feder nicht mehr halten.«[101]

Drei Wochen später dann: »*Wie* Du mir fehlen kannst, Eri-Liebling – u. wie mir, augenblicklich, die Menschen hier öde u. ganz unzulänglich vorkommen – mit Ausnahmen natürlich – (...) Maria hat immens zu tun, u. ich beschäftige mich mit in mich gekehrter Leidenschaft allein, ohne sichtliches Resultat, ziemlich traurig u. überzeugt davon, mit dem Leben nur halb fertig zu werden.«[102]

In dieser Verfassung erlebt sie Hitlers Machtübernahme. Während auf der Straße die SA in der Nacht des 30. Januar 1933 mit Fackelzügen Hitlers Ernennung zum Reichskanzler feiert, liegt Annemarie mit Fieber im Bett. Anfang April 1933 verläßt sie endgültig die Stadt.

Ende Juli begleitet sie die Freunde über Dänemark und Schweden nach Finnland. Für die Berliner Photoagentur »Akademia« möchte sie dort einige Artikel über Skandinavien schreiben. Sie fahren mit Erikas Ford. Ein Jahr zuvor hat sie ihn zusammen mit Ricki bei der 10 000 km Rennfahrt durch Europa, die der ADAC und die Firma Ford ausgeschrieben hatten, gewonnen. In zehn Tagen durchquerten sie damals sieben Länder, nun scheint Erika die restlichen auch noch durchqueren zu wollen. Nach ihrer Rückkehr legen sie nur eine kurze Rast zu Hause ein, um, sobald sich das Wetter bessert, wieder aufzubrechen. Im Frühsommer 1933 fahren sie nach Le Lavandou in Südfrankreich. Im Auftrag der Photoagentur »Akademia« unternimmt Annemarie anschließend zusammen mit der Photographin Marianne Breslauer eine Fahrt in die Pyrenäen. Annemarie soll die Texte liefern, Marianne Breslauer die Photographien. Bei ihrer Rückkehr verlangt die »Akademia« von Marianne Breslauer ein arisches Pseudonym, um die Aufnahmen abzudrucken. Marianne Breslauer willigt notgedrungen ein. Die Aufnahmen erscheinen unter dem Namen Annemarie Brauer. Nur der Schweizer Arnold Kübler, Herausgeber der *Zürcher Illustrierten* und später der Zeitschrift *Du* veröffentlicht die Photographien unter dem richtigen Namen der Künstlerin, und er gibt auch Annemarie, die mit der Pyrenäen-Exkursion ihre Arbeit als Journalistin beginnt, immer wieder die Möglichkeit zu veröffentlichen. 1936 emigriert Marianne Breslauer nach Holland, später zieht sie in die Schweiz.

Erika und Klaus Mann verlassen Deutschland im Frühjahr 1933. Der Chauffeur Thomas Manns, eingeschriebenes Parteimitglied der NSDAP, hatte sie zum Aufbruch gedrängt. Unter Mühen gelingt es Erika, ihren Vater, der gerade auf einer Vortragsreise in der Schweiz unterwegs ist, zu überreden, nicht nach Deutschland zurückzukehren. Thomas Mann, der den Sommer über in Sanary-sur-mer verbracht hat und dort oft Besuch von bereits emigrierten Schriftstellern wie Heinrich Mann, Lion Feuchtwanger, Franz Werfel und Ernst Toller bekam, wollte noch nicht so recht glauben, daß die Zeiten sich auch für ihn verändert hatten. Im September findet Erika für die Eltern ein Haus in Küsnacht bei Zürich.[103] Das Exil der Manns hatte begonnen.

IN DER FERNE

Annemarie bei archäologischen Arbeiten in Persien um 1934

Persienreise

Während ihre Freunde ins Exil gehen, unternimmt Annemarie Schwarzenbach ihre erste Reise nach Persien. Zu dieser ursprünglich gemeinsam mit den Mann-Geschwistern und Ricki Hallgarten geplanten Fahrt, bricht sie nun, im Herbst 1933, mit Fred Pasternek auf. Sie reisen bis Beirut zusammen. Danach setzt Annemarie ihren Weg alleine fort, zeitweise begleitet von Menschen, die sie während der Reise kennenlernt. Ihren letzten Abend vor der Reise verbringt sie bei Thomas Mann in Küsnacht. Am nächsten Tag, es ist der 12. Oktober 1933, steigt sie in den Taurus-Express, der sie und Fred Pasternek über Istanbul, Ankara und Konya in die Tiefen Anatoliens bringen wird und weiter nach Syrien, dem Libanon und Palästina. Die nächsten Etappen in den Irak und weiter nach Persien bewältigt sie überwiegend mit dem Auto oder im Bus. Sieben Monate verbringt Annemarie im winterlichen, teilweise bitterkalten Asien. Sie besucht Ruinen und Ausgrabungen. Sie sieht Moscheen, Kirchen, orientalische Basare, fremde Völker, und sie taucht ein in die asiatische Steppe, über die sich der Himmel so endlos ausbreitet wie über das Meer.

Die Weite der Landschaft fasziniert sie so sehr, daß sie sie in immer neuen Bildern einzufangen versucht. In Vorderasien mit seiner Archaik und Kargheit scheint die Zeit stehengeblieben zu sein. Während über ihnen die Motoren der Flugzeuge dröhnen und in der neuen türkischen Hauptstadt, Ankara, unaufhaltsam die Moderne Einzug hält mit ihren Beton- und Stahlpalästen, machen sich vor der Stadt gleichzeitig die Karawanen bereit, um ihre ewig gleichen Routen durch die Steppe zu nehmen.

Die Strecke, die Annemarie während dieser Wintermonate zurücklegt, ist schwindelerregend und stellt sich bei einem Blick auf die Karte in erster Linie dunkelbraun dar, der Farbe für die gewaltigen Gebirgsketten, welche die gesamte Region durchziehen. In den Ebenen liegen die Städte noch heute vereinzelt und weit auseinander, und die Straßen, die Annemarie befährt, verdienen diese Bezeichnung meist nicht. Pannen sind an der Tagesordnung, und häufig stellen die Fahrer der Busse eines der vielen verwahrlosten, blassen Kinder ein, die dann für Reifenwechsel, Wasser, Öl und Benzin sorgen müssen und die übermüdeten Chauffeure unterwegs mit Geschichten unterhalten sollen.

Annemarie hält die Reise in einer Art Tagebuch fest, das unter dem Titel *Winter in Vorderasien* 1934 im Züricher Rascher-Verlag erscheint und erstmals mit ihren eigenen Photographien illustriert ist.

Der Gegensatz zwischen dem für den Orient typischen Rhythmus des Lebens und dem des modernen Zeitalters, wie er besonders in den Großstädten der Türkei Einzug gehalten hat, verliert sich, je weiter die junge Schweizerin Richtung Osten fährt. »Punkt drei Uhr ging das Licht aus. Das sei so in Konya, wurde uns erklärt, und die Reisenden müßten sich damit abfinden.«[1] Aber die Länder, die Annemarie bereist, sind nicht nur Orte archaischer Landschaften und vorchristlicher Kulturen, es sind auch Länder europäischer Kolonisation, Länder der Armut und patriarchaler Kultur. Am 6. Dezember erreicht sie Aleppo, die alte syrische Stadt zwischen Wüste und Meer. Das Straßenbild ist geprägt von französischen Soldaten und Straßenmädchen. Hier besucht Annemarie Schwarzenbach, die Tochter des Textilindustriellen, eine Wollfabrik: »In den feuchten Gewölben seines Hofs sassen, in Wolken von Staub und eingebettet in Haufen schmutziger Wolle, Beduinenfrauen mit großen Scheren. ›Sie arbeiten wie Tiere‹, sagte der Händler und rief Namen auf – die Gerufenen senkten scheu das Gesicht – er fuhr fort: ›Sie bringen das Geld, welches sie bei mir verdienen, ihren Männern. Es ist eine ungesunde Arbeit; die meisten sterben mit 35 Jahren.‹ Der Mann im Fez zuckte die Achseln.«[2]

Die unkommentierte Beiläufigkeit, mit der diese Szene infamer Menschenverachtung in ihren Reisebericht einfließt, hat Methode. Annemarie hat sich auf dieser Fahrt einer größtmöglichen Objektivität verschrieben.[3] Erst in ihren Erzählungen, die sie 1934/35 schreibt, wird sie einige im Orient lebende Europäerinnen portraitieren, die trotz ihres persönlichen Mutes alle früher oder später an den gesellschaftlichen Verhältnissen dort scheitern. 1939 kommen in Afghanistan eine Reihe von Artikeln hinzu, die sich kritisch über die Situation der afghanischen Frauen äußern. Annemarie wählt diese Themen nicht aus einem feministischen Standpunkt heraus – trotz ihrer frühen, leidenschaftlichen Äußerungen zur Geschlechterfrage ist sie keine Feministin –, sondern, und das wird besonders in Afghanistan deutlich, aus dem puren Unvermögen, sich weiterhin schweigend in einer reinen Männergesellschaft aufzuhalten und diese auf Dauer als Ausdruck einer »ursprünglichen«

menschlichen Freiheit zu idealisieren, während die Frauen im öffentlichen Leben nicht existieren.

Von Aleppo aus unternimmt sie Exkursionen in ganz Syrien. Atemberaubende Naturerlebnisse und der Anblick jahrtausendealter Tempelruinen sind der Ausgleich für die Strapazen, die sie dabei auf sich nimmt. »Ich kann mich an keine merkwürdigere Dämmerung erinnern als an die dieses langen Wintermorgens: bei uns ist es um diese Jahreszeit um acht Uhr noch dunkel, aber der Tag beginnt ohne Aufwand und allmählich – in Anatolien war es ein Feuer, ein Konzert von Farben, ein dramatischer Wechsel. Fast immer gab es Wind und fliehende Wolkenstreifen, und die Hügel, die schwarz die Ebene umkränzten, wurden plötzlich von goldenem Licht übergossen, während die Nacht sich in das sanfte und durchsichtige Blau des Gebirgshimmels auflöste. (...)

Ich hatte, wie jedermann, Photographien von Baalbek gesehen. Aber man kann Dimensionen nicht photographieren und Erlebnisse der Schönheit und der Vollkommenheit nur unvollkommen vermitteln. (...) Wir sahen zum Himmel empor, der hell und von Wind erfüllt war, und fast zufällig empfingen wir jetzt den mächtigen Anblick des Tempels.«[4]

Annemarie ist gut vorbereitet auf die Reise, die für sie auch als Historikerin interessant wird. Bereits im syrischen Rihanie, wo sie die erste archäologische Ausgrabung besucht, zeigt sie so gute Kenntnisse der wechselvollen vorderasiatischen Geschichte, daß die amerikanischen Archäologen sie auffordern, ihre Reise zu unterbrechen und die Grundlagen der Archäologie bei ihnen zu erlernen. Annemarie willigt ein und bleibt bis Anfang Januar bei der Ausgrabung. Dann aber wird es so kalt in Syrien, daß sie es vorzieht, über das Taurus Gebirge in den milden Libanon zu fahren. In Beirut ist es bereits frühlingshaft warm, und während auf den Bergkuppen frischer Schnee liegt, kann man an der libanesischen Küste im strahlend blauen Mittelmeer schwimmen. Die Leichtigkeit dieser Stadt, ihre Farben, die Strandpromenade und ihr südlicher Flair sind eine Erholung. Doch sobald die Strapazen der Reise vorbei sind, beginnt zwangsläufig die Reflexion über die Fremdheit dieses Daseins. Annemarie versucht, die Facetten zusammenzufügen, die immer breiter gefächert vor ihr liegen, vergebens: »Es liegt am Zustand der Welt, daß man sich der Gefährdungen, Zufälligkeiten, Beschränkungen, die sich in den Ablauf eines kurzen Lebens mischen, so bewußt ist: man weiß, daß sich die Welt unausweichlichen und großen Veränderungen nähert, aber man weiß nicht, wie man sie überstehen wird. Deshalb ist man für jede ungestörte und leidlich friedlich überstandene Episode dankbar.«[5]

Erika und Klaus halten sie brieflich über die Situation in Europa und über ihre Projekte, das Kabarett »Pfeffermühle« und die Zeitschrift *Die Sammlung*, auf dem laufenden. Annemarie wiederum schreibt den Freunden all die Details, die sie in ihrer Reisebeschreibung nicht veröffentlichen wird, zum Beispiel, daß sie sich in Beirut »anlässlich eines hübsch geplanten Abends mit Döschen Fisch [Morphium, A. G.] recht vergiftet« hat.[6] Auch aus Bagdad heißt es einen Monat später: »Klaus. Lieber. Ich habe mich ziemlich *vergiftet* dies Mal, u. gerade während unten im Hotel die Minister und Diplomaten tanzten, was doch nur einmal im Jahr vorkommt!«[7]

Von Beirut aus ist ihr nächstes Ziel Palästina. Mit dem Zionismus ist sie bestens vertraut und auch mit der Idee, den Juden in Afrika oder in der Sowjetunion eine Heimat zu schaffen [die jüdische sozialistische Republik Birobidschan]. Annemarie setzt dem entgegen: »(...) welcher zivilisierte Mensch könnte sich ohne Bedenken in ein Land versetzen lassen, nennen wir es Brasilien, mit dem ihn keine Erinnerung verbindet, keine Herkunft, kein Kult, keine Historie und Legende, kein Zeichen des Namens und der Sprache? Kein Land außer Palästina kann den Gedanken des jüdischen Volkes tragen: daneben scheint das arabische Problem gering. (...) Wer unbefangen ist, möchte glauben, daß in dunkler Zeit, während aus unsrem Kontinent tatenlose Resignation und hysterische Betriebsamkeit sich schrecklich ergänzen, hier die Zukunft mit Mut und gutem Glauben vorbereitet werde.«[8] Annemaries Optimismus klingt ganz danach, als hätte sie Kibbuzniks in Jerusalem kennengelernt.

Zum ersten Mal seit ihrer Abreise hört sie hier auch wieder klassische Musik. In der Zionshalle spielt Bronislaw Hubermann mit dem philharmonischen Orchester von Jerusalem Brahms und Beethoven. »Der Saal faßte die Menschen nicht; Hebräisch, Englisch, Arabisch, am meisten deutsch klang durcheinander; draußen standen Arbeiter, junge Intellektuelle im Schein der Lampen; Schnee rieselte auf ihre Schultern.«[9]

Von Palästina geht es weiter in den Irak, dem Land zwischen Euphrat und Tigris. Sie besucht die alten Siedlungen von Ur, Erech und Babylon, lernt auch hier Archäologen kennen und befindet sich bewußt auf den Spuren von Gertrude Bell, als sie die alte »Fluchtburg« Ukhaidar besucht.

Weiter geht es in die schiitischen Pilgerstädte Kerbela, Nejaf und

Kufah. Der schiitisch-sunnitische Konflikt liegt in dieser politisch so labilen Region bereits in der Luft. »Ich hörte liberale Mitglieder des Parlamentes sagen, die Schiiten seien die ›Geisel‹ des Landes. Jedenfalls sind sie die Feinde jedes Fortschritts und hassen nicht nur die Europäer, sondern alles, was auf Veränderung und Bewegung hinweist, denn ihre Religion verlangt ja den ewigen Rückblick, die fruchtlose Anklage, den Zustand der Feindschaft und Verschließung. Fanatischer als die Iraker sind die Perser – und Kerbela ist fast eine persische Stadt. Diese persischen Pilger sind ein unheimliches Volk. Bleich, düster, schwarzbärtig, bieten sie den Anblick von Menschen, die um jeden Preis die Realität verleugnen und ihr entfliehen wollen. Schwäche umwölkt sie und der Einfluß des Opiums. Die dumpfe Unentrinnbarkeit und Feudlosigkeit ihrer Religion macht sie notwendig zu Scheinheiligen. Was man in Kadimein nicht erfahren hatte, das begriff man in Kerbela: die negative Macht des Geistes, der sich verschließt.«[10]

Für Europäer ist es nicht ungefährlich, sich in den Pilgerstädten zu bewegen, und auch Annemarie bekommt die Wut gegen die »Ungläubigen« und die Kolonialisten zu spüren. Die geplante Weiterfahrt nach Persien verzögert sich. Obwohl sie Ende Februar bereits dort sein wollte, ist sie am 26. Februar immer noch in Bagdad. Ein unerwarteter Wintereinbruch hat die Pässe ins Nachbarland unbefahrbar gemacht, und in Bagdad toben Sandstürme. Durch die Natur bezwungen, müssen sich auch die Europäer in der Tugend üben, die im Orient den Alltag bestimmt: Geduld. Ausgezehrt durch die lange Fahrt und das Morphium legt sich Annemarie ins Bett und erholt sich, während die britischen Touristen, die das gleiche Hotel bewohnen, Schakaljagden veranstalten, um der Lethargie zu entfliehen. Niemand ist bei diesen wilden Ritten durch die Wüste an der Beute interessiert, und so trauert niemand den Tieren nach, die den Jägern geschickt entwischen. Es geht den Reitern nur um Aktivität, nur darum, die bleierne Schläfrigkeit von den Gliedern zu schütteln, »die die schlaffe Luft aus der Sandwüste und der träge Lauf des mittäglichen Tigris erzeugte. Es galt, sich draufgängerisch auszutoben.«[11]

Anfang März ist es endlich vorbei mit der Untätigkeit, und Annemarie gelangt zum ersten Mal nach Persien. Als klassisch gebildete Europäerin weiß Annemarie natürlich um die Pracht der persischen Könige, um ihre mächtigen Hauptstädte Persepolis und Isfahan, um den jungen Alexander, der auszog, die Welt zu erobern, und um den Zarathustra-Kult. Annemarie fährt nun auf der Straße, auf der einst die persischen Heere gegen Griechenland zogen. »Der langsame, kurvenreiche Aufstieg des Paitak-Passes begann. Wir ließen die gelben Hügel hinter uns und die tiefen Stromländer. Ein neuer Blick von herber Größe öffnete sich und erfüllte mit Jubel und jähem Staunen. Berge schienen sich in die Ewigkeit fortzusetzen; breite Täler lagen noch schneebedeckt zu ihren Füßen, da flossen Bäche zwichen niedrigen Ufern, und Weiden wiegten sich im leichten Bergwind. (...) Noch unsichtbar begann dort ein zweiter Paß und führte hinüber in das hochgelegene Hamdan, einst Ekbatana, die Mederstadt, die erste Residenz des Reiches.«[12]

Über Kermanschah, der größten Stadt des iranischen Kurdistan mit seinen großen Mohnfeldern geht es weiter über die alte Heerstraße nach Babylon Richtung Hamadan. Annemarie freut sich, hier wieder unverschleierte kurdische Frauen mit ihrem stolzen Gang und ihren herben Gesichtern zu sehen. Als sie sich mit ihren Begleitern Teheran nähert, sieht sie in diesem Land der kargen Berge und der Wüsten, die zwei Drittel der Fläche Persiens ausmachen, zum ersten Mal den Demawend, das knapp sechstausend Meter hohe Gebirgsmassiv, an dessen Fuß die persische Hauptstadt liegt. Es ist Frühling, die beste Jahreszeit, um Persien kennenzulernen, und auch Teheran bietet sich um diese Jahreszeit heiterer dar als im Winter oder Sommer. Die heutige 5 Millionenstadt zählt 1934 300 000 Einwohner und hat außer den prächtigen alten mosaikgeschmückten Toren und einigen Gebäuden im orientalischen Stil nur Lehm, Staub, Armut und eine kleine europäische Kolonie zu bieten, die sich vornehmlich mit sich selbst beschäftigt. Es gibt weder fließendes Wasser in der Stadt noch Elektrizität. Abends benutzt man Aethylenlampen, um Stadt und Häuser notdürftig zu beleuchten.

Teheran ist »eine schmutzige Stadt mit schlechten Straßen, Abfallhaufen und streunenden Hunden. (...) verrückte kleine Kutschen mit verhärmten Pferden; ein paar protzige Gebäude und schäbige Häuser kurz vor dem Einstürzen«, schreibt Vita Sackville, die 1926 ihren Mann Harold Nicholson dort besuchte.[13] Jenseits der Befestigungsanlagen Teherans lag ein Land, dessen Bevölkerung hauptsächlich von Ackerbau und Viehzucht lebte. Die Dörfer mit ihren 20 bis 500 Einwohnern waren weit über das Land verstreut, und immer noch zogen die Nomaden mit ihren Herden durchs Gebirge.

Für die Ursprünglichkeitsphantasien zivilisationsmüder Europäer ist Persien wie geschaffen. Der mächtige Modernisierungsschub, eingeleitet durch Schah Reza (1925-1941), dem Offizier und Autodidakten, der sich 1925 selbst zum Schah gekrönt und die abgewirtschaftete türkische Kadscharen-Dynastie vom Pfauenthron gejagt hat, geht nur langsam vor sich in einem Land, das durch Fremdherrschaft und Korruption ausgelaugt und demoralisiert ist. Zwei Jahrzehnte zuvor ist Persien noch russische bzw. britische Kolonie gewesen (die Russen kontrollierten den Norden des Landes, England den Süden). Und England setzt seine fast uneingeschränkte Macht, die es durch die Kontrolle der Anglo-Iranian-Oil Company im Lande hat, indirekt bis in die 50er Jahre fort. Zwar gelingt es Schah Reza, durch Verträge mit den europäischen Großmächten die Souveränität Persiens zu sichern und 1928 alle Vorrechte der Ausländer aufzuheben, eine breite gesellschaftliche Umwälzung im Innern und die Etablierung einer Mittelschicht, die seine Politik mitträgt, findet jedoch nicht statt. Persien bleibt trotz der Modernisierungsbestrebungen – das größte Projekt ist die 1938 fertiggestellte transiranische Eisenbahn, durch die die Infrastruktur erheblich verbessert wird – politisch rückständig und autokratisch regiert. Der staatlich verordneten Modernisierung fehlt die Basis, was 1979 eine der Voraussetzungen der erfolgreichen islamischen Revolution ist.

Von Teheran aus besucht Annemarie Schwarzenbach Veramin und schließlich Rhage, die alte Perserstadt, die im 13. Jahrhundert von den Mongolen zerstört worden war. In Rhage findet gerade unter der Leitung des deutschen Archäologen Erich Schmidt eine größere amerikanische Ausgrabung statt. Annemarie verabredet mit Schmidt, daß sie im Herbst dort arbeiten könne. Aus Teheran schreibt sie an Klaus: »ich habe mich fest entschlossen, dort im Herbst 3 Monate zu arbeiten. Wundert es Dich sehr? Aber, wenn es auch noch besprochen u. mit Euch erwogen sein will: Ich kann, wenn ich an Europa denke, *nichts* finden was mich dort hielte oder mir auch nur recht erträglich schien, – ausser unseren Sommerfreuden u. Etlichem, was wir etwa gemeinsam tun könnten. Daran allerdings halte ich fest – aber, wie Du der ›Sammlung‹ viel Zeit u. Arbeit widmest, so meine ich, ich muss *meine* Arbeit finden. Ich würde in Rage hauptsächlich Schädel messen u. die Absurdität der deutschen Rassen-Idioten an iranischen Beispielen kund tun, das allein kommt mir verführerisch vor.«[14]

Mit dieser Aussicht auf eine baldige Rückkehr steht Annemarie am Ende ihrer ersten Persienreise. Von Teheran aus unternimmt sie noch einige größere Exkursionen, die sie nach Mazanderan bringen, nach

Im Lahr-Tal, Juli 1935

Rescht, Kesvin und nach Pehlevi, der großen Hafenstadt am Kaspischen Meer, von wo aus iranischer Kaviar in die Sowjetunion verschifft wird. Dann geht es wieder zurück ins gebirgige Landesinnere nach Isfahan und Persepolis. »Die Fahrt nach Persepolis dauerte zwei Tage. Doch mußten wir immer bis tief in die Nacht hineinfahren, denn es regnete und die Straßen waren schlecht. Bäche stürzten über sie hinweg; Löcher, Gräben, richtige Flußbette bildeten sich. Es gab Reifenpannen, man saß in der Dunkelheit am Straßenrand und flickte. Oder der Magnet wurde naß – das war ein großer Ärger. Der Chauffeur nahm ihn fluchend heraus, deckte ihn mit seinem zerrissenen Rock, um ihn vor dem Regen zu schützen und goß Benzin darüber. Wenn ein Reifen geflickt wurde, schmierte er Leim über den Flecken und zündete ihn an; es gab eine kleine Flamme, die sich rasch ausbreitete, und der Mann blies hastig, um sie wieder auszulöschen. [...] Gegen Abend erreichten wir das Dach von Persien, eine ungeheure Einöde. Ich glaubte, daß wir jeden Augenblick am Ende der Welt sein würden. In der Dunkelheit fuhren wir hinunter, sahen ein Feuer in der Höhle einer Felswand, irrende Lichter von Hirten und aus Zelten rötlichen Schein. Felsen und Farrenkräuter, eine gespenstische Gesellschaft, rückten uns nahe auf den Leib. (...) Persepolis lag am Ende einer neuen Ebene, seine Säulen ragten auf hoher Terrasse wunderbar in den bewölkten Nachthimmel, und der Name wurde Wirklichkeit.«[15]

Am Ende dieser Fahrt ist sie auch am Ende ihrer Kräfte: »Wir erzählten uns nichts mehr. Die letzte Strecke war schlecht, das Steuerrad schlug in unseren Händen hin und her. Um zwölf Uhr mittags fuhren wir, ausgedurstet und verbrannt, durch das bunte Stadttor von Teheran.«[16] Am 15. April 1934 schifft sich Annemarie in Pehlevi in Richtung Baku ein und fährt über die Sowjetunion zurück in die Schweiz.

In den folgenden Jahren aber wird sie immer wieder zurückkehren. Vorderasien wird für sie zum ureigensten Ort der Auseinandersetzung mit sich und der Welt werden. Hier, wo die gemeinsame europäische Kulturgeschichte beginnt, wird sie ihre Abkehr von Europa zelebrieren. Annemarie Schwarzenbach wird nicht nur eine Reisende in Persien sein, nicht nur eine Besucherin, sondern eine Frau, die in den Weiten und den Wüsten dieses Landes das Schicksal ihres untergehenden Heimatkontinents reflektiert und betrauert. Die persischen Berge werden die bombastische Kulisse für ihren Weltschmerz, ihre Heimatlosigkeit und Entwurzelung sein. Selbst in ihren journalistischen Texten aus dem Orient wird das Gefühl der Fremdheit und der Verlorenheit ihre Berichte dominieren.

Währenddessen betrachten Erika und Klaus Mann es als ihre unbedingte Pflicht, sich auf europäischem Boden aktiv dem Kampf gegen den Nationalsozialismus zu widmen, und Thomas Mann wird zu einer der wichtigsten Figuren der deutschen Emigration. Daß Annemarie Schwarzenbach sich in diesen Zeiten in die Einsamkeit der asiatischen Weiten begibt und dort im Winter 1934 auf archäologischen Ausgrabungsstätten und in windigen Zelten die Überreste untergegangener Kulturen aus dem Schlamm holt, können die Mann-Geschwister nicht verstehen. Es entsteht ein Gefühl der Entfremdung zwischen den Freunden, das sie nie mehr ganz überwinden können.

Für Annemarie werden Unglück und Reisen zum persönlichen Programm. Ähnlich wie bei Gauguin oder Rimbaud, ist es auch für sie die einzige Möglichkeit, auf die Krise der Zivilisation und des Individuums zu reagieren. Die Einsamkeit, die damit in Kauf genommen wird, führt auch bei ihr zu wilden Sehnsüchten nach dem ursprünglichen und unschuldigen Gemeinwesen, das in Europa nicht mehr zu haben ist. Gauguin wirft diese Sehnsucht in die Südsee, Rimbaud nach Afrika, Dadaisten und Surrealisten nach Mexiko. Und wer sich von der europäischen Fortschrittsidee nicht ganz verabschieden will, dem bleibt noch eine Weile die Hoffnung auf den Kommunismus. Annemarie wählt die kargen Weiten des Orients, um der Illusion einer Welt vor der Entfremdung und vor der menschlichen Naturbeherrschung nachzugehen. Anders als ihr Freund Klaus Mann wählt sie nicht die Einsamkeit europäischer Hotelzimmer und damit die Möglichkeit, am gesellschaftlichen Leben teilzunehmen, sie wählt die Wüste. Ihre Texte aus dem Orient sind deshalb, mit Ausnahme von *Winter in Vorderasien*, das sie bewußt gegen die Kritik an der *Lyrischen Novelle*, sie sei zu subjektiv, schrieb, keine Reisebeschreibungen im klassischen touristisch-informativem Sinne, sondern immer nur Darstellungen ihres Befindens in der Fremde. Und es schwingt eine Todessehnsucht mit, die sich, Ironie des Schicksals, durch ihre reiche Herkunft nicht erfüllen wird. Sie findet den Tod nicht in Persien. Obwohl sie oft nahe daran ist, »verreckt« sie nicht in irgendeiner Ecke der Welt, sondern wird immer wieder gerettet und zur Erholung ins Sanatorium gebracht. Das Manuskript, das ursprünglich den Titel *Tod in Persien* trägt, nennt sie später *Das glückliche Tal* und trägt damit der Rettung in gepflegter Atmosphäre Rechnung.

Annemarie Schwarzenbach ist nicht die einzige Frau, die sich in den 20er und 30er Jahren auf den Weg in den Vorderen Orient begibt. Gertrude Bell ist hier und macht im Irak ihre außergewöhnliche politische Karriere, Madame d'Andurin, die Engländerin Freya Stark, die bei Kriegsausbruch in der orientalischen Abteilung der englischen Regierung arbeiten wird, die Genferin Ella Maillart, Vita Sackville-West, die schwedische Baronin Rosen, die Annemarie in ihrer Erzählung *Eine Frau allein* als Kathrin Hartmann portraitiert und etliche andere Frauen, die unbekannt geblieben sind. Die ersten reisenden Frauen erreichten diesen Teil der Welt bereits im frühen 19. Jahrhundert. Nun folgt eine

Annemarie während ihrer ersten Orientfahrt im Winter 1933/34

wachsende Anzahl auf ihren Spuren bis zu den entferntesten Punkten menschlicher Siedlungen. Ein gewisser Wohlstand, über den nunmehr auch die Frauen verfügen können, bessere Reiseverbindungen, eine größere allgemeine Mobilität, europäische Siedlungen der Kolonisatoren und ein verändertes Frauenbild machen es möglich.

Die Motive der Frauen, die zu diesen Abenteuern in die Ferne aufbrechen, sind die gleichen wie bei ihren männlichen Kollegen: Neugierde, Abenteuerlust, Forscherdrang und ein gewisser Grad an Zivilisationsmüdigkeit, die entsprechend der fortschreitenden Industrialisierung Europas ansteigt. In einem Interview, das Ella Maillart, Seglerin, Hockeyspielerin, Skirennfahrerin, Weltreisende und Abenteurerin, der BBC gegeben hat, sagt sie: »Mitteleuropa als Ankerplatz – das lag mir nicht, und ich konnte in dieser muffigen Atmosphäre nicht atmen. Ein Weltkrieg hatte den Kontinent um den Verstand gebracht, Ungeist regierte allenthalben – warum sollte ich daran beteiligt sein? Warum sollte ich nicht nach angenehmeren Aufenthaltsorten suchen? Warum glauben, ich müßte einen Lebensweg einschlagen, der gar nicht zu einem lebenswerten Ziel führte? Ich paßte sowieso nicht mehr dazu. (...) In dem großen Weltgebäude würde ich sicher eine Ecke finden, die mir mehr zusagte als mein trauriges Zimmer in der Nachbarschaft des gescheiterten Völkerbundes.«[17]

Natürlich differiert die Form des Reisens auch bei den Frauen entsprechend ihrer Geldmittel. Freya Stark und Ella Maillart müssen ihr Geld zunächst mit Sprachunterricht verdienen und später mit Büchern über ihre Reisen (Ella Maillarts Reisebücher fanden besonders während der Londoner Bombennächte großes Interesse, so daß ihr Verleger sie drängte, möglichst schnell zu produzieren). Andere Frauen wiederum bleiben die gesamte Zeit finanziell von ihren Ehemännern abhängig. Währenddessen spielt für Annemarie Schwarzenbach wie für die meisten Frauen ihrer Gesellschaftsschicht Geld nur eine untergeordnete Rolle, zumal die Lebenshaltungskosten im Orient im Vergleich sehr niedrig sind.

Zwei Monate nach Annemaries Rückkehr in die Schweiz findet am 30.6.1934 in Deutschland der »Röhm-Putsch« statt, durch den sich Hitler seiner politischen Gegner in der Partei entledigt. Für Annemarie knüpft sich daran eine kleine Hoffnung auf Hitlers internationale Demaskierung. »Man wusste ja, dass es einmal so oder so ähnlich beginnen würde – und das moralisch Getarnte, immer schon Hitler-Art, ist diesmal so ins Grauenhafte und Zynische verzerrt worden, dass selbst die Zürcher Zeitung und wohl einfach jedermann laut entrüstet zu sein vermag.«[18]

Durch die Orientfahrt hat Annemarie Schwarzenbach allerdings eine noch größere Distanz zur politischen Situation in Europa bekommen, und auch das Leben in der heimatlichen Schweiz erscheint ihr unwirklich und ohne tieferen Sinn. »Das äusserlich so gemachte Bett hier ist mir immer noch unwirklich, ein Ferienzustand – und dort komme wieder der Ernst. Hier sei ein künstliches Gebilde und gar nicht mehr ›Erde‹ – dort wieder Sonne und Schatten, Staub, Einsamkeit, Besinnung – Und gerade dann erhebt sich das *wozu* in seiner grausamsten entmutigendsten Form.«[19]

Nach einer kurzen Episode mit Maud Thyssen in Bad Gastein bietet sich ihr im August 1934 die Gelegenheit, mit Klaus Mann zum Allunionskongreß der Schriftsteller nach Moskau zu reisen. Klaus weiß diesen Schritt der Patriziertochter zu schätzen: »eine wahrhaft kühne Geste für ein Mädchen von solcher Herkunft«, schreibt er im *Wendepunkt*.[20]

Schriftstellerkongreß in Moskau

Maxim Gorki, erster Vorsitzender des sowjetischen Schriftstellerverbandes und Gallionsfigur der »neuen« sozialrealistischen sowjetischen Literatur, die seit 1932 die offizielle Kunstrichtung ist, hatte eine Reihe ausländischer Schriftsteller zum Kongreß eingeladen. Der deutschen Delegation gehörten neben Klaus Mann vornehmlich ebenfalls bereits exilierte Schriftsteller an, wie Johannes R. Becher, Theodor Plivier, Willi Bredel, Oskar Maria Graf, Friedrich Wolf, Gustav Regler, Ernst Toller, Albert Einstein und Lion Feuchtwanger, der sich 1937 in Opposition zu den kritischen Äußerungen André Gides zum unkritischen Fürsprecher des sowjetischen Regimes machen wird. Mit dem Argument, die neue Zeit fordere auch ihre Opfer, waren viele, gerade in dieser politisch brisanten Zeit, nicht bereit, ihre Hoffnungen auf den Sozialismus aufzugeben, und so ließ man sich gegen besseres Wissen bis zur Niveaulosigkeit täuschen, statt hinzusehen. Immerhin waren zum Zeitpunkt des Disputes zwischen Feuchtwanger und Gide die berüchtigten Moskauer Schauprozesse, bei denen Feuchtwanger zum Teil anwesend war, bereits angelaufen.[21]

Über die »Vorläufer« der großen Moskauer Prozesse hinaus – 1928 hatte der Schachty-Schauprozeß stattgefunden, 1930 die »Erschießung der Achtundvierzig« und das Ramsin-Verfahren gegen die Industriepartei, die alle große Proteste in der Weltöffentlichkeit hervorgerufen hatten, und auch von vielen deutschen Intellektuellen, darunter auch Feuchtwanger, scharf verurteilt worden waren – hat Stalin im August 1934 bereits wichtige Schritte zur unumschränkten Alleinherrschaft unternommen, die nicht verborgen geblieben sind.[22] Er hat Trotzki, Sinowjew und Kamenew bereits ausgeschaltet, Bucharin ist kaltgestellt, und der XVII. Parteitag der KPdSU im Januar 1934, der »Parteitag der Sieger«, war zum Jubelinstrument der gigantischen Industrialisierung und Stalins Gewaltherrschaft funktionalisiert. Kritische Beiträge gab es dort nicht mehr. Die Delegierten hatten nur noch die Aufgabe, den großen Erfolgen Stalins zu applaudieren. Die wirtschaftlichen Opfer der Industrialisierung, die Stalin verordnet hatte, und die Millionen Opfer der brutalen Zwangskollektivierung wurden mit keinem Wort mehr erwähnt.[23]

Auch die Künstler und Schriftsteller blieben von dem Zwang, der offiziellen Parteilinie zu folgen, nicht verschont. 1932 hatte Stalin sie im

Verband der sowjetischen Künstler und im Verband sowjetischer Schriftsteller zusammengefaßt. Alle anderen Künstlervereinigungen in der UdSSR waren aufgelöst worden, und jede künstlerische Richtung, die vom parteilich verordneten sozialistischen Realismus abwich, wurde als konterrevolutionär verurteilt. Die Künstler hatten die Parteilinie zu akzeptieren, sie sollten volkstümlich und vor allem optimistisch sein. Viele von ihnen, die die Revolution als große Hoffnung begrüßt und sie durch ihre Arbeit unterstützt hatten, zogen sich zurück, oder sie nahmen sich das Leben, darunter der 37jährige Vladimir Majakowski (1930), der mit seiner Wortgewalt und seinem enthusiastischen Idealismus die Massen einst für die Revolution begeistert hatte.

Die menschenverachtende Brutalität der Bolschewisten war es auch gewesen, die Maxim Gorki 1921 die Sowjetunion verlassen ließ. Sieben Jahre später aber war er um so linientreuer zurückgekehrt und nun bereit, sein internationales Ansehen und sein moralisches Gewicht, das er sich durch sein soziales Engagement und durch Stücke wie *Nachtasyl* und *Mutter* erworben hatte, für das stalinistische Regime einzusetzen.

Gorkis Konformismus ging so weit, daß er sogar Arbeitslager wie das Hauptlager Solowski, das er besuchte, die »Keimzelle« des gesamten Gulags, rechtfertigte: »Mir scheint, daß die Internierung richtig ist. Lager, wie Solowski, sind unentbehrlich.«[24] Arbeit als Mittel der Umerziehung erschien Gorki berechtigt und nachdem er einige Baustellen besucht hatte, wo Zwangsarbeiter eingesetzt waren, fand er, man sei auf dem richtigen Weg.[25] Auch Annemarie Schwarzenbach wird der Gulag in Moskau als positive und nützliche Einrichtung geschildert. »Ich ging gestern von einer Zusammenkunft bei Becher mit einem alten Mann ins Hotel zurück. Er erzählte mir, dass er sechs Monate im Norden unter Waldarbeitern, verbannten Kulaken und politischen Sträflingen gelebt habe – jenseits des Polarkreises. Die verbannten Kulaken – Bauern, die sich nicht in die Kolchosen fügen wollten – haben sich dort, wo die Lebensbedingungen erträglich sind, sehr bewährt, sie haben gute Kolchosen gegründet und sind brauchbare Sowjetbauern geworden. Andere, die unter den starken Entbehrungen leiden, laufen im Sommer davon und halten sich als Räuber im Gebirge auf. Ich frage den Alten noch dies und jenes über die Kolchosen aus, denn das Bauernproblem, über das ich mir noch keine Meinung bilden konnte, gehört zu den schwierigsten Problemen hier. Der Mann, der mir Auskunft gab, war einer der Gründer von Worpswede gewesen. Er wurde dann Kommunist, verschenkte sein beträchtliches Vermögen und ging nach Russland. In jedem anderen Land hätte sich dieser Idealismus bitter gerächt, und der Mann hätte damit nichts erreicht, als sich lächerlich zu machen. Hier aber konnte man ihn brauchen.«[26] Der »alte Mann«, von dem Annemarie Schwarzenbach hier spricht, ist der Maler und Illustrator Heinrich Vogeler, der 1925 von Worpswede nach Rußland ging und dort im Stil des sozialistischen Realismus malte. Nach dem deutschen Überfall auf die Sowjetunion 1941 wurde er mit anderen Intellektuellen und Emigranten aus Moskau entfernt. Sein Schwiegersohn, Gustav Regler, schrieb über Vogelers Ende. »Keiner der Parteifreunde, weder Becher noch Bredel, weder Pieck noch Kurella, verwandten sich für ihn. Plivier sandte ihm ein Paket; Hungerödeme hinderten ihn bereits, etwas zu sich zu nehmen. Auf einer letzten Karte an Plivier schrieb er: ›Warum verwendet man mich nicht wenigstens? Warum lässt man mich hier, und ich sehe von meinem Stall aus nichts als die trostlose, graue Enge und den Pass, über den ich nicht mehr steigen kann?‹«[27] Heinrich Vogeler starb 1942.

Von Gorkis Referat, das er zur Eröffnung des Kongresses am 18. August 1934 hält, bekommen die Gäste nicht viel mit. »Der Kongress begann gestern um sechs Uhr. Gorki wurde geehrt wie bei uns höchstens ein Ozeanflieger. Man begrüsste ihn mit langem, stürmischem Beifall. Man stand auf und klatschte jedesmal, wenn sein Name fiel. Die ausländischen Gäste hatten sehr gute Plätze: links vor der Tribüne, wo der Ausschuss der russischen Schriftsteller Platz genommen hatte. Trotzdem war es für uns nicht ergiebig – wir verstanden natürlich nichts von den Reden, die gehalten wurden. Die Russen sagten uns, dass Gorki so undeutlich gesprochen habe, dass auch sie – trotz der Verstärkung durch den Lautsprecher – wenig verstanden hätten. Aber Kongresse fangen immer auf diese Weise an.«[28]

Ein letztes Mal dürfen sich auf dem Kongreß auch Radek, Bucharin und Pasternak öffentlich äußern. Radek verteidigt den sozialistischen Realismus und legt ein flammendes Bekenntnis für ihn ab. »Radek ist das Enfant terrible der Revolution. Das plagt ihn, und er benützt alle Gelegenheiten, eine Beichte abzulegen und ausfällig gegen die zu werden, die ihrerseits nicht orthodox und stubenrein sind«, bemerkt Annemarie über ihn.[29]

Pasternak und Bucharin melden dagegen ihre Vorbehalte an und kritisieren die schriftstellerische Tätigkeit einiger »Hofpoeten des Bolschewismus«, darunter auch Majakowski und Demjan Bednyj.[30]

Bucharin wird vier Jahre später im Verlauf der Säuberung, die im Dezember 1934 im großen Stil beginnt, erschossen, Pasternak erhält Publikationsverbot.

In der euphorischen Stimmung des Kongresses, der von Stalin propagandistisch geschickt inszeniert wird, ist die politische Situation und der Druck auf die sowjetischen Schriftsteller für die Gäste schwer zu durchschauen. »Hier zwingt man keinen Dichter zur Verherrlichung des Sowjetstaates«, schreibt Annemarie, »aber sie kennen keine anderen Themen. Sie schreiben über Zement und neue Erde unterm Pflug, über Hochöfen in Sibirien, über Tscheljuskin. Sie alle denken an nichts anderes als an den Aufbau des sozialistischen Staates. Ich habe kein Gespräch gehört, worin nicht direkt oder indirekt davon die Rede gewesen wäre. Das ist nicht nur bei den Schriftstellern so, mit denen wir hier meistens zusammenkommen.«[31] Nur in betrunkenem Zustand wagt man, sich offen zu äußern. »Becher sagte uns, dass es falsch sei, die grossen Gebiete der Lyrik und der reinen Empfindung vom Kommunismus auszuschließen, als sei er nicht imstande, eine von allen Seiten des Lebens erfüllte und erst dann wirklich lebendige, komplexe Welt zu schaffen. ›Kein Wunder‹, sagte er, ›wenn unsere Arbeiter Hermann Löns lesen – wir bieten ihnen ja nichts.‹ Und als es schon spät war, sagte er plötzlich: ›Man kann ja dieses Zeug, diese Tatsachenromane, schon nicht mehr lesen.‹ Aber in nüchternem Zustand hätte er das nicht gesagt.«[32]

Die deutschen Schriftsteller, die zu dieser Zeit schon zahlreich emigriert und deren Bücher öffentlich verbrannt worden sind, sehen die Sowjetunion nicht nur als Versuch einer neuen, gerechteren Gesellschaft. Sie bringen ihr auch als Gegenpol zu den Westmächten, die viele aufgrund ihrer »Appeasement«-Politik für Hitlers erfolgreichen Aufstieg verantwortlich machen, Sympathien entgegen. Daß die Komintern-Weisung an die KPD, die Sozialdemokratie und die bürgerlichen Parteien nicht mehr zu unterstützen, für den Sieg der NSDAP mitverantwortlich gewesen ist, läßt man unbeachtet.

Auch Annemarie Schwarzenbach, die Großbürgerin und Ästhetin, kann sich dem Zauber des Sowjetreichs nicht ganz entziehen, zumal die Gäste »ausgezeichnet« behandelt werden. Mit Autos werden sie vom

Bahnhof abgeholt und ins exklusive Hotel »Metropol« gebracht. »Ich hatte erwartet, dass man bei irgendeiner Gelegenheit danach befragt werde, wie man zur Partei stehe. Niemand scheint sich dafür zu interessieren. (...) Balder Olden – wie wir ein Gast, aber kein Parteimitglied, sondern von der ›bürgerlichen Linken‹ kommend – sagte mir letzthin, allein die Achtung, die hier dem Schriftsteller entgegengebracht werde, die guten Beziehungen, unter welchen er arbeite, der Einfluss, der ihm eingeräumt werde, müssten uns davon überzeugen, dass hier besser zu arbeiten sei als in irgendeinem anderen Land. In der Tat hört sich alles ein wenig wie im Schriftsteller-Schlaraffenland an.«[33]

Das Hauptreferat hält Maxim Gorki. Sein Thema: der Gegensatz von individuellem und kollektivem Schaffen. Seine Schlußfolgerung: Erst die Kollektivarbeit trägt zur Selbsterziehung und Selbstbestärkung bei und ist notwendige Voraussetzung für eine freie Entwicklung der Individualität.[34]

Die bürgerliche Literatur beschuldigt er, durch ihren Individualismus den ausbeutenden Klassen zu dienen, weshalb die Sowjetliteratur, obwohl in ihrem Ausdruck noch nicht vollendet, die bessere Literatur sei. Auch den Nationalsozialismus greift Gorki scharf an, er ruft zur weltweiten Einheitsfront gegen den Faschismus auf. Die Weisung lautet jetzt »Einheitsfront«: Alle oppositionellen Kräfte sollen gegen den Nationalsozialismus und den Faschismus gebündelt werden.[35] »Die Losung ist jetzt ausgegeben«, bemerkt Annemarie ironisch zur neuen Strategie der Kommunisten: »Toleranz, markierte Einheitsfront mit den ›Sympathisierenden‹ und den ›Linksbürgerlichen‹ – alles Kategorien, mit denen hier viel und gern operiert wird –, und so werden wir mit wohlwollender Achtung behandelt. Doch scheint mir die Losung bei den Russen echter und mehr von Herzen zu kommen als bei den westlichen Kommunisten, die eben, wie alle Deutschen doktrinär, autoritätssüchtig und bürokratisch sind.«[36]

Annemaries Stellung auf dem Kongreß ist schwierig. Sie ist eine der wenigen Frauen auf dem Kongreß und wahrscheinlich die einzige Teilnehmerin aus der Schweiz.[37] Für die deutschen Schriftsteller bleibt die reiche Schweizer Industriellentochter eine interessierte Randfigur, die in keiner Weise ihr Schicksal teilt. Oskar Maria Graf schreibt über die Begegnung mit Klaus und ihr: »Klaus Mann begrüsste mich als ›Landsmann‹ und stellte mir seine hübsche, elegante, junge Begleiterin, ein Fräulein Schwarzenbach, vor. Es handelte sich bei ihr um eine schreibende Millionärstochter aus der Schweiz, die aus Spielerei und wahrscheinlich, um sich irgendwie interessant zu machen, regen Verkehr mit Prominenten pflegte und grosse Reisen machte.«[38]

Nun ist es natürlich bedauerlich, daß die einzig überlieferte Äußerung über Annemarie in Moskau ausgerechnet von Graf stammt, der den zwei Freunden in vielem diametral entgegengesetzt ist. Annemarie und Klaus äußern ihrerseits genauso ihr Befremden über den deutschen Kollegen, der sich auf dem Kongreß ausschließlich in bayerischen Lederhosen zeigt, und mit seiner überschwenglichen bayerischen Herzlichkeit einige Menschen geradezu in Angst und Schrecken versetzt.

Annemarie ist sich ihrer randständigen Position durchaus bewußt und bedauert mit sarkastischem Unterton, daß die Nazis ihr im Gegensatz zu Klaus nicht zur »gründlichen Befreiung« verholfen hätten.[39] Doch sie läßt sich dadurch offensichtlich nicht allzusehr einschüchtern und nimmt statt dessen regen Anteil an den Debatten über die Stellung und über die Möglichkeiten der Literatur. Ihre »Notizen zum Schriftstellerkongress in Moskau« zeigen, daß sie die schwierige politische Situation der Exilschriftsteller mitreflektiert und gut über die aktuellen Strömungen in der Literatur Bescheid weiß.[40]

Am 20. August sind alle Kongreßteilnehmer bei Gorki zu Hause eingeladen, wo sich später am Abend auch Kaganowitsch, der zweite Parteisekretär, und Woroschilow, der Chef der Roten Armee einfinden. »Es war ein wahrhaft asiatisches Festmahl. Die langen Tische bogen sich unter den Fleischplatten, den Truthühnern, den Fischen und Pasteten. Türme aus Butter, Berge aus Weiss- und Schwarzbrot standen vor uns, Wodka, kaukasischer Wein, russischer Cognac. Man tafelte, man hielt Reden, man erhob sich: auf den Ernährungsminister, auf den Genossen, der sich um die Sowjetkinder kümmert, auf den Ersten des Rats, auf den Dichter Ehrenburg, auf Stalin. Auf Bredel, der dreizehn Monate im Konzentrationslager gewesen war, auf den heldenmutigen Kampf der deutschen Arbeiter. Graf war betrunken und umarmte die Sowjetwürdenträger, und einer von ihnen rief erschrocken aus: ›Das ist ja kein Mensch, sondern ein Seeungeheuer!‹«[41]

Beeindruckender aber als Festbankette und große Reden sind für die ausländischen Schriftsteller die zahlreichen Veranstaltungen, die im ganzen Land im Zuge des Kongresses stattfinden und die Begeisterung für Literatur, die darin spürbar scheint. Ein Teilnehmer des Kongresses schreibt: »Im ganzen Land wird der Schriftstellerkongreß von zahllosen öffentlichen Veranstaltungen begleitet, bei denen Dichterlesungen stattfinden, Diskussionen mit dem Publikum zur Frage der Verbindung zwischen Lesern und Schriftstellern.«[42] Die Gäste sind tief beeindruckt davon, wieviel dafür getan wird, das Publikum für die Werke der Schriftsteller zu interessieren. »Sogar die Schulen halten anläßlich des Schriftstellerkongresses Lesungen und Diskussionen ab und übermitteln in Briefen und Telegrammen ihre Wünsche an den Kongreß.«[43]

Auch Annemarie zeigt sich angetan von der Literaturbegeisterung in Moskau: »Das Interesse an der Literatur ist hier ungeheuer. Es ist, von dem Wenigen, was wir bisher gesehen und erfahren haben, die auffallendste und erstaunlichste Tatsache. Kolzow, der uns gestern bei sich empfing, sagte uns, dass die einzige Schwierigkeit der Papiermangel sei.«[44]

In die Begeisterung aber mischen sich schon bald Töne der Ermüdung und der Kritik. Der Individualismus und das Individuum, beides heiß diskutierte Themen des Kongresses, sind für Annemarie und Klaus zu elementar, als daß sie sie leichtfertig einem Kollektiv unterordnen könnten. »Hier gelten augenblicklich nur die Bücher, die den Bau einer neuen Fabrik, das Leben der Komsomolzen, die Taten der Stossbrigaden, die Fortschritte der Kolchosen schildern. Das ist recht, weil es dem Bedürfnis einer Leserschaft von Millionen entspricht, aber es ist nicht absolut recht. Es wird Zeiten geben, und es wird in Russland bald soweit sein, da andere Interessen auftauchen, andere Wünsche erwachen, die jetzt nicht recht in das Bewusstsein treten, weil die dringendsten Aufgaben die Menschen ganz beanspruchen. Moskau ist die Stadt ohne Erotik, die Stadt ohne Landschaft, ohne Gerüche von Wasser, von Gärten, sterbendem Sommer, leichtem Herbsthimmel. Aber all das wird wiederkommen. Die Menschen werden wieder Gedichte und Lieder singen, in denen nicht von den Werken des Aufbaus die Rede ist. Sie werden Dichter lieben, die die unsterbliche Trauer im Herzen tragen.«[45]

Auch der unverhohlene Militarismus – für Annemarie ein ganz besonders heikler Punkt – und die Technologiebegeisterung, die, von Stalin verordnet, durch zahlreiche Flug- und Fallschirmspringershows demonstriert wird, machen Annemarie skeptisch: »Die Menschen sind hier von einer manchmal aufreizenden Heiterkeit. Ich bobachtete gestern, am grossen Flugtag, die Dichter Tretjakow und Fedin – sie sprachen nur von Flugzeugen, Fallschirmen, Jagdstaffeln, sie waren besorgt, als ein Gewitter ausbrach, sie strahlten, als es rasch vorüberging, sie waren begeistert, als das Riesenflugzeug ›Maxim Gorki‹ langsam heranbrauste.«[46] »Ich fürchte mich aber vor dieser Welt, und ich glaube, dass der Dichter immer in Opposition zu der hellen Welthälfte der Tatsachen steht, dass Leiden und Widersprüche ihn reif machen und dass es immer nur seine Sehnsucht ist, die ihn glauben lässt, er sei mit diesen Dingen, mit den Werken und Herzen der Arbeiter einig und eins. Heimlich nährt er doch in sich die Todessehnsucht, den Zweifel und die Liebe.«[47]

Die Freunde verlassen Moskau mit gemischten Gefühlen. Die »neue« Welt, die hier gebaut werden soll, ist nicht die ihre. In Leningrad, der langsam verfallenden alten Residenz, mit ihrem bürgerlichen Flair, können sie sich gemeinsam noch etwas von dem Moskauer Optimismus und Aufbaugeist erholen, bevor Klaus Mann am 28. August den Zug nach Westen nimmt. Annemarie bleibt noch ein paar Tage in der Stadt an der Newa, dann fährt sie für kurze Zeit zurück nach Moskau und nimmt dort den Zug über den Kaukasus weiter in Richtung Persien, um sich, wie sie es im Frühjahr mit den Archäologen vereinbart hatte, an den Ausgrabungen zu beteiligen. Ihre Erfahrungen, die sie dabei sammelt, wird sie zusammen mit Erlebnissen aus ihrer ersten Vorderorientfahrt zu den Erzählungen *Der Falkenkäfig* zusammenfassen. »Natürlich ist der Grundton syrisch und daher schwermütig einsam«, hatte sie bereits am 4. Juli 1934 an Klaus Mann darüber geschrieben, »das von Europa Gelöste drückt sich etwa darin aus, dass die jungen Leute sich wie ›meuternde Soldaten‹ fühlen – und alles ein wenig bitter belächeln und hassen und auch wieder lieben, was von dort kommt.«[48] Auf ihre spätere Anfrage, einige Erzählungen in der *Sammlung* abzudrucken, geht er allerdings nicht ein.

In diesen Wintermonaten, die Annemarie in Persien verbringt, trifft sie auch Claude Clarac, den französischen Diplomaten in Teheran, wieder[49], zu dem sie schon bei ihrem ersten Treffen anläßlich ihres vorangehenden Aufenthalts spontane Zuneigung empfand. Auch Claude Clarac war von der jungen Schweizerin mit der außergewöhnlichen Ausstrahlung sehr angetan. Obwohl er ebenso wie Annemarie homoerotische Neigungen hat, ist sie eine Frau, deren Nähe er bald nicht mehr missen will.

Hochzeit in Teheran

Der Plan Annemarie Schwarzenbachs, den französischen Diplomaten in Teheran, Claude Achille Clarac, zu heiraten, kommt für alle relativ überraschend. Erika, die mitten im Kampf um die »Pfeffermühle« steht, hat im Dezember 1934 nur einen recht bösen Kommentar an Klaus dazu parat: »Ja, A. schreibt, daß sie den jungen Legationsrat heiratet. Sie muß aber erst zuhause fragen, ob sie einen ›französischen Katholiken‹ nehmen darf, – schreibt sie wörtlich. Gut so. Mir wäre Frontenführer Henne lieber gewesen für sie. Denn er äußerte zu einer Dame, die es mir selbst erzählte, daß er zur Front *nur* gegangen sei, aus Dégout und eines Korbes wegen, den A. ihm gab. Zu schweigen vom Feldzug gegen uns, den er natülich nur aus diesem Grunde leitete. Er aber ist der sogenannte Führer und die Schweiz wäre gerettet, nähme Prinzeßchen ihn in ihre Arme.«[50]

Schon im Mai 1934 hatte Annemarie Klaus von Claracs brieflicher Ehe-Anfrage geschrieben, doch hatte sie den Antrag gleich mit den Worten »was solls, man hätte doch zuviel Heimweh« abgetan.[51] Im Winter 1934 aber, als sie Clarac während ihres zweiten Aufenthalts in Persien wiedersieht, erscheint ihr die Idee verlockender. Zum einen ist ihr Claude als Freund und Mensch wichtig: »Sie hatten sich so viel zu sagen, daß sie ganze Nächte lang redeten. Und die Leute begannen zu fragen, wann sie denn heiraten würden. Es war eine Art Seelenverwandschaft, die sie verband; als sie heirateten, war es allerdings ein großer Skandal in Annemaries Familie. Wissen Sie, die Familie bewunderte Bismarck und die Deutschen, und Claude Clarac war Franzose.«[52] Annemarie verspricht sich von Clarac und von der Ehe aber auch eine Sicherheit, die ihr in den Wirrnissen des letzten Winters abhanden gekommen ist. »Dieser Winter ist zwischen heute u. dem vorigen u. vorvorigen Jahr wie eine Waldschlucht, so viel ist im Schnee begraben, so viel was ich für Bindungen hielt, ist plötzlich wie aufgelöst – u. ausser Euch, ist fast nur jener Claude, den ich ungern, ungern verlieren würde. Es ist nicht ganz begreiflich, aber ich brauche wohl nicht nur den neuen Rahmen, sondern auch *ihn* als Träger u. Person, um mich wieder sicher zu fühlen. Abgesehen davon, dass er so sehr darauf besteht, u. mit solch liebevoller Intensität, u. ich ihm ungern Schmerz zufüge.«[53]

Ein letzter und vielleicht der wichtigste Grund ist auch dieses Mal die

Hoffnung, mit der Familie, vor allem der Mutter, Frieden schließen zu können. Zwar ist Clarac als Franzose und Katholik – für Renée wahrscheinlich ein Synonym für Verweichlichung, römische Hörigkeit und Degeneration – wirklich nicht der Traumkandidat – außerdem stammt er aus einer erzkatholischen Familie aus Nantes/Frankreich –, aber immerhin und endlich ein männlicher Kandidat, mit dem sich die Tochter liieren will. »Diese *Heirat* [würde] *ganz u. gar* genügen, um meine Familie im engen u. weiten Sinn zu beruhigen. Ich habe schon Proben davon, dass sie mich dann ganz *freisprechen* würden – von diesem Frieden verspreche ich mir viel«[54], schreibt sie an Klaus. Doch Renée läßt sich durch solche Planspiele nicht hinters Licht führen, und wahrscheinlich macht sich Annemarie auch über die Akzeptanz der anderen Familienmitglieder falsche Hoffnungen. Die ganze Konstruktion ist, nach allem was bisher bereits vorgefallen ist, einfach zu durchschauen, auch wenn die Familie vielleicht nichts über Claracs Homosexualität wußte. Renée stellt die Tochter zur Rede, was der eigentliche Grund für ihre Heiratsabsichten sei, und Annemarie antwortet ihr wahrheitsgetreu. »Ich habe meiner Mama gesagt, dass sie doch eigentlich ziemlich genau Bescheid wissen müsse, über alles was sie etwa an der ›Ungewöhnlichkeit‹ meiner Heiratsabsichten störe – u. dass es zwar alle Onkels u. Tanten stören dürfe, aber doch nicht sie, die mich kenne. (...) Plumpe Lügen kann ich ihr nicht anbieten, es würde ihre Sorge vermehren u. sie doch keinesfalls täuschen – Dass ich aber einfach einen Menschen haben will, u. zu diesem Zwecke einen wähle, mit dem ich auskommen kann – das ist einfach u. glaubwürdig, u. dass dafür Claude geeigneter ist, als ein enorm fremdartiges, weil enorm männliches Wesen, das weiss Mama nun auch, – wenn sie es auch um ein Haar dahin bringen wollte, ihn als ›Schwächling‹ herabzusetzen, den ich aus purer Bequemlichkeit heirate. (...) Die Lage ist also geklärt, ich fahre allein, Mama erhofft sich von dem ganzen nichts weil sie es einerseits ›durchschaut‹, andererseits aber der Tradition entsprechend, denkbar negativ auslegt u. deshalb ablehnt.«[55]

So reist Annemarie am 16.4.35 allein zu ihrer Hochzeit nach Teheran, die Mutter begleitet sie nur bis Triest. Was während dieser Fahrt zwischen den beiden gesprochen wurde, kann man leider nur vermuten.

Es gibt zwei Voraussetzungen, die Clarac bei der Eheschließung akzeptieren muß: Die Freundschaft zu Erika und Klaus Mann und ihre Arbeit werden Annemarie immer das Wichtigste sein. Claude zeigt dafür

Persien, Juli 1935: Annemarie und ihr späterer Ehemann Claude Clarac-Schwarzenbach

Verständnis. In Beirut holt er die junge Braut vom Schiff ab und bringt auch gleich sein Hochzeitsgeschenk für sie mit, einen alten Buick. Mit zwei Wagen fahren sie über Palmira, Mossul und das iranische Kurdistan nach Teheran. In Palmira steigen sie im Hotel Marga d'Andurain ab, das den Namen einer extravaganten Frauengestalt trägt, die Annemarie in einer ihrer Erzählungen portraitieren wird. Am 21. Mai findet in der französischen Gesandtschaft in Teheran die Hochzeit statt. Durch die Ehe mit Claude Clarac wird Annemarie Französin und bekommt einen Diplomatenpaß, der ihr das Reisen künftig erleichtern wird. Ihre Artikel veröffentlicht sie nun unter den Namen Annemarie Clarac,

Annemarie Clarac-Schwarzenbach oder in der amerikanisierten Form Clark und Clark-Schwarzenbach.

Alle Hoffnungen Annemaries, in der Ehe nun Sicherheit, gesellschaftliche sowie familiäre Akzeptanz und eine Heimat zu finden, erfüllen sich jedoch nicht. Auch wenn Clarac seiner jungen Frau alle Freiheiten läßt, es ist nicht mehr das selbstbestimmte Reisen, das Arbeiten auf Ausgrabungsstätten oder das Hineintauchen in die Magie dieses Landes, das sie nun in Persien erlebt. Dieses Mal ist sie die Gattin eines französischen Diplomaten mit allen gesellschaftlichen Verpflichtungen und privaten Leerläufen.

Annemarie fühlt sich isoliert, einsam und vom kindlich ergebenen Clarac unverstanden. Außerdem können sich beide dem Erwartungsdruck nicht konsequent widersetzen, als ein »richtiges« Ehepaar aufzutreten. Annemarie fühlt sich verpflichtet, als Ehefrau für Claude zu sorgen und ihre Pläne, was Reisen, Geld, Aufenthaltsorte und Domizile angeht, mit den seinen abzustimmen. Claude seinerseits ist Annemarie ehrlich ergeben und sehr zugetan, ihre Probleme aber und ihre komplizierte Persönlichkeit versteht er nicht. »Er liebt sie immer noch, nach so vielen Jahren. Sehen Sie, was das für ein Drama ist?« fragt mich Ella Maillart, denn zufällig ist an dem Tag meines Besuches bei ihr ein Brief von Claude Achille Clarac angekommen. Er hatte Ella Maillart während eines Fernsehauftrittes gesehen und schrieb ihr nun, wie sehr ihn das wieder an Annemarie erinnert habe, die er immer noch vermisse.

Klimatisch ist Teheran eine Tortur. Die Sommermonate sind glühend heiß, und im Winter, der häufig eisig kalt ist, ist der Postweg über die verschneiten Berge unterbrochen. Claude versucht alles, um seiner jungen Frau das Leben in Persien angenehm zu machen. Um der großen Sommerhitze zu entgehen, die sich bereits ankündigt, mietet er 20 km von Teheran entfernt, in Fermanieh, ein Landhaus in der Nähe der Berge, das zuvor dem persischen Prinzen Firouz[56] gehörte. Claude Clarac läßt Möbel und Geschirr aus seiner Teheraner Wohnung hierherbringen, so daß es Annemarie an nichts fehlt.

Das Gebäude ist mit seinen verputzten Ziegeln und den vielen Stuckdekorationen ganz im regionalen Stil gehalten. Vor dem Haus befindet sich ein altes Bewässerungsreservoir, das nun als Schwimmbecken dient. Um es zu erreichen, muß man einen kleinen Abhang im Garten hinuntergehen. Wenn Claude Abendgesellschaften am Pool gibt, wird der Weg mit Laternen beleuchtet.[57] Vor der eindrucksvollen Kulisse des Bergmassivs genießt man dann »exclusives Diplomatenleben«. Die meiste Zeit aber ist Annemarie allein in ihrem schönen Garten. Einmal wagt sie sich in die Küche. Sie starrt vor Dreck. Um noch etwas essen zu können, betritt sie sie nie wieder.

Annemarie nutzt die Ruhe und beendet ihre Arbeit am *Falkenkäfig*. Anfang Juli schickt sie das Manuskript an Fritz Landshoff, dem Leiter der deutschen Abteilung des Querido Verlages und engen Freund Klaus Manns nach Amsterdam. Querido lehnt jedoch, wie drei weitere Verlage, eine Veröffentlichung ab. Selbst die Fürsprachen von Thomas Mann und Stefan Zweig 1936 beim Fischer Verlag helfen Annemarie nicht weiter. Erst 1989 erscheinen 10 der ursprünglich 18 Erzählungen (8 sind verlorengegangen) im Lenos Verlag.

Nach der Beendigung des *Falkenkäfigs* fühlt sich Annemarie vollkommen überflüssig in Persien. Sie versucht sich mit einem Artikel für Schweizer Zeitungen abzulenken. Vergebens. Die Einsamkeit dieses Hauses, das nichtssagende Diplomatenmilieu und die Entfernung von ihrer Familie und von den Manns sind zu viel für sie. Sie beginnt wieder, verstärkt Morphium zu nehmen. Ja, sie versetzt sich regelrecht in einen Dauerrausch. Morphium, Opium oder Eukodal in Ampullen. Die Drogen zu beschaffen ist kein Problem. Wie immer verträgt sie es schlecht, dazu kommt die Malaria. Zitternd vor Fieber liegt sie tagelang im Bett. In diesem Zustand empfängt sie im Juli Jalé, eine junge Türkin, zum Tee. Jalé ist die älteste Tochter des türkischen Botschafters in Teheran. Die junge Schönheit des Mädchens trägt bereits deutlich die Spuren ihrer Lungenkrankheit, und Annemarie ist gerührt von der blassen jungen Frau, die den Schatten des Todes in sich trägt. Die Frauen freunden sich an, denn auch Jalé leidet in Teheran. Sie leidet an der Trennung von ihrer Mutter, die ihren Mann verlassen hat, und sie leidet an dem Jähzorn ihres Vaters, der, gekränkt in seiner Mannesehre, das Leben der Tochter zur Qual macht.

Für Annemarie bedeutet die Bekanntschaft mit Jalé einen kurzen tröstlichen Moment in dieser Stadt. Sobald sie wieder bei Kräften ist, besucht sie die junge Freundin nun täglich im türkischen Viertel Teherans. Sie verbringen gemeinsam die trägen Nachmittage unter schattigen Bäumen, und manchmal, wenn es die Gesundheit Jalés, die die Sonne nur schwer erträgt, erlaubt, schauen sie den jungen Leuten beim Tennisspielen zu. Die Beziehung zwischen ihnen wird immer inniger, aber sie

Bei einem Ausflug

steht von Beginn an unter dem Vorzeichen des Todes. Wie Annemarie hat auch Jalé bereits einen Selbstmordversuch hinter sich, den sie beging, als ihre Mutter sie verließ, und auch jetzt sind die Gedanken an den Tod der einzige Trost für sie. »Oh, Inbrunst der ersten Begegnung! Ich ging, ich lief, taumelte – Du fingst mich auf«, schreibt Annemarie im *Glücklichen Tal* über diese Beziehung. »Ich war ratlos vor Zärtlichkeit, ich zitterte, ich wollte mich Deinen Händen entziehen, aber Du hieltst mich fest und bargst meinen Kopf an Deiner Brust. Als ich mich aufbäumte gegen Deine unerträglichen Liebkosungen, da neigtest Du Dich zu mir – ›Sei ruhig! Sei ruhig, mein Schmerz!‹ – Ach, Deine Stimme, allein in der Nacht! Meine Schläfen pochend gegen die Umklammerung Deiner Fingerspitzen, mein Gesicht von deinen Händen gehalten, umarmte mich

in Persien im Sommer 1935

die abgrundtiefe Trauer Deines Blickes, der erstarrt war, als seien die Quellen Deiner Tränen für immer versiegt, als sähest Du nur noch mich, und mich schon nicht mehr.«[58]

Jalés Vater bleibt die Zärtlichkeit zwischen den Frauen nicht verborgen. Mißtrauisch beobachtet er die Freundschaft seiner Tochter mit dieser Europäerin und kurz darauf verbietet er Jalé, sich weiterhin mit Annemarie Schwarzenbach zu treffen. Der Skandal ist perfekt.

Schließlich ist es die Entscheidung Claude Claracs, den englischen Kollegen in das Sommercamp am Demawend zu folgen, die die Frauen trennt. Claude hofft, daß das Hochtal Annemaries Gesundheit bessern hilft. Noch immer scheint er zu glauben, Annemaries fiebrige Zustände seien allein auf die Malaria zurückzuführen. Ihre Drogensucht realisiert

Persien, Juli 1935: Im Jagdlager eines persischen Prinzen

er ebensowenig, wie Annemarie sie sich selbst eingesteht. Ende Juli verlassen sie Teheran, um Abala zu erreichen. Von dort aus beginnen sie zu Fuß oder auf dem Rücken von Mulis den mühsamen Aufstieg ins 80 km entfernte Hochtal. Nach acht Stunden auf dem gebirgigen Pfad sehen sie in der Ferne die weißen Zelte der Engländer am Ufer des kühlen Lahr Flusses.

Am gegenüberliegenden Ufer kann man die Tschaikhane sehen, die persischen Herbergen, wo sich Reisende um ein Samowar versammeln, und wo die Luft getränkt ist von dem süßen Geruch des Opiums.

Auch hier oben ist die Hitze noch drückend. Erst am Nachmittag wird es etwas kühler, so daß man die Zelte verlassen kann, um Forellen zu fischen, im kühlen Bergfluß zu baden oder sich in der Strömung treiben zu lassen. In der flirrenden Hitze des Tages dagegen erscheint das Gebirge unwirklich, und das Tal wird für Annemarie zur Metapher einer Sackgasse, aus der sie keinen Ausweg mehr sieht. Verstärkt durch ihre hoffnungslose Liebe zu Jalé kreisen ihre Gedanken in diesem Zeltdorf um Verzweiflung und Tod. Sie beginnt *Tod in Persien* zu schreiben, das sie später euphemistisch in das *Das glückliche Tal* umbenennen wird. Im

Mittelpunkt steht die Rekonstruktion des hoffnungsvollen Anfangs, eine neue Welt zu entdecken und die Fesseln des vorgegebenen Weges zu verlassen; Die Freiheit der Entscheidung, die man einmal gehabt hat, und die sich doch als eine trügerische erwiesen hat, da es eine Befreiung von den Erinnerungen und von der eigenen Geschichte nicht gibt. Das Abenteuer des Aufbruchs bleibt überschattet von dem Gefühl, etwas verraten zu haben, und von dem Gefühl der Schuld. »Ich habe mich, seitdem ich ein Kind war, nicht verändert: die gleichen Sehnsüchte, die gleichen Zweifel. Nur bin ich jetzt auf der Hut. Damals waren alle Wege offen – warum ließ ich es mir nicht daran genügen, warum mußte ich so hartnäckig den Umwegen, Irrwegen folgen –, und alle endeten hier oben, in diesem ›Glücklichen Tal‹, aus dem es keine Rückkehr mehr gibt. Persien? – Fremde? – Ich trete aus der niedrigen Tür des Tschaikhanes – ich könnte auf einer Schafalp sein, hoch oben am Julier-Paß. So denke ich beim Anblick der grünen Matten – aber was sollen solche Vergleiche!

Sie sind nur Umwege der Erinnerungen, Schleichwege des Heimwehs – und dieses Wort möchte ich schon gar nicht laut werden lassen. – Wir haben in Persien gelernt, uns vor unnötigen Kämpfen zu hüten. Man sollte sich seine Feinde wählen wie seine Ziele: den Kräften gemäß, über die man verfügt. (...) Ich war frei, durfte wählen! Archäologie, Reise und Abenteuer, Fundstätten auf den Alexander-Routen, den Trümmerfeldern Asiens – ›Istanbul, Archäologisches Institut‹: die erste Adresse der Ferne. Unvergeßliche Stunde des Aufbruchs! Das Leben stand auf der Schwelle des Schlafwagens, der mich durch die Balkanländer trug (...). Ich aber kannte die Bedeutung der Worte nicht; ›Freiheit‹ und ›Unfreiheit‹, sie konnten mir nichts anhaben. Da glänzten im Morgenlicht die Mauern des alten Byzanz, die Kuppeln Konstantinopels (...). Hätte ich wissen müssen, wohin die Wege meiner Freiheit führen?«[59]

Die biblischen Motive häufen sich. Alttestamentarische Geschichten von Schuld und Strafe, die die Dimension ihres Gefühls von Schuld erahnen lassen. Die Entdeckung der Welt nicht als Abenteuer, sondern als Verrat, Verrat vor allem an der Mutter, weshalb er bestraft werden muß.

Eine Fußverletzung und Infektion zwingen Annemarie, nach Teheran zurückzukehren. Am Abend ihrer Ankunft trifft sie Jalé auf einem großen Diplomatenempfang wieder, den der persische Außenminister gibt. Annemarie ist erschrocken über die Zeichen der Krankheit, die sich tief in das geliebte Gesicht gegraben haben. Unter den strengen, distanziert höflichen Blicken des türkischen Botschafters können die beiden Frauen nur ein paar Worte miteinander wechseln. Kurz spielt Annemarie mit dem Gedanken, mit Jalé nach Istanbul zu fliehen.[60]

Am nächsten Tag muß das Bein notoperiert werden. Die Operation findet ohne Narkose statt. Annemarie bleibt acht Tage im Krankenhaus. Jalé besucht sie dort. Es wird das letzte Mal sein, daß sich die Frauen sehen. Jalés Zustand hat sich so alarmierend verschlechtert, daß ihr Vater sie in das russische Hospital in Teheran bringen läßt. Vier Jahre später schreibt Annemarie in Erinnerung an die Freundin: »Und im Morgengrauen begegne ich Deinem Blick, der unverändert auf mir ruht. Erschöpft, still, noch ungläubig und tief verwundert frage ich: ›Du also wirst mich aus Deinen Händen entlassen? Du wirst die Stunde bestimmen? Du wirst mir die Verletzungen zufügen und mich den wartenden Tieren ausliefern? Du, geliebtes Herz, Du also wirst es sein?‹ – Statt aller Antwort neigst Du ein wenig Dein Haupt. – Ich wußte es! Keine Antwort, keine Erlösung, kein Trost! – Aber wie Du so, kaum merklich, die Stirn beugst, steigen Springbrunnen des Erbarmens, strömen Tränen der Reue – wer muß denn hier getröstet werden ...?«[61]

Sobald sie das Krankenhaus verlassen kann, kehrt Annemarie zurück ins Zeltlager. Sie weiß, daß Jalé sterben wird. Der Sommer neigt sich seinem Ende zu. Auf dem Hochtal trocknet der Fluß langsam wieder aus, und die Schneekuppeln des Demawend sind bis auf sein ewig weißes Haupt ganz weggeschmolzen. Die Zeltgesellschaft bereitet sich zum Aufbruch vor.

In Teheran zurück, klammert sich Annemarie an die Hoffnung, daß Klaus sie bald besuchen werde und sie ihm etwas von diesem Land zeigen könne. Gemeinsam wollen sie dann Erika in Palästina treffen, die dort ein Gastspiel mit der »Pfeffermühle« plant. »Klaus-Heinrich, mein sehr Lieber (...). Unsere Reisepläne: unter uns – habe ich mit Claude noch nicht davon gesprochen, dass ich ihn im Herbst verlasse. Er hofft sehr, dass Du kommst – ich denke, auf dem kürzesten u. einfachsten Weg, dem russischen – September wäre dafür eine gute Jahreszeit. Wir könnten dann das merkwürdige, feindliche Land zusammen besehen – u. ich mit Dir, auf längerem Wege?, zurückkehren. Claude wird es bis dahin selbst einsehen – es ist zu absurd, dass ich hier den Winter als Diplomaten-Nesthäckchen durchtaumeln soll – im Sommer ist es anders, besser, freier u. ländlich.«[62] In den nächsten Wochen versorgt sie Klaus mit den nötigen Reisetips. Claude fügt noch zwei Empfehlungsschreiben der französischen Botschaft hinzu. Annemarie berät Klaus bezüglich Zügen, Kleidung und Hygiene und schickt ihm auch das Geld für die Fahrt. »Hört sich das alles artig an? Ich lasse Dir, Anfang September, 300 Schw. frs. schicken – Du wirst sehen, dass die ganze Reise bis Pehlevi nicht mehr kostet – fahre aber *durch Russland* I. Klasse, der Unterschied ist minimal, was den Preis betrifft, aber gross in Bezug auf Annehmlichkeiten. – Einmal im Iranischen, brauchst Du ja dann kaum mehr Geld u. bis zum Heimreise-Termin habe ich wieder etwas«.[63] Ende September aber sagt Klaus die Reise ab. In seinen Tagebuchaufzeichnungen vom 19.9.35 vermerkt er: »Anruf von E. (aus Mährisch-Ostrau) – die mir *dringend* abrät zu reisen. (Malaria in Teheran; nahender Krieg; Miros miserabler Zustand.) Nun absolute Ungewissheit (...) ich habe selbst ein mulmiges Gefühl (...).«[64] Einen Tag später steht es definitiv fest. Das russische Visum verzögert sich und bietet einen wilkommenen Anlaß, sich nicht auf ein persisches Abenteuer mit der drogenabhängigen Freundin einzulassen, zumal Klaus selbst ständig gefährdet ist, zuviel zu konsumieren und sich ganz dem Rausch zu überlassen. Auch Annemarie, die nur noch in Persien blieb, um den Freund dort zu treffen, ist im Grunde erleichtert. »Ich bin, zunächst, traurig weil Du nicht kommst – aber es ist vernünftig und heisst am Ende, dass ich schneller fort kann –.«[65]

Der einzige verbleibende Lichtblick in diesem persischen Spätsommer des Jahres 1935 ist die Bekanntschaft mit der Amerikanerin Barbara Hamilton-Wright, die Claude Clarac drei Jahre zuvor in Washington kennengelernt hat. »Barbara ist hinreissend, und sehr klug, und ganz nach unserem Herzen. Ausserdem hat sie mich gern – Du weisst, das wirkt Wunder, und ich gewinne täglich an Lebensmut. Wir fahren noch zusammen nach Persepolis – ich *wünschte*, Du wärst hier und dabei! – Und Persien erhält nochmals seinen alten Zauber, und Claude wird von mir mit gerechteren Augen betrachtet. (...) ich habe, glaube ich, die Hölle an unfasslichen Zuständen hinter mir (...) wäre nicht – eben noch – Barbara eingetroffen und hätte mich zurückgeholt, ich hätte es hier nicht mehr geschafft, und auch den Entschluss nicht, wegzufahren«[66], schreibt sie an Klaus.

Ende Oktober verläßt Annemarie Persien endlich. Sie ist voller Pläne für den Winter. Ein kurzer Besuch auf Bocken, dann Erika treffen und wenn möglich mit ihr und Klaus zusammen den ganzen Winter in Sils verbringen.

Der Kampf mit den Drogen

Der Weg führt sie aber nicht ganz so direkt in die beschauliche Bergwelt des Oberengadin, wie es sich Annemarie in Persien vorgestellt hat. Der starke Drogenkonsum, die persische Sonne und die Strapazen der langen Rückreise haben an ihren Kräften gezehrt. Zeitweise auf knapp 50 Kilo abgemagert und mit morphinistisch entrücktem Blick kehrt sie in die Schweiz zurück. Ihr schlechter gesundheitlicher Zustand ist offensichtlich. Nach ihrem ersten Besuch in Küsnacht am 5. November notiert Thomas Mann über Annemarie in sein Tagebuch: »Lieb und morphinistisch.«[67] Mehr hatte der »Zauberer« dazu nicht zu sagen.

Einige Tage später begibt sich Annemarie in ein Sanatorium nach Prangins bei Nyon, wo sie in Betreuung von Professor Auguste Forel einen Entzug versucht. Ähnliche Versuche, der Droge mit ärztlicher Hilfe zu entkommen, werden folgen. Es ist möglich, daß die Eltern ihr einen Entzug nahegelegt haben, als die kritische Verfassung der Tochter nicht länger zu übersehen war. Wahrscheinlich aber hat sich Annemarie selbst in Behandlung begeben, als sie merkte, wie unhaltbar ihre Situation geworden war, und daß sie in diesem Zustand vor den Augen Erikas nicht bestehen konnte. Schließlich hat sie vor, die Freunde in ihrem politischen Kampf zu unterstützen. Für Fluchten in die »schreckliche Erleichterung« des Rausches soll da kein Platz mehr sein.

Die ersten Wochen in Prangins sind für die schwer Süchtige die Hölle. Forel verringert schrittweise die tägliche Dosis und setzt sie schließlich vollends ab. Schon die niedrigere Dosierung ist für Annemarie strapaziös. Sie leidet unter Krämpfen und hat ständig das Gefühl, die Knochen würden ihr im Leibe brechen. Das Schreiben bereitet ihr Mühe. Ihre sonst klare und gut lesbare Handschrift wirkt unkoordiniert, die Buchstaben sind klein und unleserlich. Die Behandlung wird mit Barbituraten fortgesetzt, wie es damals als Drogentherapie üblich war. Erst am 17.11.1935 ist Annemarie überhaupt wieder in der Lage, ein Lebenszeichen von sich nach außen dringen zu lassen: »Klaus, mein sehr Lieber, ich benutze den ersten halbwegs erträglichen Augenblick dieses grausigen Tages, um Dir zu sagen: es lohnt sich nicht – keine Vergnügungssucht, u. keine moralische Leere die man sich erleichtern will – es ist zu entsetzlich nachher.«[68]

Der Entzug bleibt schmerzhaft und demoralisierend. Annemarie verliert vollkommen den Lebensmut. Nur daß Forel ein Jude ist, dem die Familie nun die Tochter anvertraut, kann ihr ein kleiner, schelmisch goutierter Trost sein. Ansonsten herrscht Niedergeschlagenheit. Forel, eine Kapazität auf dem Gebiet der Psychiatrie, begleitet den körperlichen Entzug mit langen Gesprächen, in denen er versucht, mit der 27jährigen an den Ursachen ihrer Sucht zu arbeiten. Arzt und Patientin mögen sich, was die Arbeit erleichtert. Doch eine tiefere Ursachenanalyse ihrer Drogensucht wehrt Annemarie konsequent ab. »Was Forel psychiatrisch von mir will, ist mir noch *immer* nicht so klar wie es nach den Gesetzen dieses Zauberberg-Hauses sollte«, schreibt sie an Klaus.[69]

Annemarie glaubt im Prinzip jedoch, die Ursachen zu kennen. Es ist die eheliche Falle, in die sie sich mit Claude Clarac begeben hat, und das nach wie vor gespannte Verhältnis zu ihrer Mutter. Auf mehr will sie sich nicht einlassen. Lieber hofft sie nun auf »Schonung« von außen. Annemarie will Verständigung, keinen Bruch: »Wenn ich jetzt gesund werde u. es überstehe, werden zwei Menschen, meine Mutter und Claude, mich fortan schonen – oder Claude wird keine Rolle mehr spielen. Mehr aber als geschont werden, so dass wir frei genug sind um unserer geistigen Verantwortung leben zu dürfen – können wir ja alle nicht verlangen.«[70]

Es ist das alte unglückselige Spiel der emotionalen Abhängigkeiten, der Kindrolle und der Versuch einer unmöglichen Balance zwischen vollkommen entgegengesetzten Interessen und Lebensanschauungen.

Langsam und unter der zärtlichen Zuneigung einiger Damen erholt Annemarie sich wieder. Auguste Forel allerdings kann sich über die beginnende Genesung seiner Patientin nur bedingt freuen, denn bald darauf setzt in Prangins das ein, was Ella Maillart mit »she produced scandals« (sie schaffte Skandale) beschrieben hat: Annemaries Anwesenheit homoerotisiert einige Damen. »Eine sehr feine Dame, mit schönen Augen, verwöhnt mich – deshalb darf ich sie auch nicht mehr sehen. Und meine Freundin Janine (…) wird mir jetzt wohl auch fortgenommen, obwohl wir wie die Enfants terribles uns im Tiefsten harmlos entzücken.« Für feine Unterscheidungen dieser Art ist Professor Forel nicht zu haben. »Forel meint, er versteht es: trotzdem.«[71]

Bei der »sehr feinen Dame«, die »sehr viel Reizvolles zu vergeben« hatte, handelte es sich offenbar um Frau Maquinay, über die Annemarie an Klaus schreibt: »Ich bin selten so gegen alles Gewissen einer reinen ›Verführung der Sinne‹ erlegen.«[72] Die zärtliche Beziehung dauert nach

Annemaries Entlassung aus dem Sanatorium Ende November an. Frau Maquinay ruft oft in Sils an und besucht Annemarie dort wahrscheinlich auch. Vielleicht trafen sie sich auch in Zürich, wo Annemarie erst einmal wieder das Stadtleben genießt. Herr Maquinay seinerseits versucht sich wohl, nachdem er von der Leidenschaft seiner Frau erfahren hat, in Toleranz und tarnt seine Eifersucht als Großmut. Annemarie reagiert wütend: »An Herrn Maquinay habe ich einen Abschieds-Brief geschrieben, der sich gewaschen hat. So vernichtend logisch und edel-verzichtend wie er ist.«[73]

Erika, die gerade bei ihr in Sils ist, und die Geschichte mitverfolgt, sieht keinen Grund, warum Annemarie auf die Dame verzichten sollte, und bezeichnet Annemaries »stoische Einsamkeitsfreude als Trotz«. Die Liebesgeschichte mit der Dame Maquinay hat nach diesem Brief Ende Januar 1936 dennoch ein Ende.

Von Zürich aus besucht Annemarie wieder öfter die Familie Mann in Küsnacht und freundet sich dort in Abwesenheit von Klaus und Erika mit Golo an, dem dritten der Geschwister. Die Idee, ihn zu heiraten, über die Ende November 1935 gesprochen wird, kann allerdings nur aus der Not erwachsen sein, ihm einen vernünftigen Paß zu besorgen.

Am 5. Dezember fährt sie mit der Familie Mann zum Gastspiel der »Pfeffermühle« nach Basel. Danach zieht sie sich wieder nach Sils-Baselgia zurück, um dort besser der fast übergroßen Versuchung widerstehen zu können, den Drogenkonsum wieder aufzunehmen. Noch aber will sie sich nicht beugen.

Über Weihnachten und Neujahr 1935/36 sind Erika und Klaus bei ihr zu Besuch. Ende Januar kommt für einige Tage auch Margot von Opel, die Annemarie im Frühling 1935 kennengelernt hat: »(...) eine angenehme, liebevolle Gegenwart, aber übermorgen fährt sie schon weiter, – sie fürchtete sich wohl ein bisschen, mit mir allein zusammen zu sein, – es ist schade.«[74]

Das Zusammensein mit den Mann-Freunden inmitten der verschneiten Winterlandschaft muß für Annemarie nach den Torturen und der Einsamkeit des letzten Jahres eine Erleichterung gewesen sein. Erika ist, ungeachtet aller Amouren Annemaries, nach wie vor eine der wichtigsten Frauen in ihrem Leben. Für alle hat sich in der Zwischenzeit vieles verändert. Nicht zuletzt die Staatsangehörigkeit. Die Mann-Geschwister haben ebenso wie die Schweizerin ihre alte abgelegt bzw. abgesprochen bekommen. Bei Annemarie steht jetzt mit roter Tinte

»Französin durch Heirat« im Diplomatenpaß. Erika ist durch die Ehe mit dem Lyriker Wystan H. Auden am 15. Juni 1935 Engländerin geworden und Klaus reist seit seiner Aberkennung der deutschen Staatsbürgerschaft am 1. November 1934 mit einem holländischen »Fremdenpaß«, der dem Staatenlosen einige Bewegungsfreiheit ermöglicht. Am 25. März 1937 erhält er wie Thomas Mann und die anderen Familienmitglieder die tschechoslowakische Staatsbürgerschaft.

Beruflich war das Jahr 1935 für die Mann-Geschwister ein Rückschlag gewesen. Für antifaschistische Projekte war in Europa nur noch wenig Raum. Im August hatte Klaus das Erscheinen der *Sammlung* einstellen müssen, und die »Pfeffermühle« hatte immer härter um Aufführungsmöglichkeiten zu kämpfen. Die wenigen Länder wie Holland und Luxemburg, die noch bereit waren, sie auftreten zu lassen, machten »mehr Unterhaltung und weniger Politik« zur Voraussetzung – für ein politisches Kabarett eine recht zynische Situation. Auch der Verlust eines Freundes war zu beklagen. René Crevel, mit dem besonders Klaus sehr gut befreundet gewesen war, hatte sich am 18. Juni 1935 in Paris das Leben genommen. Er war zu diesem Zeitpunkt 35 Jahre alt. Wieder einmal war einer der ihren freiwillig aus dem Leben geschieden. Andere, wie Gustaf Gründgens, hatten rechtzeitig die Seite gewechselt und waren erfolgreich. Im Januar 1936 beginnt Klaus Mann in Sils an *Mephisto* zu schreiben. Darin verarbeitet er die Wandlung des ehemaligen Freundes Gustaf Gründgens und dessen Karriere unter den Nationalsozialisten.

Aber Sils ist natürlich zu friedlich, zu idyllisch, um sich ausschließlich der Politik zu widmen, und die Freunde, wie immer wenn sie zusammentreffen, sind zu ausgelassen miteinander, um sich in der Berglandschaft nicht auch zu amüsieren. Lange Spaziergänge bieten sich an, Skifahren, und an den Nachmittagen machen sie es sich häufig in den Foyers der exklusiven Hotels bei einigen Aperitifs gemütlich. Die Gespräche kreisen in diesem Winter um Amerika, und die Freunde diskutieren kontrovers darüber, ob es legitim sei, zu diesem Zeitpunkt den Kontinent zu verlassen. Die Pläne, mit dem Kabarett in die USA zu gehen, gibt es schon lange. Vor allem Klaus Mann, für den Amerika der neue Exil-Kontinent ist, bedrängt die Schwester. Solange Erika aber noch eine Chance für die »Pfeffermühle« in Europa sieht, will sie nicht gehen, und ohne Erika geht auch Klaus nicht. »Ausbürgerung und Eheschließung, Krawalle und Zensur, Bespitzelung und Behördenwillkür nahm sie in Kauf, solange es irgend möglich war«[75], schreibt Erika Manns Biographin, Irmela von der Lühe. Bis Mai 1936 sind Aufführungen noch möglich. Dann verschärft auch die niederländische Fremdenpolizei die Auflagen. Ein politisches Programm findet danach auch hier keine Zulassung mehr.[76]

Schon zum Jahreswechsel ist den Freunden klar, daß das neue Jahr, 1936, nichts Gutes bringen wird. Und sie werden Recht behalten. Hitlers Politik ist weiterhin dreist und erfolgreich, die Nachbarn eingeschüchtert oder, wie im Falle Frankreichs, »psychisch abwesend«[77]. Deutschland kündigt 1936 den Locarno-Pakt und marschiert, ohne Widerstand von außen zu erfahren, ins entmilitarisierte Rheinland. Der Vertrag von Versailles ist damit gebrochen. Im August des gleichen Jahres findet in Berlin unter der Ägide der Nationalsozialisten das »Fest der Völker« statt, die XI. Olympiade. Die französischen Athleten – denkwürdiges Bild – betreten das Stadion mit ausgestrecktem rechten Arm. Das Stadion tobt. Aber auch den Franzosen mußte bewußt sein, daß dieser olympische Gruß im Berlin von 1936 als »Deutscher Gruß« verstanden werden kann. In Spanien, wo die Volksfront 1936 die Wahlen gewonnen hat, übt Hitler kurze Zeit später mit der Legion »Condor« den Krieg. Francos Gegenrevolution im Juli desselben Jahres hat dort zum Beginn des Bürgerkriegs geführt. Wieder konnten sich die westlichen Demokratien nicht entschließen, die rechtmäßige Regierung zu unterstützen und überließen auch hier dem Faschismus das Feld.

Für die Emigranten ist der Spanische Bürgerkrieg ein Fanal. Viele sehen hier endlich die Möglichkeit zu kämpfen, statt der politischen Entwicklung in Europa nur tatenlos zuzusehen. Und Spanien kann jeden gebrauchen: Schriftsteller, Journalistinnen, Ärzte, Lehrerinnen – alle sind hier willkommen und können praktisch mithelfen. Im Herbst 1936 werden die Internationalen Brigaden gebildet, Freiwilligenverbände aus verschiedenen Ländern, die auf der Seite der Republikaner kämpfen, darunter auch die Schriftsteller Ludwig Renn, Arthur Koestler, Bodo Uhse und Alfred Kantorowicz. 1938 sind auch Erika und Klaus Mann für drei Wochen in Spanien, um eine Art Informationsreise durch das Land zu unternehmen. Klaus genügt das, um den Spanischen Bürgerkrieg im *Vulkan* zu einem weiteren Detail dieses Emigrationsdramas zu machen.

Im Winter 1935 ist die Schweiz für die wenigen Emigranten, die im Land bleiben dürfen, zumal für prominente Emigranten, noch sicher, aber täglich kann sich die Lage ändern. Außerdem drücken die Manns Geldprobleme. Annemaries finanzielle Lage ist dagegen weiterhin gut. Der Eklat nach dem »Pfeffermühlen«-Skandal hat den elterlichen Geldfluß zwar »offiziell« zum Erliegen gebracht, und ihre schriftstellerische Arbeit brachte ihr noch nie genug zum Leben ein, die privaten Briefe Alfred Schwarzenbachs zeigen jedoch, daß er der Tochter heimlich immer Geld zukommen ließ. Auf ihre Anfrage, ob er ihr nicht die notwendige Summe geben könne, um das Haus in Sils endlich zu kaufen, antwortet er allerdings, daß es ihm nicht möglich sei, einen solch großen Betrag aus der Firmenkasse zu nehmen. Die Geschäfte gingen momentan schlecht.

Das Frühjahr und den Sommer 1936 verbringt Annemarie hauptsächlich mit Erika Mann. In Persien hat sie genug Einsamkeit genossen. Es ist ihr nicht gut bekommen. Und Rückfälle sind auch in der Einsamkeit der Bergwelt nicht ausgeschlossen. Da sie gerade kein eigenes Projekt verfolgt, reist sie deshalb lieber der Freundin und ihrem Kabarett hinterher. Erikas Nähe und Fürsorge sind die richtige Therapie für die labile Schweizerin. Sie bleibt ihr auf der Spur. Anfang Mai ist Annemarie in Luxemburg, wo die »Mühle« ihre letzten Vorstellungen in Europa gibt, Mitte Mai fährt sie Erika nach London nach und begleitet sie dann nach Paris.

In London besteht Wystan Auden darauf, die Gattin endlich seiner Familie vorzustellen. Erika hat eigentlich andere Probleme, als die Schwiegertochter zu mimen. Der Umzug der »Pfeffermühle« in die Staaten muß organisiert werden. Entnervt fügt sie sich aber, denn inzwischen braucht auch Therese Giehse, Herz und Seele des Kabaretts, einen neuen Paß, und Auden erklärt sich bereit, den nötigen Ehemann hierfür zu finden. Die Suche ist erfolgreich. Am 20. Mai 1936 heiratet Therese Giehse den englischen Schriftsteller John Hampson-Simpson.[78] Durch die Ehe erhält sie nicht nur den lebensrettenden Paß, Simpson wird auch ein guter Freund der Giehse, die nun häufig ihre Sommerferien bei ihm in England verbringt.

In der Zwischenzeit laufen Erikas Bemühungen um die amerikanische Tournee auf Hochtouren. Durch die Vermittlung des Literaturagenten Rudolf Kommers, der ihr schon mehrmals behilflich gewesen ist, wird für den August eine Exklusivvorstellung in Max Reinhardts Privathaus, in Schloß Leopoldskron bei Salzburg, vereinbart. Es ist übrigens die einzige Vorstellung der »Pfeffermühle« in Österreich. Alle Versuche Erikas, hier eine Aufführungserlaubnis zu bekommen, waren regelmäßig gescheitert.[79] Die Gäste sind handverlesen und setzen sich vor allem aus reichen Amerikanern zusammen, die man als Mäzene für den Start in der Neuen Welt gut gebrauchen kann. Erika Mann ist da nicht zimperlich. Die Atmosphäre auf dem Schloß ist obskur. Reinhardt, der Theaterkönig der 20er Jahre, ist mittlerweile so verschuldet, daß man ihm in Leopoldskron den Strom abgedreht hat. Die bissige Satire gegen Hitler findet deshalb in einem Saal bei Kerzenlicht statt. Die Amerikaner verstehen kaum etwas, da das Programm in deutscher Sprache aufgeführt wird, sie zeigen aber interessierte Gesichter und klatschen am Ende höflich Beifall.[80] »Auch Marlene Dietrich war unter den Geladenen, konnte dem Programm aber auch nicht recht folgen, da sie beständig ans Telefon gerufen wurde und mit ihren vielen Abgängen und Auftritten für ein eigenes Programm sorgte.«[81] Die Vorstellung auf Schloß Leopoldskron wird ein unheimliches, aber passendes Vorspiel für das amerikanische Gastspiel von »The peppermill«, das an diesem Abend verabredet wird. Denn schon nach der Premiere in New York wird sich zeigen, daß Erika den Umzug schlecht vorbereitet hat. Die Texte werden immer noch auf Deutsch vorgetragen, was zu einem ersten Desaster führt. Notdürftig wird man sie in aller Eile ins Englische übersetzen. Es hilft aber nicht viel, denn das Ensemble beherrscht die Aussprache nicht. Giehses Witz und ihre Dramatik gehen in der Bemühung um die richtige Artikulation des »th« unter. Das »Pfeffermühlen«-Programm funktioniert in den Staaten einfach nicht. Der subtile Witz des Kabaretts und die vielen Andeutungen, mit denen man in Europa Erfolg hatte, sind hier verloren. Therese Giehse, die von Anfang an dagegen war, die »Mühle« über den Atlantik zu transferieren und nur Erika zuliebe das Abenteuer mitmachte, sollte recht behalten. Die »Mühle« war an ihre Grenzen gekommen.

Aber noch hat das amerikanische Abenteuer nicht begonnen. Dreieinhalb Jahre lang hat Erika mit eiserner Energie ihr Projekt in Europa am Leben gehalten und dabei rücksichtslos ihre Gesundheit ausgebeutet. Sie rauchte viel, und sie war von den Medikamenten, die sie gegen Fieber und Bronchitis nahm, abhängig geworden.[82] Thomas Mann, der ewig Zaudernde, sorgte zudem auf seine Weise für Aufregungen, da Erika immer wieder Überzeugungsarbeit bei ihm leisten mußte. Erst im Februar 1936 konnte er sich, provoziert durch Leopold Schwarzschild und Eduard Korrodi, zu einem öffentlichen Bekenntnis seines Exils durchringen.[83]

Im Juni 1936 ist Erika am Ende ihrer Kräfte. Blaß und abgemagert kommt sie mit Annemarie aus London zurück. Den Urlaub, den sie anschließend mit Klaus, Fritz Landshoff und Annemarie in Südfrankreich und auf Mallorca verbringt, hat sie bitter nötig. Wieder reisen die Freunde mit Erikas Ford. Das Gefährt streikt unterwegs, ebenso die Monteure in den Autowerkstätten ... Trotzdem, mit laut aufgedrehtem Radio – so liebt es Erika – überqueren sie schließlich die verschneiten Pyrenäenpässe.[84] In Spanien angekommen, sitzt Erika nachts oft vor ihrem Auto und hört Schubert-Lieder »vom Reichssender Stuttgart« oder das Tristanvorspiel – die richtige Begleitmusik für den Abschied von Europa. Auf Mallorca treffen die Freunde mit André Gide zusammen, der sich auch gerade auf der Insel aufhält.

Die letzten Wochen im Juli verbringen Erika, Therese Giehse und Annemarie danach gemeinsam in Sils. Und das Verhältnis zwischen den Freundinnen ist ungetrübt, wie schon lange nicht. Die Erholung tut allen gut. Erika kehrt zur Beruhigung des Vaters sichtlich erholt und braungebrannt nach Küsnacht zurück[85], und Annemarie hat, wie sich bald zeigen soll, durch die Nähe zu der aktiven, vielbeschäftigten Freundin neuen Mut geschöpft. Einige Wochen später wird Annemaries Laune zusätzlich durch den Aufenthalt von Thomas Mann in Sils gehoben, zumal auch Therese Giehse und Golo Mann mit ihm gereist sind. Der »Zauberer« wohnt zwar nicht in Annemaries Haus, man trifft sich aber häufig zu langen Spaziergängen und Leseabenden. Bei diesen Gelegenheiten liest Annemarie aus zwei ihrer persischen Erzählungen, die Thomas Mann so gut gefallen, daß er sich später für eine Veröffentlichung der Erzählsammlung *Falkenkäfig* einsetzt.

Für Gedanken an die Droge ist in diesen turbulenten Monaten nicht viel Zeit gewesen. Gänzlich ausgelöscht sind sie aber nicht. Die Gefahr des Rückfalls ist ihr sehr bewußt. Schon Ende Januar, also nur ein paar Wochen nach ihrem letzten Sanatoriumsaufenthalt in Prangins, hatte sie aus Sils an Klaus geschrieben: »Weisst Du, mir ist doch allzu deutlich, dass ich stets nur – mittels einer vernünftigen Tagesordnung, die ergänzt werden *müsste* durch Janine Auzépys Gegenwart – dass ich stets nur eine latente Gefahr übertöne und zurückdränge, es ist ein stetiger Energieverbrauch, und eigentlich *eigentlich*, will ich ja gar nicht – ich darf es nur Erika nicht sagen. Wenn ich aber plötzlich, nach irgend einem

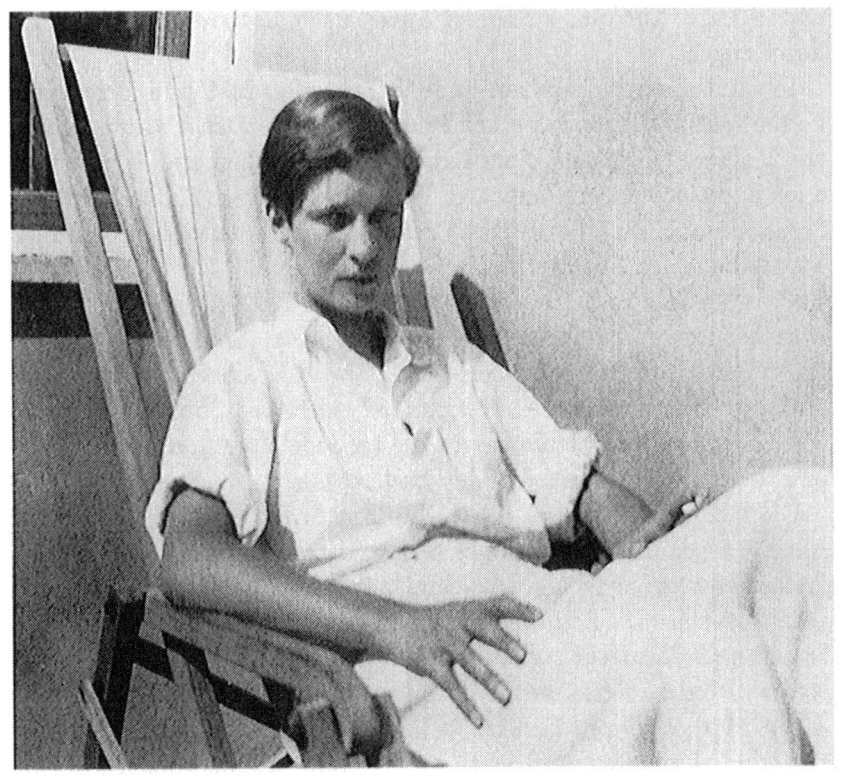

Auf Mallorca im Sommer 1936

Zeitenablauf, vom Widerstand genug habe, – war es dann so wichtig, ob ich ein wenig länger aushielt?«[86] Noch im gleichen Monat bekam sie, nachdem sie von schweren Hustenkrämpfen geplagt wurde und Absprache mit Dr. Ruppaner in Kreuzlingen gehalten hatte, Kodein. Und Schlaftabletten befanden sich sowieso immer in ihrem Arzneischrank.

Die nächsten zwei Jahre aber hat Annemarie den Drogenkonsum zumindest soweit unter Kontrolle, daß sie arbeiten und reisen kann. Eine große und wahrscheinlich entscheidende Hilfe ist dabei Barbara Hamilton-Wright, die Annemarie einlädt, sie zu besuchen. Barbara möchte mit ihr eine Reportagetour in die sozialen und politischen Krisengebiete der USA unternehmen, wo sich infolge der Großen Depression, ausgelöst durch den berühmten New Yorker Börsenkrach von 1929, und mit Unterstützung des seit 1932 regierenden Präsidenten Roosevelt erstmals eine große Gewerkschaftsbewegung zu bilden beginnt, die CIO (Committee for Industrial Organization).

Franklin Delano Roosevelt war am 8. November 1932 das erste Mal zum Präsidenten der USA gewählt worden. Drei weitere Perioden sollten folgen – ein Novum in der amerikanischen Geschichte. Bis dahin hatte das Vorbild George Washingtons gegolten, sich selbst auf zwei Präsidentschaftsperioden zu beschränken. Aber die Zeiten waren außergewöhnlich, und Roosevelt war ein außergewöhnlicher Politiker. 15 Millionen Arbeitslose waren 1933 auf der Suche nach einer bescheidenen Existenz. 5000 Banken hatten bankrott gemacht. Das Bruttosozialprodukt war seit 1929 von 100 auf knapp 70 Milliarden Dollar gesunken.[87] Die USA, das größte Industrieland der Erde, befand sich immer noch in seiner bis dahin tiefsten wirtschaftlichen Krise. Seine Zukunft hing entscheidend von der Wirtschaftspolitik ab, und in ihrem Zeichen standen deshalb die später berühmt gewordenen ersten 100 Tage von Roosevelts Präsidentschaft. Es war die Zeit des »New Deal«, eines Erste-Hilfe-Programms für Amerikas Wirtschaft. Sein Herzstück war ein Gesetz zum Schutz der Farmer, ein Sparerschutzgesetz und ein Gesetz zur Gründung der Tennessee Valley Authority (TVA), dem Muster für eine großangelegte Energieversorgung aus Wasserkraft und für die landwirtschaftliche Bewässerung. Am 17. Mai folgte dann ein Gesetz zur Gesundung der Industrie.

Roosevelts Wirtschaftsprogramm, das er mit Milliardenbeträgen aus der Bundeskasse vorantrieb, zeigte bald Erfolge. Von März bis September 1933 stieg der Aktienindex um fast 100 Prozent. Zwischen 1933 und 1938 folgten 14 weitere Reformgesetze, um das Land aus der Paralyse zu retten, in die das Laissez-faire-Denken der Republikaner das Land gestürzt hatte. Statt »freies Spiel der Kräfte« lautete die Prämisse nun: sozialer Kapitalismus. Ein neuer Geist der Solidarität sollte entstehen, außerdem soziale Verantwortung nach europäischem Vorbild und freie Gewerkschaften.[88]

Die Widerstände dagegen ließen nicht lange auf sich warten. Und so waren Arbeitskämpfe in den USA an der Tagesordnung.

Im Januar und im Herbst 1937 wird Annemarie zusammen mit Barbara Hamilton-Wright zwei Reisen in die Epizentren dieses Kampfes unternehmen. Die erste führt sie in die Kohlegebiete der Alleghenies und nach Pittsburgh, die »eiserne Stadt« Amerikas. Die zweite in die Südstaaten, wo die Verelendung der Land- und Industriearbeiter durch das Rassenproblem zusätzlich verschärft wird.

Das Unternehmen USA

Bereits im Sommer 1936 hatte Annemarie darüber nachgedacht, Erika und Klaus in die USA zu folgen. Die Aussicht aber, in die USA zu fahren, »um an Eris Rockschössen zu hängen«, erschien ihr wenig reizvoll. Soviel hatte sie immerhin gelernt. Deshalb kommt ihr der Vorschlag von Barbara Hamilton-Wright, diesem »begabten, von Ehrgeiz und Wissensdrang, tiefem Pessimismus und glühendem Lebenswillen besessenen Geschöpf«[89] gerade recht, mit ihr journalistisch zu arbeiten. Endlich gibt es etwas Konkretes zu tun. Eine Aufgabe im übrigen, die sich mit Annemaries Wunsch verbinden läßt, sich politisch zu engagieren, und die ihr eine Stimme in der Welt zu verleihen mag.

Außerdem hofft sie durch die Arbeit als Journalistin, Erika endlich beweisen zu können, daß sie nicht mehr nur hilfsbedürftig, nicht mehr länger nur ein Sorgenkind ist, sondern richtig mitarbeiten kann. Im August 1936 – einen Monat früher als die Mann-Geschwister – schifft sie sich nach Amerika ein.

In den USA angelangt, macht sie aber erst einmal wieder ihrem Ruf als »störrischer Unglücksengel« alle Ehre.

Die erste Reise mit Barbara kann nicht sofort beginnen, sondern bedarf noch der Vorbereitung. Annemarie ist deshalb öfter bei Barbara in Washington, sie ist in den ersten Monaten aber auch viel in New York, wo sie zusammen mit den Manns im Bedford wohnt. Das Hotel wird von dem deutsch-amerikanischen Ehepaar Nägel geführt und ist ein Treffpunkt für zahlreiche deutsche und deutsch-jüdische Emigranten.

Das Zusammenleben wird schwierig. Jeder der Freunde ist intensiv damit beschäftigt, sich in der neuen Umgebung einzugewöhnen und die neue Situation zu realisieren. Aus dem Kontinent der Agonie war man in eine Welt gekommen, in der noch Gelassenheit herrschte und wo Europa fern erschien. Erika beginnt sofort mit den Vorbereitungen der amerikanischen »Pfeffermühlen«-Premiere, die am 5. Januar 1937 stattfinden soll. Dabei ist sie immer in Sorge um ihre Eltern, die sich noch in der Schweiz aufhalten.

Ende November 1936 treffen auch die übrigen Mitglieder des Ensembles, Magnus Henning, Sibylle Schloß, Lotte Goslar und Therese Giehse, in New York ein. Die Stimmung im Bedford bessert sich dadurch nicht. »Es herrscht: größte Nervosität wegen der englischen Sprache, –

beunruhigteste Eifersucht wegen der vielen und undurchschaubaren Beziehungen und Freundschaften, die in der Zwischenzeit sich angesponnen, – und ein Lunch wie das heutige, – wir waren ganz einfach zu vierzehnt bei Tisch (...) ist natürlich verwirrend und anstrengend für alle Beteiligten«, beschreibt Erika am 27.11.1936 Katia Mann die Situation.[90]

Annemarie muß sich, da sie nicht zum inneren Kreis der Theaterleute gehörte, überflüssig vorgekommen sein. Sie beginnt wieder Morphium zu nehmen. Schon Ende Oktober hatte sie die Freunde in Aufregung versetzt, als sie sich aufgrund einer unsterilen Nadel eine Blutvergiftung zuzog. Martin Gumpert, Arzt und Schriftsteller aus Berlin, der 1936 in die USA emigriert war und ebenfalls im Bedford wohnte, mußte schnell eingreifen, um das Schlimmste zu verhindern. Einmal mehr war Annemarie gerettet worden, doch Erika macht sich über den Zustand der Freundin keine Illusionen: »Annemarie geht es besser, da aber ihr Unverstand keinerlei Grenzen kennt, wird sie in Bälde alles wieder verdorben haben.«[91] Annemarie scheint tatsächlich in schwere innere Konflikte geraten zu sein.

Nicht nur die unfreiwillige Untätigkeit ist ein Grund für ihren massiven Rückfall in die Welt der »schrecklichen Erleichterung«. Auch ihr Status in den USA macht ihr zu schaffen. Während Erika mit ihrem Talent zum »Entertainment« den amerikanischen Geschmack trifft und außerdem, mit Empfehlungsschreiben Thomas Manns sowie Grußworten des Dichters an das amerikanische Volk ausgestattet, überall offene Türen vorfindet, ist Annemarie Schwarzenbach eine anonyme Fremde in diesem Land. Eine Tatsache, die sicher nicht leicht zu ertragen ist für sie, die sich in Europa doch in gewisser Weise ebenbürtig fühlen konnte. Zudem behagt ihr das Land nicht. Die populistische Medienlandschaft der USA, seine undurchsichtigen Ligen und Vereine, die restriktive Einwanderungspolitik; die gesamte zivile Organisation dieses großen Landes gefällt der Schweizerin nicht, und sie beginnt am demokratischen Grundgehalt der USA zu zweifeln. Und auch das Zusammensein mit Erika hat sich Annemarie harmonischer vorgestellt. Statt dessen kommt es zu Eifersuchtsszenen und einem neuen Bruch in der Freundschaft der beiden Frauen: Auslöser ist die Bekanntschaft Erika Manns mit zwei Männern – Maurice Wertheim und Martin Gumpert. Kurz nach ihrer Ankunft in New York lernt Erika Mann den Bankier Maurice Wertheim kennen, der, angetan von Erikas Charme, in die »Mühle« investieren will, und dem es dabei offenbar nichts ausmacht, das Risiko einzugehen, Geld dabei zu verlieren. Nach dem New Yorker Debakel der »Pfeffermühle« – die geplante Tournee wird daraufhin abgesagt – übernimmt er später bereitwillig Erikas private Schulden und die der »Pfeffermühle«. Mit seinem Heiratsantrag hat er allerdings keinen Erfolg.

Auch Martin Gumpert verliebt sich in die Tochter des »Zauberers«. Er beginnt einen regelrechten Liebesterror. »Umbringen wolle er sich, wenn sie ihn nicht heirate, aber wenigstens mit den Drogen und mit dem unsteten Lebenswandel solle sie aufhören.«[92] Annemarie soll ihren Augen nicht getraut haben, als sie mitansehen mußte, daß Erika sich trotzdem auf eine Beziehung mit ihm einläßt. Auch Klaus geht daraufhin – zum ersten Mal in seinem Leben – auf Distanz zu seiner Schwester.

Im Januar 1937 entlädt sich das angespannte Verhältnis mit Erika in einem handfesten Streit. Unmittelbarer Anlaß ist ein Gespräch, das Annemarie mit Wertheim auf Long Island führte. Annemarie hatte sich bei diesem Treffen zu zweit, offensichtlich aus Eifersucht gegenüber dem glühenden Verehrer der Freundin – und im übrigen ganz im Stil, der bei den Manns üblich war, nämlich, daß man Privates und Öffentliches nie trennte – »verplappert«. Was genau gesagt wurde, ist leider nicht mehr zu rekonstruieren. Nur soviel wird deutlich: »Privates« war im Spiel. (Wahrscheinlich hatte sie Maurice Wertheim etwas über Gumpert erzählt, woraufhin Erika seine finanzielle Unterstützung gefährdet sah.)

An Katia Mann schreibt Erika im Februar 1937: »Von Klausheinrichthomas, das haben wir festgestellt, war ich so weit noch nie entfernt, seit wir uns in der Franzjoseph kennenlernten, – und so war es denn auch ein rechter Schreck, als er plötzlich abfuhr, mich in all den Wirrnissen zurücklassend. Annemarie hat sich all die Zeit aufgeführt, wie ein gymnasialer Feist, so kindisch, verklatscht und insistent.«[93] Annemarie ihrerseits schreibt an Klaus: »Die letzte Zeit in N. York war schlimm, für alle Beteiligten, durch das fatale Zusammentreffen menschlicher und anderer Faktoren – die, das wissen wir doch, bisher gerade von Eri nie getrennt behandelt und eingereiht wurden.

Hätte sie es nur gleich gesagt und deutlich gemacht, dass sie es diesmal anders haben wolle, – aber im Gegenteil, sie verliess sich auf extreme Taktansprüche ihrer nächsten Umgebung, und war selbst zu beschäftigt, zu sehr in Anspruch genommen von allen Seiten und in jeder denkbaren Weise, um für derlei theoretische Klärungen noch zugänglich zu sein.«[94] Die Nerven liegen in New York bei allen bloß. – Erst im Mai 1937 erreicht Annemarie wieder ein Brief von Erika Mann.

Ende Januar 1937 fährt Annemarie mit Barbara Hamilton-Wright, kurz »Baa« genannt, endlich los. »›Kleiden Sie sich unauffällig. Halten Sie nicht beständig eine Leika ans Auge gedrückt. Lassen Sie ihren Ford nicht zu oft waschen!‹ – Das waren die letzten Instruktionen, die ich in Washington erhielt, bevor ich in die Kohlengebiete der Alleghenies und in das gewaltige Stahlzentrum der Vereinigten Staaten, die ›eiserne Stadt‹ Pittsburgh, aufbrach.«[95] Die Fahrt dorthin und die Artikel, die Annemarie währenddessen schreibt, zeigen wieder einmal, wie positiv sich das Abenteuer, die Arbeit und ein konkretes Ziel auf ihre Verfassung auswirken und wie sehr sie im Grunde leidet, wenn sie zur Untätigkeit gezwungen ist. Auch die Manns zeigen sich beeindruckt von der Freundin, die sich auf dieser Fahrt tief in die amerikanische Wirklichkeit begibt und fern von Emigrantenzirkeln, Hotelbars, Komitees und New Yorker Wohltätigkeitsveranstaltungen die »Schattenseiten« dieses Landes erlebt. Die Fahrt Annemaries durch die Südstaaten im Herbst 1937 beeindruckt Klaus so sehr, daß er mit dem Gedanken spielt, Marion, seine Protagonistin im *Vulkan*, die Route Annemaries folgen zu lassen.[96] Der mehrmaligen Aufforderung der Freundin, sie doch zu begleiten, folgt er aber nicht.[97] Am 31. Januar 1937 schreibt sie ihm aus der Nähe von Pittsburgh: »Nicht, als ob das schwarze u. von brennenden Hochöfen dramatisch erleuchtete Kohlen- u. Stahl-Reich hier KEIN Alpdruck wäre. Barbara u. ich kommen soeben von einem Meeting der von Lewis organisierten Bergleute irgendwo in ›Isabella Mine‹ zurück. Klaus Heinrich, es ist u. bleibt schändlich u. schade, dass Du dies alles weder gesehen noch erfahren hast.«[98]

Das Land, dem Annemarie begegnet, ist noch tief von der Depression gezeichnet, auch wenn die Situation nicht mehr ganz so dramatisch ist wie zu Beginn der 30er Jahre. Die soziale Not ist aber trotz des beginnenden wirtschaftlichen Aufschwungs nach wie vor groß und markiert einen tiefen gesellschaftlichen Scheidepunkt im Land der »unbegrenzten Möglichkeiten«. Ein soziales Gewissen, Solidarität und handlungsfähige, von den Arbeitgebern akzeptierte Gewerkschaften müssen erst mühsam aufgebaut werden in einem Land, wo Reichtum und Armut als von Gott gegeben angesehen werden und alles gern auf die Eigenverantwortung des einzelnen geschoben wird. In Pittsburgh und einige Monate später im Süden der USA können Barbara Hamilton-Wright und Annemarie Schwarzenbach jedoch sehen, wie es um die Kausalität zwischen Armut und Eigenverantwortung wirklich gestellt ist. Die fünf Wochen, während derer sie im Herbst 1937 durch die Staaten Virginia, North und South Carolina, Georgia, Alabama und Tennessee reisen, begegnet ihnen die Armut der »Sharecroppers«, der rechtlosen Tagelöhner, die von den Plantagenbesitzern ausgebeutet, ihr Leben in elenden Fabrikdörfern zubringen, die kaum ein menschenwürdiges Dasein bieten. Und

Annemarie Schwarzenbach als Photoreporterin

sie begegnen Textilarbeitern und -arbeiterinnen, die auf Gedeih und Verderb einer Industrie ausgeliefert sind, die ihnen kaum das Wenigste zum Überleben sichert. Mit immer neuen Arbeitsmethoden wie dem »Bedaux-System« oder dem »Stretch out« wird das letzte an Arbeitsleistung aus ihnen herausgepreßt, während die meisten von ihnen sich in einer Art Lohnsklaverei immer weiter bei den Companies verschulden und zum Teil seit Jahren kein Bargeld mehr bekommen haben, da ihnen alles zur Tilgung der Schulden verrechnet wird. Hoffnung bietet in dieser Situation nur der zähe Kampf um die gewerkschaftliche Organisation in den Fabriken[99] und Roosevelts sozialreformerischer »New Deal«, der den Aufbruch in eine bessere, gerechtere Zukunft verspricht und dem amerikanischen Wirtschaftsliberalismus durch gezielte staatliche Investitionen und Vorgaben Grenzen zu setzen versucht.

Auch Annemarie Schwarzenbach sieht in der Politik Roosevelts die einzige Möglichkeit einer Veränderung im Land. So sind die zwei Frauen nicht nur der sozialen Wirklichkeit in Amerika auf der Spur, sondern auch den Zeichen des Wandels. Sie treffen sich mit Gewerkschaftern, informieren sich über die zum Teil gewalttätig ausgetragenen Arbeitskämpfe und besichtigen verschiedene Modellprojekte, an deren Beispiel im Rahmen des »New Deal« versucht wird, soziale Reformen und eine Neustrukturierung der Landwirtschaft umzusetzen. Denn im Süden hat man nicht nur mit den Folgen der Wirtschaftskrise zu kämpfen, sondern auch mit den verheerenden Folgen der Monokultur (Baumwolle) und mit großen Naturkatastrophen.

Roosevelts Versuch, den hemmungslosen Wirtschaftsliberalismus einzudämmen, indem die Rechte der Arbeitnehmer und Arbeitnehmerinnen gestärkt werden, ohne dabei die unternehmerische Freiheit entscheidend einzuschränken, weckt bei den amerikanischen Konservativen natürlich den Verdacht, »sozialstaatliche Massnahmen mit kommunistischer Tendenz«[100] durchsetzen zu wollen und damit die Grundfeste Amerikas zu unterhöhlen. Entsprechend vehement ist der Widerstand dagegen. In Tennessee kann sich Annemarie selbst von der entschlossenen Brutalität der rechten »american legion« überzeugen, die gerne bewaffnet Jagd auf Gewerkschafter macht. Für die europäische Industriellentochter bedeutet Roosevelts Politik dagegen eine humane Umsetzung der gesellschaftlichen Reformideen, die sie in der Sowjetunion zwar emphatisch vorgetragen bekam, deren Umsetzung sie dort aber nicht überzeugen konnte. So drückt sie ihre Sympathie für den Demokraten im Weißen Haus auch

Zwei kleine Jungen in Knoxville/Tennesse im November 1937; Aufnahme von Annemarie Schwarzenbach

Arbeitslose Kohlebergarbeiter in Scottsrun/West Virginia, 1937; Aufnahme von A. S.

unverhüllt in ihren Reportagen aus. Zum Teil schlägt diese Sympathie in regelrechte Begeisterung um, was sie gelegentlich übers Ziel hinausschießen läßt. Zu leichtfertig betreibt sie dann eine Schwarzmalerei: die »guten« Demokraten auf der einen Seite und ihre Gegner, die Republikaner, auf der anderen. In ihrem Artikel »Papiermühlen und kleine Farmen in Maine« beispielsweise heißt es: »Das alte Haus, das wir nun für ein paar Tage bewohnen, ist voll von Erinnerungen an die grosse Zeit Neu-Englands, Ulysses Grant und Abraham Lincoln haben hier verkehrt. Heute ist der Hof verpachtet, die Familie lebt verstreut in den grossen Städten, die Söhne und Enkel der alten Kämpfer für eine wahre Demokratie sind reaktionäre Geschäftsleute geworden, die sich allen neuen Ideen teils aus Egoismus, teils aus einer falsch verstandenen Pietät gegenüber der Vergangenheit eigensinnig verschliessen. Sie sind stolz auf ihre Herkunft, stolz auf ihre Tradition, aber sie tun nichts, um den einsamen Gutshof oben in Maine vor dem Verfall zu bewahren. Seltsames amerikanisches Zwischenspiel: Ein einziges Mädchen aus dieser Familie kehrt zurück, bespricht mit dem Pächter, wie man den Boden besser ausnützen, den Wald wieder aufforsten kann, sie hängt an diesem Land, aber sie sieht es mit anderen Augen, mit den Augen der zukunftsfreudigen, opferwilligen Jugend, aus der sich Roosevelts beste Anhängerschaft rekrutiert.«[101] Diesen Artikel schreibt sie in den ersten Wochen ihrer Amerikareise mit Barbara Hamilton-Wright. Schon am 7.10.1936 erscheint er in der Schweizer *National-Zeitung*. Ein Jahr später – sie ist im Süden des Landes unterwegs, wo die naßkalte, dunkle Tristesse der Elendsquartiere Knoxvilles einen scharfen Gegensatz zu den hellerleuchteten Büros der Regierungsplaner in der Innenstadt bildet – wird sie die Hoffnung, daß sich wirklich etwas verändern könnte, relativieren. »Die Vision eines besseren Lebens, der langgehegte amerikanische Traum, wird schattenhaft, je weiter die Strassen nach Süden führen«, schreibt sie in ihrem Ende 1937 publizierten Artikel »Auf der Schattenseite von Knoxville«. »Das Land ist ausgedörrt von der Hitze des Sommers und rostet im träufelnden Regen siebzigjähriger Armut. Im breiten Tal des Tennessee River leuchtet rotes Herbstlaub von den Hügeln, und rote Erde bricht aus den tiefen Spalten, die Wind und Wasser in die Hänge gefressen haben. Die Wälder sind verschwunden, die einst das Land schützend bedeckten, schwarze Baumstümpfe und weisse Steine sind über die dürftigen und rohen Äcker zerstreut, die ein bisschen Mais, Kartoffeln und Zuckerrohr getragen haben – zu wenig, um den Farmer und seine Familie zu ernähren. (...) Knoxville ist mit seinen hunderttausend Einwohnern eines der städtischen Zentren in einer von der Natur wenig begünstigten Region, deren Bewohner (...) es nicht vermochten, den Boden gegen die Gewalt des Flusses zu sichern und ihm eine mehr als notdürftige Existenz abzuringen. Und das Tal des Tennessee River – insgesamt eine Bevölkerung von zweieinhalb Millionen umfassend – wurde zu einem der ärmsten und rückständigsten Gebiete Amerikas. 1932 jedoch war das Geburtsjahr der »Tennessee Valley Authority«, deren drei Anfangsbuchstaben TVA zu einem Symbol des Fortschritts der Nation und der Hoffnungen der Ära Roosevelt geworden sind. (...) Die TVA wurde von Roosevelt ins Leben gerufen, um Dämme zu bauen und den Lauf des Tennessee bis zu seiner Mündung in den Ohio zu regulieren. Daraus wurde ein umfassendes Programm, das seit fünf Jahren den systematischen Aufbau jenes rückständigen und armen Landes durchführt und es zum grossen »Laboratoriumsfall« der Vereinigten Staaten gemacht hat. (...) Und die Fäden dieser allseitigen Aktivität laufen in der Stadt Knoxville zusammen, wo in den Büros des TVA-Hauptquartiers ein Stab von Ingenieuren und Experten unermüdlich bei der Arbeit ist. Gegenüber der alten Markthalle, wo die Maultiere und Gemüsekarren der Farmer stehen und wo samstags die »Amerikanische Legion« ihre patriotischen Reden und Tanzvergnügungen abhält – gegenüber einem bunterleuchteten Kino, wo Liebesdramen und Wildwestfilme aus der guten alten Zeit abgespielt werden, gegenüber den billigen Auslagen von Damenmoden und Drugstores zieht sich eine Reihe von grossen, nüchtern umrahmten Schaufenstern hin. Schematische Landkarten zeigen das Flussgebiet des Tennessee und die Aktionszentren der TVA; eine Serie von Photos in Plakatformat illustriert das Drama des Flusses, die Geschichte der nutzbar gemachten Wasserkraft, die Möglichkeiten der Technik im Dienste der Allgemeinheit: (...) Nachts sind die Schaufenster von innen erleuchtet und konkurrieren mit den Lichtreklamen der Mainstreet. (...) Aber Knoxville, das Zentrum der TVA, hat noch eine andere und besondere Schattenseite. Die Stadt liegt erhöht über dem Fluss, und so jäh fällt das Ufer ab, dass man meint, hier sei die Stadt zu Ende. An der scharfen Kante des Ufers enden Laternen, Lichtsignale, Reklamen, erleuchtete Fenster. (...) Die Augen müssen sich zuerst an die Dunkelheit gewöhnen, wenn man sich über das Brückengeländer beugt und zum Fluss hinunterblickt. Am steilen Abhang stehen Häuser, lichtlos und leblos wie Kulissen, kein Feuer in den Kaminen, die Türen verschlossen. Hier wohnt niemand, möchte man denken – hier *kann* niemand wohnen. Aber man hat inzwischen entdeckt, dass die Strassen der hellen Stadt Knoxville nicht an der Brücke und an der steilen Kante des Ufers enden, dass sie sich nur verwandeln, grau und ungepflastert und dunkel und uneben werden, und so, gewissermassen schamhaft verhüllt, steil hinunterführen in die feuchte Finsternis des Flusses. (…) Blasse Kinder spielen unter den Pfeilern der Brücke, (…) Negerburschen, dünn und schlotternd in ihren zu leichten Kleidern, lehnen an den Barackenwänden oder schleichen durch das Gebüsch am Ufer, lässig, Zigaretten zwischen den schlanken Fingern. (…) Tagsüber ist die Westfront Street erfüllt von einem traurig-geschäftigen Leben. Ich gehe umher und frage die Leute, wovon sie leben. Die Leute (…) wissen es manchmal selber nicht. Viele von ihnen sind »on relief«, beziehen Unterstützung, viele suchen Arbeit, viele hungern. Sie scheinen nicht zu wissen, dass es oben, zehn Minuten entfernt, Autostrassen, Delikatessgeschäfte und die modernen, gescheit arrangierten, Zukunft lehrenden Schaufenster des TVA gibt. Zwischen ihren elenden Behausungen, in einer geräumigen Garage, stehen sechs grosse, schwarz lackierte, spiegelglatte Automobile. Wenn die Motoren anspringen und die Wagen in die Strasse einbiegen, erkennt man, dass es Leichenwagen sind. Das ist der einzige Glanz in der Westfront Street.«[102]

Die Reise in die Krisengebiete der USA ist für die zwei Frauen nicht ganz ungefährlich. Wilde Streiks, Armut und eine Fremden gegenüber mißtrauische Bevölkerung verlangen große Vorsicht bei den Recherchen. Mißtrauisch ist man auch auf Arbeitgeberseite. Die Besichtigung des Stahlwerks Jones & Laughlin, des viertgrößten Stahlwerks der USA in Aliquippa bei Pittsburgh, wird ihnen aufgrund eines Empfehlungsschreibens der Tochter des Industriellen erlaubt. Annemarie schreibt: »Es bedurfte einer Reihe von Formalitäten, bis wir das über vier Meilen ausgedehnte Fabrikareal betreten durften – die Herren in ihren Büros flüsterten und telephonierten, zwei junge Ingenieure wurden als Führer bestellt, Privatpolizisten der Gesellschaft, mit Revolvern und Gummiknüppel ausgerüstet, verlangten Ausweise, man teilte uns mit, dass wir nicht photographieren dürften und dass wir seit zwei Jahren die ersten Besucher weiblichen Geschlechts seien.«[103]

Vor allem im Süden müssen die Frauen gut vorbereitet sein und versuchen, durch ihr Auftreten so wenig wie möglich zu provozieren. Die

Photographin Marion Post Wolcott schreibt über die notwendigen Reisevorbereitungen in den Süden und ihre Arbeitsweise dort: »Die Arbeit muß geplant, Fahrtrouten festgelegt und Abstecher vorbereitet werden. Lokalzeitungen der Gegend müssen durchgesehen, Telegramme verschickt werden. Textmaterial über eine bestimmte Arbeit, eine Region oder ein Problem muß aufgenommen werden. Kontakte müssen hergestellt und verschiedene Dinge für die Arbeit des folgenden Tages organisiert werden.«[104] Die Stimmung, die ihr im Süden begegnete, beschreibt Post Wolcott so: »Die Leute stehen einem jungen Mädchen, das allein durch das Land fährt, oft mißtrauisch gegenüber. (...) Sie werden besonders argwöhnisch, wenn es am Abend allein ausgeht, da das in ihrer Stadt nicht so üblich ist. (...) Manchmal, wenn man wirklich allein ausgeht, wird man von Männern belästigt, die einen für ein Flittchen halten. (...) In Hotels wird ein einzelnes Mädchen, das allein reist, oft gestört. Männer bestechen das Hotelpersonal, um seinen Namen oder seine Zimmernummer herauszubekommen, oder sie beobachten, in welches Zimmer es geht. Da gibt es hartnäckige Betrunkene, die ständig anrufen, um einen zu einer Party einzuladen, oder zur Zimmertür kommen, um sich für den Lärm zu entschuldigen.«[105]

Durch ihre kurzen Haarschnitte und das Tragen von Hosen können die zwei Freundinnen einigen dieser Probleme aus dem Weg gehen (Post Wolcott war in auffallend weiblicher Kleidung in den Süden gereist). Die grundsätzlichen Probleme aber haben auch für sie Gültigkeit, zumal im Süden die Atmosphäre durch den Rassismus zusätzlich aufgeheizt ist. Als weiße Frau Schwarze und insbesondere schwarze Männer photographieren zu können, verlangt viel Fingerspitzengefühl. Annemarie scheint dieses Feingefühl gehabt zu haben. Auf ihren Photographien lassen sich nicht nur Kinder und Frauen ablichten, sondern auch Männer beider Hautfarben. Die Ruhe und Gelassenheit der Menschen dabei läßt auf eine intensive Vorarbeit der Photographin mit ihnen schließen. Annemarie muß es gelungen sein, durch ihr Verhalten und durch Gespräche mit den Menschen ihr Vertrauen zu gewinnen, so daß sie sich bereitwillig ihrem Objektiv stellten und weder überrascht noch verärgert darüber waren.[106] In den USA entfernt sie sich von der klassischen Reisephotographie, die sie noch in Vorderasien pflegte und nähert sich der Dokumentar-Photographie an, die sie im Washingtoner Archiv der FSA[107] studieren kann. Beeindruckt hatte sie die dokumentarisch-sozialkritische Berichterstattung schon in Moskau während des Allunionskongresses, wo sie Joris Ivens Filme »Borinage« und »Neue Erde« gesehen hatte. Für die FSA ist die Photographie ein politisches Mittel. Die realistische Widergabe der Armut soll die soziale Krise Amerikas dokumentieren und an die Hilfsbereitschaft der wirtschaftlich Bessergestellten appellieren. Roosevelt erhofft sich dadurch auch eine größere Akzeptanz seiner »New Deal«-Politik. Photos als Dokumente und als Impuls zur Solidarität. Zwischen 1935 und 1943 machen die 30 Photographinnen und Photographen der FSA, darunter Dorothea Lange, Walker Evans, Ben Shan und Arthur Rothstein zu diesem Zweck mehr als 250 000 Aufnahmen.[108] In ihren Notizen über Lumberton/North Carolina äußert sich Annemarie Schwarzenbach allerdings auch skeptisch über die Erfolgsaussichten der Dokumentarphotographie. Wieder ist es die bedrückende Realität, die sie an der Möglichkeit, wirklich etwas bewegen zu können, zweifeln läßt: »Mrs. Jacobs verdient fünfeinhalb Dollar wöchentlich, ernährt damit ihren gichtkranken Mann und acht (oder neun?) Kinder. Hat zwanzig Jahre in der Fabrik gearbeitet, kann nicht über fünfunddreißig Jahre alt sein, war einmal hübsch, hat einen müden, gleichsam apologetischen Ausdruck. Das älteste Mädchen, elf, trägt Hosen, am Fussgelenk mit Schnüren zusammengebunden, ein zerrissenes Filzmäntelchen, hat einen viel härteren und abgebrühteren Gesichtsausdruck als die Mutter. Das Haus (...). Baracke, ungestrichen, auf vier Pfosten aus Backstein, ein paar Bretterstufen zur Tür, ein einziges Fenster, ein anderes zugenagelt. Auf der Rückseite etwas Holz, leere Konservendosen (typisch), Abfall, Schmutz. Das Klosett im Freien, ebenso die Wasserpumpe. Kein elektrisches Licht. Ringsum dürres Herbstgras. Zuerst kein Lebenszeichen, und es schien unglaubhaft, dass dieses Skelett, diese Baracke, die ein Schweizer Bauer nicht einmal als Viehstall verwenden würde, von Menschen bewohnt ist. (...) Wir machten Photos, es war peinlich, diesen Haufen Elend als »Sujet« zu benützen. Aber Pate sagte zu Mrs. J.: ›They do it for the right purpose, it's going to help.‹ ›Dokumentar-Photographie‹ nennt man das, Realität, Beweis – aber wie, wenn die Leute selbst ihre Lage nicht realisieren?«[109]

Journalistisch betreten die zwei Frauen mit ihrer Recherche vor Ort ein Terrain, das nicht nur für Frauen nahezu Neuland ist. Da sie im Gegensatz zu den FSA-Photographen nicht im Regierungsauftrag unterwegs sind, müssen sie zudem selbst nach Veröffentlichungsmöglichkeiten suchen.[110] Annemarie publiziert in einigen linken und liberalen

Schweizer Zeitungen, die bereit sind, ihre USA-Berichterstattung nicht nur, wie es die Regel ist, über Nachrichtenagenturen zu beziehen.[111]

»Neben der arbeiterorientierten *Zürcher Illustrierten* und der kurzlebigen linken *ABC* (...) sind dies die liberalen Blätter *Weltwoche* und *National-Zeitung*. Aber sogar dem dortigen Feuilletonchef, Otto Kleiber, waren die Südstaaten-Reportagen wie ›In den Cumberland-Bergen‹ oder ›Baumwollkrise in Alabama‹ mit zu viel ›wirtschaftlichem Material belastet‹; er wollte sie ›feuilletonistischer‹.«[112] Die Kritik der *National-Zeitung* und die Weigerung Kleibers, einige Artikel zu publizieren, fallen um so mehr ins Gewicht, als sie die einzige größere deutschsprachige Tageszeitung außerhalb Deutschlands ist.[113] Kritik gibt es auch aus dem Elternhaus. Für Renée Schwarzenbach ist die *Weltwoche* ein »unmögliches Blatt« und die *National-Zeitung* ein »(...) hetzendes Blatt, voller Unrichtigkeiten – einseitig eingestellt – unschweizerisch«.[114]

Trotz aller Schwierigkeiten und Widerstände ist die Zeit von Januar 1937 bis Mitte 1938 journalistisch betrachtet die konzentrierteste und vielleicht die beste Annemarie Schwarzenbachs. Es ist trotz des Elends, das ihr in den USA begegnet, und dem privaten Streit mit Erika wahrscheinlich auch privat eine ihrer glücklichsten. Sie hat ein Ziel, sie hat Arbeit, und sie wird veröffentlicht. Sogar Thomas Mann äußert sich positiv über einen Südstaaten-Artikel von ihr.[115] In linken Kreisen wird sie vor allem durch ihre Arbeit für *ABC*, die nach ihrem Debut mit dem Artikel über die »Vereinigten Bergarbeiter Amerikas« eine ganze Reihe von Sozialreportagen Annemarie Schwarzenbachs abdruckt, als Journalistin bekannt.[116] 1938 erscheint neben den Reportagen aus den USA und einigen aus Europa ihre Biographie über den Schweizer Bergsteiger und Korrespondenten der *Zürcher Illustrierte*, Lorenz Saladin, für die sie im Frühjahr 1937 in Moskau recherchierte. Dieses Buch wird ihr größter kommerzieller Erfolg werden. Die Leser in der Schweiz können davon ausgehen, daß Annemarie es geschafft hat, sich als Schriftstellerin und Journalistin zu etablieren.

Auch ihr journalistischer Stil verändert sich in den USA. Ihr Ziel, möglichst objektiv und dokumentarisch die amerikanische Wirklichkeit jenseits der schillernden Metropole New York einzufangen, zwingt sie, ihren impressionistisch, assoziativen Stil, den sie in Persien pflegte, mehr und mehr zugunsten eines nüchternen objektiven Blickes zu verändern. Die Beschäftigung mit dem eigenen Dasein, vor allem die Reflexion über die Wahrnehmung des eigenen Ichs, das immer in Auflösung begriffen ist, treten hier ganz hinter die politische Aufgabe und Zielsetzung zurück, so daß die Artikel auch heute noch ein sehr eindringliches Bild der politischen Kontroverse und der sozialen Situation in den USA Mitte der 30er Jahre wiedergeben.

Die notwendigen Kontakte, die eine solche Fahrt erst möglich machten, bekamen Annemarie Schwarzenbach und Barbara Hamilton-Wright wahrscheinlich durch Roy Stryker, dem Leiter der FSA. Stryker war in Washington öfter bei Barbaras Mutter, die ein offenes Haus führte, zu Besuch. Und auch Annemarie war längere Zeit Gast des Hauses. Vor allem die wichtigen Kontakte der zwei Frauen zu den Gewerkschaften müssen über Stryker zustande gekommen sein.[117]

Während Erika und Klaus bei aller Kritik an den USA hier die letzte Bastion der Demokratie sehen und in »Escape to life« – vielleicht nicht nur aus Überzeugung, es war eine Auftragsarbeit – die positiven Seiten Amerikas herausstreichen, bleibt Annemarie bei ihrem Mißtrauen. Neben der Armut und den schlechten Arbeitsbedingungen ist es vor allem der Rassismus, den sie scharf kritisiert. Trotz ihrer Hoffnung auf die Demokraten und auf den Wandel im Land bleibt sie gegenüber dem demokratischen Grundkonsens der USA wie auch ihrem Ideal des »american dream« und ihren gesellschaftlichen und urbanen Organisationsformen skeptisch. Vor allem die Vermischung zwischen kapitalistischen Produktionsmethoden einerseits und dem populistischen, spezifisch amerikanischen und mystisch verklärten Sendungsbewußtsein andererseits wirkt abschreckend auf die calvinistisch sozialisierte Schweizerin. Annemarie ist zu sehr Europäerin, um sich von diesem Populismus, der so oft ins Kitschige verfällt, beeindrucken zu lassen. Und sie ist zu stark von der europäischen Zivilisations- und Fortschrittskritik geprägt, als daß sie diesem modernen Urland der Industrialisierung und Technisierung unkritisch gegenübertreten könnte. Fortschritt bleibt für sie zeitlebens gleichbedeutend mit Unmenschlichkeit, Entfremdung, Zwang und Gewalt. Amerika bietet ihr in dieser Hinsicht reichlich Anschauungsmaterial. New York, das viele Europäer begeistert als die einzige wirkliche Großstadt der Welt empfinden und von dem Margot von Opel sagt, sie wäre sehr gern dort geblieben, ist für Annemarie ein Alptraum. Ein gefräßiger Moloch, der schrittweise seine Umgebung verzehrt und nur noch unbewohnbare Schrottlandschaften zurückläßt. New York als Utopie der Moderne bleibt Annemarie fremd.

Reise durch Vorkriegseuropa

Mitte Februar 1937 kehrt Annemarie Schwarzenbach für einige Monate nach Europa zurück. Sie will in Moskau, wo sich der Nachlaß Lorenz Saladins befindet, recherchieren. Aus den wenigen Notizen des uprätentiösen, wortkargen Schweizers und den geradezu atemberaubenden Photographien des mächtigen Grenzgebirges zwischen Rußland und China wird Annemarie eine schillernde Biographie zusammenstellen, die das Leben dieses Bergsteigers, vor allem die letzten dramatischen Wochen, bevor er beim Abstieg von dem 7200 m hohen Khan-Tengri, den er als erster bestiegen hatte, erfror, lebendig werden läßt. Schon auf den ersten Seiten der Biographie wird deutlich, warum Annemarie sich für das Leben dieses Landsmannes interessierte. Lorenz Saladin war wie sie ein Abenteurer und ständig auf der Flucht vor sich selbst.

Die Reise nach Moskau führt Annemarie Schwarzenbach auch nach Deutschland. Die Veränderungen seit ihrem letzten Aufenthalt sind deutlich zu spüren. Mit Schrecken und Verwunderung nimmt Annemarie Gleichschaltung und Opportunismus innerhalb der Bevölkerung wahr. Es begegnen ihr aber auch Stimmen der Kritik. Stimmen, die ihre Hoffnung nähren, die menschliche Deformation, die sie auf den Straßen wahrnimmt, berühre nur die Oberfläche dieses Volkes, nicht aber seine Seele.

Wie schon in Amerika versucht sie durch Kontakte mit der Bevölkerung der Wahrheit über Deutschland auf den Grund zu kommen, um auch als Journalistin informiert zu sein und von der Lage hier wie auch in den anderen Ländern, die sie bereist, zu berichten. Aufmerksam hört sie Mitreisenden zu oder Tischnachbarn in Cafés und knüpft mit Schweizer Akzent Gespräche über den veränderten Alltag der Menschen. »Da schickt man mir einen Mann ins Haus«, sagt ihr ein Förster, »in Uniform natürlich, einen ganz jungen, dummen und obendrein frechen Burschen, der von Wald und Holz und Forstwirtschaft noch nie etwas gehört hat, aber er nennt sich ›Forst-Experte‹ und trägt Uniform, und der Gauleiter selbst hat ihn geschickt – da kann er sich natürlich alles erlauben. ›Aufforsten‹, sagt er zu mir, ›schneller aufforsten, Deutschland braucht Holz, wir müssen autark werden.‹ Als könne man den Kiefern befehlen, im Namen des Führers, sie sollten schneller wachsen. (...) diese Partei-Beamte mit ihren hochtrabenden Titeln – das sind alles Nichtskönner. Leute, die versagt haben im praktischen Leben, in ihrem Beruf, schon in der Schule – Leute, die nichts Anständiges gelernt haben und nun in der Partei ihr Glück machen wollen.«[118]

Solche Stimmen führen bei Annemarie allerdings zu einer Überbewertung des Widerstandspotentials in Deutschland, die repräsentativ ist für das Mißverständnis, dem viele Emigranten erlegen waren. An Klaus Mann schreibt sie: »Nicht als ob die Dinge etwa besonders schlimm festgefahren u. hoffnungslos lägen – im Gegenteil, da geht enorm viel vor, aber eben *innerhalb* Deutschlands, – u. merwürdig stark von ganz anderen Kreisen als denen, auf die wir aus Gründen der Sympathie rechnen, aus Kreisen, die ihrerseits auf die Emigranten nicht setzen.«[119] Wie sehr sie an die kathartische Fähigkeit dieses Volkes glaubt und wie romantisierend ihr Deutschlandbild letztendlich gewesen ist, wird besonders in den Berichten Annemaries aus Ostpreußen deutlich, diesem »Grenzland des Reiches«, wie sie es nennt: »Nichts kann diesem Volk fremder sein als die oberflächliche und dilletantische Neuerungssucht, die beständige Einmischung und Reglementierung, die durch die Parteiorgane der Nationalsozialisten natürlich auch hier ihren Einzug gehalten haben. Die Abwehr ist gelassen, so als wisse man, auch dieser Sturm werde vorübergehen, die alten Bedingungen und Gebundenheiten des deutschen Grenzlandes aber würden bleiben. (...)

[Es] bleibt der Trost, dass etwas vom besten Deutschtum mir hier begegnet ist, dessen Gültigkeit die Unbill schwerer Zeiten überdauert hat und sich auch heute daran festigen und sie ruhigen Gemüts überstehen wird.«[120] Begriffe wie das »beste Deutschtum« können heute bestenfalls mit Schaudern rezipiert werden, doch ist Annemaries Grundhaltung nicht nationale Verherrlichung, sondern Hoffnung. Eine Hoffnung darauf, daß etwas von dem Deutschland, das sie kennt, übrigbleiben wird.

Über Polen fährt Annemarie weiter ins Baltikum. Dort begegnet sie einem anderen Extrem, dem »Janus-Kopf von militantem Sozialismus u. sozialistischem Faschismus«[121]. Der Enthusiasmus und Aufbauwille der jungen baltischen Republiken sind ihr zwar sympathisch, der Chauvinismus aber und der Antisemitismus, denen sie begegnet, schrecken sie ab. In Kaunas, der provisorischen Hauptstadt Litauens, schreibt sie an Klaus: »Die jungen, übrigens recht sympathischen Bauernvölker – oder vielmehr ihre ›erste Generation‹ hassen ja nicht bloss gerade die Balten oder Polen, sondern auch die Russen u. ihre eigenen Juden –

u. sind von einer schrecklichen nationalen Überheblichkeit – auch hier, auch hier, – u. doch ist die Geschichte ihrer Befreiung u. ihre ungeheure Energie, Intensität, Frische, Bildungssucht keineswegs unsympathisch.«[122]

Ende Mai gelangt Annemarie in das inflationsgeplagte Moskau. Neben ihren Recherchen hat sie auch die Gelegenheit zu einigen Gesprächen, unter anderem mit Johannes R. Becher. Die für sie unerträgliche Diskrepanz zwischen revolutionärem Befreiungsanspruch und Totalitarismus der sowjetischen Art ist dieses Mal noch spürbarer als während des Kongresses 1934. Obwohl sie bereit ist, die Eigenarten russischer Politik zu akzeptieren, kann sie, trotz der Bemühungen Bechers, »es ihr zu erklären«, nicht über die sibirischen Arbeitslager und politischen Morde hinwegsehen und auch nicht über die Unterdrückung jeder Art von Individualität, die den Alltag in Moskau bestimmt. »Dass übrigens der heutige Kurs die Anlehnung der liberalen Demokratie mit dem Spielraum für individuelle geistige Betätigung, kritische Auseinandersetzung (etwa durch Debatten der Parteien) strikter ablehnt als 1934 im Moment unseres Kongresses, wurde mir durch die ›korrekten‹ Anschauungen Bechers schon klar.«[123]

Von Moskau aus fährt Annemarie über Finnland weiter nach Schweden zu ihrer Schwester, wo sie mit Barbara Hamilton-Wright und Michael Logan, einem amerikanischen Freund Klaus Manns und ihr, zusammentrifft. »Von Helsinki über das Inselmeer war die letzte, schon freundlich-trauliche Etappe, da gestern am frühen Morgen, als ich von Leningrad her in der finnischen Hauptstadt eintraf, mein netter u. lustiger Schwager am Bahnhof stand u. mich gleich durch eine Unzahl von Segel-Regatta-Festgelagen schleifte, Krebse gab es noch nicht, sonst aber immense Mengen an Gerichten u. starken Getränken, wie das dort ja so üblich ist.«[124]

Trotz der Freude, die Schwester nach langer Zeit wiederzusehen, sehnt Annemarie sich nun nach der Silser Ruhe. Im Sommer hofft sie dort Erika wiederzutreffen und mit dem Buch über Saladin beginnen zu können. Schließlich kündigen sich Michael Logan, Barbara Hamilton-Wright und Klaus Mann, der gerade von einer Entziehungskur in Budapest zurück ist, mit seinem Freund Anthony Curtiss an. Auch Claude Clarac, der bedrohlich von der »persischen Krankheit« – dieser spezifischen Art der Niedergeschlagenheit und Hoffnungslosigkeit, die Annemarie so gut kennt – geplagt wird, will diesen Sommer des Jahres 1937 in Sils verbringen. Annemarie sieht dem Treffen nicht ganz ohne Besorgnis entgegen, da die emotionalen Verflechtungen zwischen den Männern offensichtlich nicht ganz unkompliziert liegen. Claude ist in Michael verliebt, Michael nicht in ihn. Über unerträgliche Turbulenzen ist aber nichts bekannt. Auch Erika und Therese Giehse finden sich im Schweizer Landhaus ein. Zum letzten Mal genießen die Freunde unbeschwerte Ferien miteinander und leben in den Tag hinein.[125] Gleichzeitig liegt die Vorahnung des Krieges in der Luft. Die Freunde sind sich einig, daß es Krieg geben wird. Nur über das wie und wann von Hitlers Angriff sind sie sich noch uneins und auch darüber, ob es ein Kampf zwischen Faschismus und Kommunismus sein wird, wie es die deutsche Propaganda glauben machen will, oder ob es ein Kampf zwischen Demokratie und Diktatur sein wird, wie Erika und wohl auch Annemarie glauben.

Annemarie Schwarzenbach möchte nach diesem Sommer gerne an die erfolgreiche Zeit in den USA anknüpfen. Im September 1937 kehrt sie nach Nordamerika zurück. Unter dem Eindruck des nahenden Krieges erscheint ihr die Berichterstattung über den Arbeitskampf in den USA jedoch bedeutungslos, und die Publikationsorgane in der heimatlichen Schweiz signalisieren auch kein Interesse mehr. Ohne konkrete Pläne für die nähere Zukunft kehrt Annemarie im Februar 1938 zurück nach Europa. Und schon auf dem Schiff nimmt sie wieder verstärkt Morphium.

VORAHNUNG DES TODES

Rückfall und erneuter Entzug

Einen Monat nach ihrer Rückkehr befindet sich Annemarie Schwarzenbach in einem desolaten Zustand. Ohne die Anerkennung für ihre Arbeit, die sie noch im letzten Jahr in den USA erfahren hat, und mit zunehmender Gewißheit, Erika niemals als Geliebte gewinnen zu können, gibt sie sich ganz der »schnellen Erleichterung« hin. An Klaus Mann schreibt sie: »In New York, im Januar, begann ich, ein wenig zu nehmen. Auf dem Schiff, als Du u. ich über Thun [Ausdruck für Morphium, A. G.] redeten, tat ich es sehr bewusst: Jawohl, übel würde mir werden – u. schob es von Tag zu Tag hinaus. Am letzten Tag erst (Donnerstag) liess ich mir zwei Ampullen geben (…) In Boonton [der Ort an dem sie im Dezember mit Erika einen kurzen Urlaub verbrachte, A. G.] begann die Krise, – Überarbeitung war es, Schlafmangel u. Unterernährung, was weiss ich. Ich hatte das Gefühl, die Nerven würden mir schwinden, wie Muskeln, wenn ein Sportsmann nicht mehr trainiert. Ich weiss nicht, ob Eri Dir einmal erzählt hat, wie ich mich damals an sie klammerte: mir schien, es würde nie gut werden, nie würde ich stabil sein, nie mich auf mich verlassen können, wenn sich Eri u. meine Freundschaft nicht ändere. Bedenke, Lieber – in 9 Jahren – zuerst war die Giehse da, u. ich war jung u. dumm u. ein braves Kind, – dann kamen die Konflikte mit meiner Mama, u. Hitler, u. die deutliche Trennung von meinem Kindheits-Milieu: da war Eri die Stütze u. liebevolle Garantin, ein Symbol gewissermassen, u. was ich ihr zumuten musste, bestimmte meine Haltung u. Abhängigkeit von ihr: ich blieb die Jüngere – ähnlich blieb es während der zwei persischen Jahre: neue Zumutungen, neue Bedürftigkeit, u. als ich Claude heiratete, schien es, nun sei es besiegelt: die Zeiten waren so, dass man von einem Freund mehr verlangen musste als nur ein anhängliches Gefühl, – Verfügbarkeit nämlich, Freiheit zur aktiven Bereitschaft, u. gerade das schien ich als Frau eines Diplomaten eingebüsst zu haben. Als ich es begriff, wurde ich erwachsen. Nur dass ich da schon krank war, u. weissgott, mit dem Thun zuerst, danach mit dem Wundenbein, wieder nichts zu bieten, u. viel zu verlangen hatte. Dieses Jahr erst, drüben in Amerika, war es anders. In Boonton war es anders, u. Eri wusste mich liebevoll zu überzeugen, dass sie all die Jahre u. soviel Mühe, Geduld u. Sorge nicht aufgewandt hatte für mich, wäre es nicht des Aufwands ihrer Meinung nach wert. Aber gleichzeitig redete sie mir auch zu, dass es, so wie die Dinge liegen, nicht tragbar wäre, eine Beziehung so zu ändern, wie ich es mir auf einmal ertrotzen u. wahr haben wollte. Sie überzeugte mich nicht ganz, mir war Himmelangst davor, (die Berufsarbeit allein – unsere Sache mit der Feder zu führen, in Schweizer Zeitungen, gegen den Feind, der mit Fliegern u. Tanks die Länder erobert – kann man vom Glauben an unsere winzig wirkungsvolle Mission denn leben?) – mir war Angst vor dem Alleinsein, u. nichts blieb übrig als die Realität, Freunde zu haben – ich wollte es legitimiert wissen. Ich kann nicht erklären, was eigentlich in mir vorging: als Eri es nicht anders haben wollte, u. ich wusste, sie musste arbeiten u. Frieden haben, beschloss ich, Ruhe zu halten (...) um jeden Preis.«[1] Das Mittel, das ihr den Mittelpunkt des Lebens – Erika Mann – ersetzen soll und von dem Annemarie sich in dieser verfahrenen Situation die nötige Stabilisierung, den nötigen Halt erhofft, ist Morphium.

Wieder einmal zeigt sich, wie gefährlich die emotionale Abhängigkeit Annemaries von Erika Mann ist. Jede Eigenständigkeit, die Annemarie in den vergangenen Jahren gewonnen hat, verliert an Wert, sobald Erika ins Spiel kommt, jede noch so mutige Lebensentscheidung wird neu an dem gemessen, was die Freundin tut und sagt. Daß Annemarie bei dem Vergleich ständig die Unterlegene ist, scheint dabei vorprogrammiert. Nie hätte sie es gewagt, ihre eigenen Leistungen denen der Freundin gegenüberzustellen oder gar gleichzusetzen. Zu groß ist der Respekt vor der Person Erika Manns, vor ihren Leistungen, vor ihren prominenten Kontakten und ihrem berühmten Namen. Annemarie bleibt in dieser Beziehung das trotzige, hilfsbedürftige Kind.

Klaus Manns ungehaltene Reaktion auf Annemaries Rückfall bewegt sie zu einem neuen Entzugsversuch. »Du sollst Dir keinerlei Sorgen machen«, schreibt sie an den Freund. »Ich bestätige es jetzt: ich bin gesund u. brav u. verfügbar, um über die oesterreichische Grenze zu fahren.«[2] Klaus Mann will, daß Annemarie, geschützt durch ihren Diplomatenpaß, im Namen der deutschen Emigration, Kontakte zum antifaschistischen Widerstand in Österreich herstellt. Offenbar unabhängig davon verfolgt sie auch den Plan, Magnus Henning, den Pianisten und Mitbegründer der »Pfeffermühle«, der mittlerweile wieder in Österreich ist, über die Grenze in die Schweiz zu bringen. Ob dies gelang, ist nicht bekannt, die Kontaktaufnahme mit österreichischen Oppositionellen beschreibt sie aber selbst in ihrem Artikel »Massenverhaftungen im österreichischen Offizierskorps – Nationalsozialismus ohne Maske?«[3]: »Ich gehe zuerst in eine Gassenschenke, bestelle ein Glas Bier. Im Fenster ein Bild des Führers, zwei kleine Hakenkreuzfähnchen (die billigsten, sie kosten nur zehn Groschen) und eine Aufschrift: ›Garantiert deutsches, arisches Haus. Nur arische Bedienung.‹ Die Bedienung besteht aus zwei jungen Mädchen in nicht ganz sauberen weissen Servierschürzen. ›Heute abend gibt es einen grossen SA-Parademarsch‹, sage ich, um ein Gespräch anzuknüpfen, ›werden Sie zuschauen?‹ Eines der Mädchen schweigt misstrauisch. Das andere, frisch, gescheit, mit hellen, blauen Augen, setzt sich gleich an meinen Tisch. ›Wir haben nicht frei, heute abend‹, sagt sie, ›und dann, solche Propaganda-Umzüge gibt es jetzt jeden Tag. Damit locken die Deutschen keinen Hund mehr hinter dem Ofen hervor!‹ Sie sagt nicht ›die Nazis‹, sondern ›die Deutschen‹ (...) ›Heute abend, da wird die *österreichische* SA marschieren?‹ frage ich. ›Meistens sind es Deutsche‹, antwortet das Mädchen, ›und auf jeden Fall ist es organisiert, anbefohlen, kommandiert von Deutschen. Wo unsere österreichischen Soldaten und sogar unsere *Nazis* hingekommen sind, das weiss kein Mensch. Denen traut man nicht.‹ (...) ›Gibt es hier im Ottakring viele Nazis?‹ Die Mädchen stocken eine Sekunde, argwöhnisch. Dann fassen sie wieder Mut. ›Sie sind eine Ausländerin?‹ werde ich gefragt, und als ich bejahend nicke, fahren sie fort: ›Der Ottakring, das ist ein Arbeiterviertel. Frühere Sozialdemokraten, ›Rote‹, Sie wissen schon. Es ging ihnen nicht gut unter Dollfuss und Schusnigg. Seitdem Dollfuss damals, 1934, in unsere Arbeiterwohnungen schiessen liess. Viele haben seither keine Stellung mehr bekommen. Jetzt verspricht man ihnen so viel. Die Nazis verstehen sich darauf. Sie versprechen ihnen Arbeit, bezahlte Ferien, Ferienreisen mit ›Kraft durch Freude‹. Vielen imponiert das ...‹«

Die erstaunliche Freimütigkeit, mit der die junge Kellnerin diese Art von Fragen beantwortet, läßt den Schluß zu, daß es Annemarie Schwarzenbach auch hier – wie in den USA – gelingt, Vertrauen zu erwecken. Selbst als sie nach den Adressen der Leute, die sie aufsuchen will, fragt, bleibt die junge Frau, nach einem kurzen, mißtrauischen Blick, auskunftsbereit. »»Was wollen Sie vom Fritz?‹ fragt sie, ›Sie brauchen sich die Mühe nicht zu machen hinzugehen. Der ist hochgegangen, vor ein paar Tagen hat ihn die SS abgeholt.‹ Einen Augenblick schweigen wir alle drei. Ich zeige auf die nächste Adresse. Das Mädchen weiss wieder Bescheid. ›Der Fritz war ein Funktionär von den Revolutionären Sozialisten‹, erklärt sie mir, ›und dieser Mann hier, der war sein Mitarbeiter. Den treffen Sie zu Hause an. Dem ist nichts passiert.‹ Ich kann nicht mehr fragen, warum ihm nichts passiert sei, ein neuer Gast betritt das Lokal, ein Arbeiter mit dem Parteiabzeichen der Nationalsozialisten. Ich verabschiede mich.«[4]

Die Kontaktaufnahme zu dem Mitarbeiter des verhafteten Sozialisten gelingt zwar, doch von organisiertem Widerstand kann nicht mehr die Rede sein: »Die zweite Adresse ist leicht zu finden. Eingang durch einen schmutzigen, kleinen Hinterhof, vier enge Treppen, oben ein winziger Korridor, eine offene Küchentür. Drin sitzen Mann und Frau beim Nachtmahl. Vor ihnen auf dem Tisch eine Schüssel Kartoffeln und geräucherter Speck. Ich nenne, um mich zu legitimieren, den Namen des Flüchtlings, der mir in der Schweiz die Adresse gab. Der Mann begrüsst mich zögernd, misstrauisch. ›Ich wollte nur fragen, ob ich Ihnen mit irgend etwas behilflich sein kann und ob Sie Ihrem Genossen in der Schweiz etwas auszurichten haben‹, sage ich. Der Mann sagt langsam: ›Genosse – das gibt es jetzt nicht mehr. Man muss sich anpassen. Den Fritz haben die Nazis verhaftet. Aber sie verhaften nicht viele, bei uns nur die Leiter, die Verantwortlichen. Ich bin seit 1934 arbeitslos gewesen. Ich war Strassenbahnschaffner. Unter der ›schwarzen Regierung‹ war ich ein Ausgestossener. Jetzt habe ich meine Stellung wieder. Meine Frau –‹, er weist auf die Frau, die abgehärmt, in abgetragenem Baumwollschurz am Tisch sitzt, ›sie fährt morgen mit einem ›Kraft durch Freude‹-Zug nach München. Ferien, eine schöne Reise, alles bezahlt. Einzige Bedingung: dass ich meine Beziehungen zu den früheren Genossen löse.‹ Er schweigt. Plötzlich fügt er heftig hinzu: ›Soll man das ausschlagen? (...) Nein, ich mache nicht mehr mit. Ich habe genug von der ›Illegalität‹ ...‹

Ich stehe auf, gehe zur Tür. Der Mann sieht mich nicht mehr an, schweigend beginnt er zu essen. Die Frau steht auf, begleitet mich bis zur Treppe. ›Und wir danken auch schön, dass sie sich herbemüht haben‹, sagt sie leise, ›grüssen Sie den ... Genossen, drüben in der Schweiz.‹ Das Wort ›Genosse‹ geht ihr schwer über die Lippen ...«[5]

Annemarie hat den Artikel für eine Veröffentlichung vorgesehen. Erlebnisse und Aktionen, die ihr oder anderen gefährlich werden konnten, spart sie deshalb vermutlich aus. So erfährt man leider nichts über die Fluchthilfe, die sie laut ihrer Schwester österreichischen Antifaschisten geleistet haben soll und über konspirative Treffen mit ihnen.[6] Sie bietet den Artikel der *Washington Post* an. Handschriftlich ist auf dem zurückgesandten Typoskript vermerkt: »Es enthält einiges gute Material und wäre zum Teil verwendet worden, wenn es in English geschrieben worden wäre. Wie wäre es mit einem Artikel, der nur Fakten über die politische Atmosphäre in der Schweiz enthält? Wie stark ist der Einfluß der Faschisten? Wie zeigt sich die Zunahme des Einflusses?«[7] An eine Überarbeitung des Artikels oder an Artikel über die Schweiz ist aber in den folgenden Monaten nicht zu denken, denn Annemaries Probleme mit dem Morphium haben seit ihrem Rückfall im Januar 1938 wieder überhand genommen. Die Beteuerungen gegenüber Klaus und all ihre Vorsätze haben keine Gültigkeit mehr. Während sich der Weltkrieg und sein Elend ankündigt, kämpft Annemarie Schwarzenbach ihren eigenen Kampf mit dem Tod.

Anfang Mai 1938 versucht sie wieder einen Entzug in der Klinik »Chesa Dr. Ruppaner« in Samedan, wo sie sich bereits nach ihrem Suizidversuch im Januar 1935 aufgehalten hatte. Ob dem erneuten Entzugsversuch eine akute Intoxikation vorausgegangen war, ob es ihr eigener Entschluß war, einen neuen Versuch zu unternehmen, oder ob die Eltern darauf gedrängt haben, ist nicht bekannt. »Ja, lieber Klaus, – ich bin mir, diesmal, des ganzen Ernstes bewußt: in Persien, im verlorenen Hochtal, am Ende der Welt, hatte ich zum ersten Mal einen der seltenen Augenblicke fast hellseherischer Klarheit, wobei man sich plötzlich deutlich im komplizierten Netz der Umwelt u. seines Schicksals sieht, u. dieses Netz mit seinen Ursachen u. Folgen, Vergangenheit, Gegenwart u. Zukunft begreift. Nur hatte ich damals das Gefühl, *verschleppt* worden zu sein, wenn nicht gegen, so doch ohne meinen Willen – Und entsprechend schien mir die Rettung von aussen möglich: jemand müsse mir helfen, mich nach Hause holen u. wieder an den richtigen Ort stellen – im Netz der Schicksalswege.

Diesmal ist es anders. Denn ich habe mich ›gehen lassen‹. Ganz freiwillig u. offenen Auges, – u. sehr deutlich weiss ich deshalb, dass ich mich selbst entschliessen, mir selbst helfen muss.«[8] Ihre erneuten Beteuerungen gegenüber dem Freund, sich nach diesem Entzug nicht »die geringsten Konzessionen an die Droge« erlauben zu wollen, straft sie in den nächsten Monaten jedoch immer wieder Lügen. Ende Mai schließt die »Chesa Dr. Ruppaner«, woraufhin Annemarie die Entziehungskur unter ärztlicher Aufsicht privat fortsetzt. Renée Schwarzenbach, mit der es wieder zu einer Annäherung gekommen ist und die ihre Tochter in diesen schweren Wochen öfter besucht, lädt Annemarie sogar ein, die Behandlung auf Bocken weiterführen zu lassen und sich dort anschließend von den Strapazen zu erholen. Tatsächlich ist der Behandlungsansatz mit Insulin und Schlaftabletten, der in Samadan – und zu dieser Zeit fast überall – praktiziert wird, von äußerst unangenehmen Nebenerscheinungen begleitet. Duch das Insulin kommt es jeweils zu einer akuten Unterzuckerung, wodurch vegetative Reaktionen wie etwa Schwindelgefühle, kalter Schweiß und Ohnmacht ausgelöst werden können. Da Annemaries körperliche Verfassung äußerst schlecht ist, bekommt sie auch weiterhin täglich Eukodal, da sonst zu befürchten ist, daß sie die Therapie physisch nicht durchstehen wird.

In dieser für sie so schwierigen Zeit lernt Annemarie Anita Forrer kennen, die Tochter eines Rechtsanwalts aus St. Gallen, die durch ihren Briefwechsel mit Rilke, den sie als junge Frau geführt hat, zu einiger Berühmtheit gelangt ist. Annemarie faßt großes Vertrauen zu der sieben Jahre älteren Anita Forrer, die ihr mit ihrer »solid bürgerlichen Art« endlich wieder ein Gefühl der Sicherheit geben kann. Annemarie schreibt über die neue Freundin: »Sie hat eine Liebe zwischen uns akzeptiert und Tatsache werden lassen, die mich erschüttert und mir sehr viel Vertrauen für die Zukunft gibt.«[9] Am 7. Juli 1938 ist aber bereits ein weiterer Entzug fällig. Auf Betreiben der Eltern kommt sie diesmal in die geschlossene Abteilung der Klinik Dr. Ludwig Binswanger in Kreuzlingen, wo es strenger zugeht als in Samedan oder bei Forel in Prangins. Renée, die ihre Tochter in Kreuzlingen regelmäßig besucht, ist selbst erschrocken über die Umgebung und über die Isolation, in die die Tochter als Behandlungsmaßnahme gezwungen wird. Annemarie ist dennoch imstande, die Zeit produktiv zu nutzen und hier ihr Buch über Lorenz Saladin fertigzustellen. Danach setzt sie bei den Eltern alles in Bewegung, um aus Kreuzlingen wieder herauszukommen. Schließlich weiß sie selbst am besten, daß auch Ludwig Binswangers Methode nicht erfolgreich sein wird.

Im September häufen sich die Anzeichen eines erneuten Rückfalls. Nachdem sie am 9. und 10. September bei Thomas Mann in Küsnacht zum Essen gewesen ist, schreibt er in seinen Tagebüchern über den deutlichen Verfall der Schweizerin: »Annemarie Schwarzenbach: veröderter Engel.«[10] Im gleichen Monat reist Annemarie für kurze Zeit nach Prag.

Die Stadt befindet sich in Agonie, und die Westmächte setzen Hitlers Expansionsdrang im Münchner Abkommen nichts entgegen. Trotz ihres schlechten gesundheitlichen Zustands schreibt Annemarie eine Reihe von Artikeln über die Tschechoslowakei, in denen sie leidenschaftlich für das bedrohte Land eintritt. Zu einer Veröffentlichung kommt es in dieser angespannten politischen Situation jedoch nicht mehr.

Zurück in der Schweiz begibt sich Annemarie Mitte Oktober 1938 freiwillig in die Klinik Bellevue nach Yverdon am Neuenburger See. Über drei Monate verbringt sie hier und überarbeitet ihr Manuskript *Tod in Persien*, das 1935 im Zeltlager am Fuße des Demawend entstanden ist. Sie benennt es um in *Das glückliche Tal*, und unter diesem Titel erscheint es im September 1939 im Züricher Morgarten-Verlag. Von Glück kann im *Glücklichen Tal* allerdings keine Rede sein. Annemarie ist der Gedanke an den Tod in Yverdon so nahe, daß sie am 11.12.1938 ihr Testament schreibt.

Der Zustand, in dem Annemarie Schwarzenbach sich in Yverdon während ihrer Arbeit am *Glücklichen Tal* befindet, kann als manisch bezeichnet werden. »Ich schreibe morgens, mittags, abends, treibe nichts anderes, und bringe auf diese Weise täglich nur zwei Seiten fertig. Aber Du musst wissen, dass es etwa so ist als schriebe ich täglich zwei *Gedichte* (was nicht heisst, mir gelinge reine Poesie, sondern nur die ungeheure Konzentration näher umschreiben soll) – (...) Meine orientalischen Erinnerungen werden darin gewissermaßen abgeklärt, gedeutet, symbolisch umgewandelt, – und es ist alles wie ein Notschrei und schrecklich mühsam. Allmählich werde ich auch närrisch dabei: jetzt schliesse ich schon die Vorhänge, verstopfe die Ohren mit Watte, und *weine* wenn mich eine sanfte Schwester stört.«[11] Der Text spiegelt diesen Zustand wider. In monologisierender, lyrischer Prosa von zum Teil berauschender Schönheit und Kraft reiht er, ohne Handlungsstruktur und ohne einen anderen Gegenstand zu haben als die Beschreibung des verzweifelten, todessehnsüchtigen Seelenzustandes des Ich-Erzählers, Impressionen aneinander. So als wäre in dieser Verzweiflung nur noch die Sprache übrig geblieben und als einzige Rettung: das Schreiben.

Die Arbeit an dem Manuskript, unbeschränkte Bewegungsfreiheit und die Zuneigung zu ihrer Ärztin, Doctoresse Favez, lassen Annemarie länger in Yverdon bleiben als vorgesehen. »Ich habe mich auf das Gefährlichste an meine doctoresse attachiert«, schreibt sie an Klaus Mann.[12] Ihre Zuneigung wird erwidert. »Sie war, glaube ich, sehr verliebt in Annemarie«, sagt Ella Maillart während unseres Gespräches.[13]

Annemarie schreibt in Yverdon auch ein Vorwort für *Das glückliche Tal*, eine Art literarisches Vermächtnis an ihre Leser. Ihr ganzes Leben faßt sie hier noch einmal zusammen; die Konflikte, ihre Ängste, ihre Sehnsucht nach Leben und Glück, ihre Nähe zum Tod. Einen Durchschlag davon schickt sie an ihre Schwester nach Schweden, die es bis heute aufbewahrt. In das Buch wird das Vorwort nicht aufgenommen. Suzanne Öhmann hat es nun für diese Biographie zur Verfügung gestellt:

»Dieses Buch wird dem Leser wenig Freude bereiten. Es wird ihn nicht nicht einmal trösten und aufrichten, wie traurige Bücher es sehr oft vermögen, – denn es ist eine verbreitete Ansicht, dass Leiden eine moralische Kraft besitzen, wenn sie nur auf die rechte Weise ertragen werden. Ich habe gehört, dass selbst der Tod erhebend sein kann, – aber ich gebe zu, dass ich daran nicht glaube: Denn wie soll man sich über seine Bitterkeit hinwegsetzen? Er ist eine unverständliche Gewalt ... und er verliert sie nur, wenn man ihn erwartet als den einzigen uns zugestandenen und unwiderruflichen Weg aus unseren Irrwegen. – Ja, um Irrwege handelt es sich in diesem Buch, und sein Thema ist die Hoffnungslosigkeit. Und wenn ein Schriftsteller auch keine andere Absicht kennt, als die Teilnahme seiner Leser zu erwecken, so ist doch eben diese Absicht hier gar nicht erreichbar: Denn wir können auf Mitleid und Verständnis nur hoffen, wenn unsere Misserfolge erklärlich, unsere Niederlagen mutig erkämpft, und unser Leiden die unvermeidliche Folge solch vernünftiger Ursachen sind. Wenn wir schon zuweilen grundlos glücklich sind, so dürfen wir doch keinesfalls auf die gleiche Weise unglücklich sein. Und in einer strengen Zeit wie der heutigen muss es Jedem leicht fallen, sich den richtigen Feind und das Schicksal zu wählen, welches seinen Kräften gebührt.

Der Held dieses kleinen Buches ist aber so wenig ein Held, dass er seinen Feind nicht einmal benennen kann, und er ist so schwach, dass er seinen Kampf aufgibt, scheinbar bevor seine ruhmlose Niederlage besiegelt ist.

Aber das ist noch nicht das Schlimmste: Viel weniger wird der Leser verzeihen, dass nirgends deutlich ausgesprochen wird, warum ein Mensch sich bis nach Persien, in ein fernes und exotisches Land treiben lässt, nur um dort den namenlosen Anfechtungen zu erliegen. Wohl ist mehr als einmal von Umwegen, Auswegen und Irrwegen die Rede, – und wer heute in einem europäischen Land lebt, weiss wie Viele der ungeheuren Spannung nicht gewachsen sind, – einer Spannung, die vom persönlichen Konflikt zwischen Ruhebedürfnis und Entscheidung, von der einfachen und übermächtigen materiellen Not bis zu allgemeinsten und dennoch brennendsten Fragen der Politik, der wirtschaftlichen, sozialen und kulturellen Zukunft reicht und keinen billig entlässt. Wenn junge Menschen trotzdem billig zu entkommen versuchen, – mögen sie ihr Recht auch noch so gewissenhaft auslegen, – so tragen sie doch das Kainsmal des Bruderverrats an der Stirn.

So ungefähr steht es um das Mädchen, von dem diese Aufzeichnungen stammen. Es wurde mir klar, als ich das Manuskript fertig in den Händen hielt, dass ich eine deutliche, uns allen zugängliche Vorgeschichte konstruieren müsste: Nur so würde ich den Leser befriedigen und dem Verleger ein brauchbares Buch anbieten können. Aber gerade das konnte ich nicht tun, ohne das eigentliche Thema zu verfälschen, – es wäre eine unerlaubte Konzession an unsere geistigen und moralischen Bedürfnisse gewesen.

Denn die Hoffnungslosigkeit, die schreckliche Vergeblichkeit jeder Auflehnung, die hier niedergeschrieben wurde, hat mit dem Kainsmal der Flucht, die am Anfang stehen mag, nichts mehr gemein. Nein, hier gelten unsere Massstäbe und Erklärungen nicht mehr, hier ist einfach ein Mensch mit seiner Kraft zu Ende ...

Ganz nahe grenzt das Un-menschliche an das Uebermenschliche, – und Asiens desperate Grösse ist übermenschlich – ›nicht einmal feindlich, nur zu gross‹. Was bedeutet es dort, wenn ein Mensch stirbt? Und wir kennen doch keinen hilfloseren Aufschrei als dieses ›Ein Mensch stirbt‹! – Nein, keine Verfälschung soll mich entlasten und Euch erleichtern: Die Gefahr ist nicht greifbar, die Furcht namenlos, – das erste macht sie schrecklich, – und es gibt Wege, von deren Schrecklichkeit keine Rückkehr mehr möglich ist. Warum sonst sterben?

Uns ist der Tod nicht natürlich, er erfüllt uns mit Ratlosigkeit. Aber die Asiaten haben ihn in ihre Religion einbezogen als das Nichts, als das wahre Sein, als die wahre Kraft. Sie erwarten ihn ohne Spannung, – *unser* Leben dafür ist nicht vorstellbar ohne die Spannung, die sein eigentliches Element ist. Entrissen seiner Sphäre, entrissen unseren vertrauten Tröstungen atmendem Antlitz, schlagenden Herzen, lieblich wechselvoller Landschaft muss man sich endlich preisgeben den grossen Höhenwinden, die auch unsere letzten Hoffnungen in Fetzen reissen.

Wohin sich wenden? Ringsum nur Kahlheit, basaltgraue Felsränge, lepragelbe Wüsten, tote Mondtäler, Kreidebäche und Silberströme, in denen die Fische gestorben abwärts treiben. Wohin? Oh Ratlosigkeit, gelähmter Flügel der Seele! – Da dringt nicht einmal der Ablauf von Tag und Nacht in unser Bewusstsein, obwohl der Tag glanzvoll ist und schattenlos, und die Nacht erleuchtet von kalten Gestirnen.

Man mag sich manchmal noch an Schmerzen klammern, an bitteres Heimweh und bittere Reue, – aber man kennt ja die eigene Schuld nicht mehr, vergeblich besinnt man sich auf den *Anfang* (– »wer hat mich bis hier herauf geführt?« –) Noch einmal anklagen dürfen, noch einmal *lieben*! Man stürzt sich in die meerweite, meergleiche Täuschung, man glaubt, man betet, und vergisst, wenn man in das geliebte Antlitz schaut, die dunkle Furcht. Aber was vermag man gegen sie?

Ach, noch einmal ohne ihre Beklemmung erwachen, einmal nicht allein und ihr preisgegeben sein! Den glücklichen Atem der Welt spüren! Ach, noch einmal leben!«

Zum Weihnachtsfest 1938 erscheint Annemarie überraschend auf Bocken. Sie hatte niemandem gesagt, daß sie zu den Feiertagen kommen würde, und dementsprechend sind alle erstaunt, sie zu sehen. Auch Suzanne ist mit den Kindern da. Annemarie sieht furchterregend aus. Sie ist abgemagert und fahl im Gesicht. Ihre Bewegungen sind unsicher, und die Familienmitglieder befürchten, sie werde den Abend eventuell nicht durchhalten können. Nach dem Essen wird musiziert, und Annemarie begibt sich ans Klavier. Alle erwarten, daß sie auf halbem Wege zusammenbricht, aber Annemarie spielt. Sie spielt ein Stück von Händel, und sie spielt es wundervoll, so daß die Ahnung des Todes, die Annemarie umgibt, den anderen noch schmerzhafter bewußt wird.

Mit Ella Maillart in Afghanistan

Inzwischen hat in London die damals 35jährige Journalistin und Asienreisende Ella Maillart von Annemarie gehört. Maillart kann 1939 nicht nur auf zahlreiche Reisen zurückblicken, sondern auch auf eine bemerkenswerte sportliche Karriere. Henri Seyric, der beide Frauen kennt und viel von Annemarie hält, erzählt Ella Maillart von dieser Kollegin und schlägt ihr, als sie ihm von ihren Afghanistan-Plänen erzählt, vor, doch Annemarie Schwarzenbach mitzunehmen. Sie habe Asienerfahrung und sei in einem Zustand, in dem ihr eine solche Fahrt sicherlich gut tun werde. Seyric informiert auch Annemarie über Maillarts Pläne, und diese ist sofort Feuer und Flamme.

Ella Maillart lernt Annemarie in Yverdon kennen. Der Anblick, den die Schweizerin zu dieser Zeit bietet, ist nicht gerade vertrauenerweckend. »Sie war ein wunderbarer Mensch«, beschreibt Ella Maillart die Freundin, »sehr einnehmend, sehr begabt – aber so blaß, so dünn und so kränklich aussehend, als ich sie traf. Sie schien für diese Reise nicht robust genug.«[14]

Doch Annemarie ist entschlossen mitzufahren, und Ella Maillart, die schon zuvor zwei Mal in Afghanistan war, findet die Aussicht, dieses Mal nicht mit öffentlichen Verkehrsmitteln das Land bereisen zu müssen, sondern unabhängig zu sein mit einem eigenen Auto, zu verlockend, als daß sie ablehnen könnte. So gibt letztendlich Annemaries Ford den Ausschlag. Ella Maillart bekennt: »Es war mein Egoismus.« Sie wollte die Möglichkeit ergreifen, Orte zu besichtigen, die abseits der offiziellen Verkehrsrouten lagen. Der Ford wird sich allerdings aufgrund seiner tiefen Bauweise als vollkommen ungeeignet für die Sandpisten des Vorderen Orients erweisen. »Und dann Pannen, Pannen, Pannen. Die Afghaner, wunderbare Menschen, halfen uns sehr. Sonst hätten wir Kabul nie erreicht.« Aber es ist nicht das Auto allein, das Ella überzeugt. Es sind auch Sätze Annemaries wie »Mein blindes Herumtappen im Leben ist unerträglich geworden. Was ist der Grund, der Sinn dieses Chaos, das Menschen und ganze Völker vernichtet? Und ich muß doch etwas mit meinem Leben anfangen können, es muß doch etwas geben, wofür ich froh leben oder sterben möchte!«[15], die Maillart bewogen, die Reise mit Annemarie zu machen. Denn darin, daß Europa und seine Zivilisation keinerlei Zukunft mehr zu bieten hatten, waren sich beide Frauen einig.

Nach Ella Maillarts Zusage beginnt Annemarie an ihrer Kondition zu arbeiten. Sie fährt regelmäßig Ski, sie ißt wieder mehr, und sie versucht, weniger zu rauchen. Vor allem aber schwört sie Ella »auf den Knien«, daß sie nie wieder Drogen nehmen werde.

Obwohl ihr Dr. Favez in Yverdon versicherte, daß der Versuch, Annemarie von der Droge wegzubringen, hoffnungslos sei, will Ella Maillart

Überquerung des Großen Zab bei Mossul/Irak mit Hilfe Einheimischer, 1935

es versuchen. Sie ist gerührt von Annemaries Begeisterung für die Reisepläne und in zärtlicher Fürsorge nimmt sie sich vor, ihr die Schönheit des Augenblicks auf der Fahrt beizubringen. Doch dieser Versuch schlägt fehl: »Ich unternahm diese Fahrt mit ihr, um sie wegzuholen von dieser ständigen Beschäftigung mit sich und mit ihrer Gefühlswelt. Annemarie lebte nie im Augenblick. Aber während der Fahrt sagte sie mir, sie wolle nicht geheilt werden, denn nur wenn sie traurig sei, könne sie schreiben. Ich konnte sehen, daß sie litt. Das konnte man leicht sehen. Annemarie lachte sehr selten. Sie war immer ernst und konnte nie etwas genießen.« In *Flüchtige Idylle*[16] beschreibt Ella Maillart sehr deutlich, wie anstrengend das Zusammensein mit der ernsten, humorlosen Annemarie war, und wie groß schon im Vorfeld deshalb ihre Bedenken waren. Um die Reise abzusagen, ist es jedoch bereits zu spät, und so fahren die beiden Frauen am 6. Juni los. Den Ford schmücken sie mit der Aufschrift ihres Ziels: Kabul, und sie wählen die schwierige Nordroute dahin.

Die Fahrt verläuft zunächst ohne größere Zwischenfälle. Ungehindert passieren sie die ersten Grenzen, machen in Triest und Belgrad Station und gelangen eine Woche später nach Bulgarien. In Sofia besorgt sich

Annemarie aber bereits wieder Eukodal, einen Morphiumersatz, und in Kabul findet sie einen deutschen Arzt, der ihr Morphium verschreibt. Ella ist darüber heute noch außer sich. »Ich verstand die Menschen nicht, die ihr die Drogen anboten«, sagt sie, »ich weiß auch nicht, woher die überhaupt wußten, daß Annemarie abhängig war.« Der Arzt in Kabul, den Maillart zur Rede stellte, antwortete nur, Annemarie leide doch ohnedem.

Nachdem Ella Maillart von dem Rückfall der Gefährtin in Sofia erfährt, wird das Verhältnis der beiden Frauen schwierig. Die Reise führt sie über Trapezunt am Schwarzen Meer weiter nach Täbris und Teheran, wo sie drei Wochen bleiben, um die Reportagen und Artikel zu schreiben, mit denen sie ihre Fahrt zum Teil finanzieren. So hat Annemarie einen Zuschuß vom Züricher Museum bekommen und am 26. Mai vom Morgarten Verlag eine Anzahlung von fünfhundert Schweizer Franken für einen großen Reisebericht.

Ende Juli kommen die beiden Frauen auf der Ausgrabung in Begram an, wo ihnen der französische Archäologe Joseph Hackin und seine Frau Ria, mit denen Ella Maillart befreundet ist, einen herzlichen Empfang bereiten. Hackin ist der Direktor der DAFA (»Délégation Archéologique Française en Afghanistan), die von 1924 bis 1940 in Afghanistan, vor allem in Bamyian und Begram, bedeutende archäologische Funde macht.[17] Annemarie, die an Bronchitis leidet, wird von der fürsorglichen Ria Hackin gepflegt. Nachdem sich die junge Reisegefährtin auskuriert hat, setzen die beiden Frauen ihre Reise fort. Sie sind froh, im August 1939 endlich Kabul zu erreichen. Die Stimmung zwischen ihnen ist mittlerweile auf einem Tiefpunkt, und sie beziehen getrennt Quartier.

Kurz nach ihrer Ankunft erfahren sie vom Ausbruch des Krieges. Beide sind zutiefst getroffen über diese Nachricht. Die schlimmen Befürchtungen haben sich bewahrheitet. Für Annemarie ein Grund mehr, sich wieder vollkommen ihrer »Traumwelt« hinzugeben. Ella Maillart dagegen will ins Pamirgebiet und das Leben der Nomaden dort studieren. Um in dieses Gebiet reisen zu können, braucht sie die Erlaubnis der englischen Behörden und muß deshalb nach Neu Delhi. Sie fährt aber nicht, ohne vorher noch für Annemarie gesorgt zu haben. Mit Joseph Hackin vereinbart sie, daß Annemarie bei einer seiner Ausgrabungen in Turkestan mitmachen kann. Soweit kommt es aber nicht mehr. Bald nachdem Ella Maillart in Neu Delhi angekommen ist, erreichen sie Briefe von Ria Hackin, sie solle bitte kommen und Annemarie abholen.

»Annemarie verliebte sich furchtbar in Ria und produzierte Skandale dadurch, Sie verstehen? Ria mochte sie, und daß sie mir nach Indien schrieb, ich solle kommen und Annemarie abholen, bedeutete, daß Annemarie die Situation dort unerträglich gemacht hatte.« Zu ihren eigenen Gefühlen Annemarie gegenüber sagt Ella Maillart: »Annemarie war so zart, vielleicht war ich zu streng zu ihr, aber ich wollte ihr wirklich einen Tritt geben. Ich fühlte große Zuneigung zu ihr, aber ich zeigte es nicht. Ich verbarg es tief in mir. Ich glaube, das war der Grund, warum sie sich in Ria Hackin verliebte. Ria war eine wirkliche Ehefrau, obwohl sie keine Kinder hatte. Eine sehr warmherzige Frau.«

Annemarie bekommt auf dieser Fahrt einen viel tieferen Einblick in die orientalische Lebensweise als in Persien. Während sie dort auf den Ausgrabungen oder auch in Teheran mehr mit Europäern und Amerikanern zusammen war, bekommt sie jetzt einen ganz unmittelbaren Einblick in die Lebensumstände der Einheimischen. Nicht daß Annemarie in Persien den Kontakt gescheut hätte, es lag einfach an den Umständen ihrer Aufenthalte dort. Gemeinsam mit Ella Maillart dagegen, deren Art zu reisen immer ein tiefes Eintauchen in die jeweilige Welt war, öffnet sie sich dem Orient auf ganz andere Art und Weise, was nicht zuletzt an der Natur dieses Unternehmens liegt, denn beide Frauen wollen den Kontakt mit der afghanischen Bevölkerung auf der Suche nach einer ursprünglichen Lebensweise und einer Freiheit, die es in Europa nicht mehr gibt. So sehr Annemarie Schwarzenbach aber auch von den Afghanen begeistert ist und so sehr sie hofft, der Orient könne dem Westen Impulse geben für ein würdigeres menschliches Dasein, so sehr ist sie schockiert über das Alltagsleben der weiblichen Bevölkerung. In Afghanistan, das im Gegensatz zum Persien der 30er Jahre, das Annemarie kennengelernt hatte, allen Modernisierungsmaßnahmen, die Schah Reza Cyrus Pahlewi in Persien mit harter Hand durchsetzte, heftigen Widerstand leistete, prägt die besondere Form des dortigen Tschadors, der den ganzen Körper und das Gesicht verhüllt, die Straßenszenen. Und so schreibt sie jetzt zum ersten Mal über die besondere Situation der Frauen im Vorderen Orient. »Wir kannten wohl den ›Tschador‹, das alles verhüllende Faltengewand der Mohammedanerinnen, das mit der romantischen Vorstellung vom zarten Schleier orientalischer Prinzessinen wenig gemeinsam hat. Wir hatten solche vermummten, formlosen Gestalten scheu durch die Bazargassen huschen sehen, und wussten, das seien die Frauen der stolzen, frei einherschreitenden Afghanen, die ihrerseits die Gesellschaft und das fröhliche Gespräch liebten, (...). Aber diese gespenstischen Erscheinungen hatten wenig menschliches an sich, – waren es Mädchen, Mütter, Greisinnen, (...) wie lebten sie, mit was beschäftigten sie sich, wem galt ihre Anteilnahme, ihre Liebe oder ihr Hass?«[18]

Die beiden Europäerinnen haben zwar die Gelegenheit, privat mit Frauen in Kontakt zu kommen und ihren recht zwanglosen, ja heiteren Alltag innerhalb des fest umschlossenen Hausbereiches kennenzulernen, doch auch hier herrscht eine strenge Hierarchie, an dessen Spitze die Mütter oder Schwiegermütter stehen. »Wir mögen ja heute in Europa skeptisch geworden sein gegenüber den Schlagworten von Freiheit, Verantwortung, gleichem Recht für alle und dergleichen mehr«, schreibt Annemarie in ihrem Artikel »Die Frauen von Kabul«. »Aber es genügt, die dumpfe Knechtschaft von Nahem gesehen zu haben, die aus Gottes Geschöpfen freudlose, angsterfüllte Wesen macht, – und man wird die Entmutigung abschütteln wie einen bösen Traum, und wieder der Vernunft das Wort reden, die unaufgefordert, an die schlichten Ziele eines menschenwürdigen Daseins glauben und sich dafür einsetzen.«[19]

Ella Maillart bleibt in Indien und macht dort, nach ihrer Fahrt durch das Pamirgebiet, ihren Traum wahr, in Asien Weisheit zu erlangen. Sie geht in den Ashram »Atchali«, wo sie die nächsten fünf Jahre bleiben wird. Annemarie, die sich neben den privaten Komplikationen auch eine Staphylokokken-Infektion zugezogen hat – »schon habe ich das ganze Genick voller Narben. Diesmal brechen die Stellen am Kinn auf, das ist noch abscheulicher, dazu Fieber und Drüsen, Angina, Husten, – und man jagt mir grauenhafte Impfstoffe ins Bein. Kurz, ich hielt mich für gesünder«[20] –, fährt am Jahresende mit ihrem Ford-Roadstar über den Khyber-Paß allein nach Indien, wo sie Maillart ein letztes Mal trifft. Annemaries klarer Blick, der darauf hindeutet, daß ihr gesundheitlicher Zustand besser und ihre Lethargie überwunden ist, veranlaßt Maillart, Annemarie aufzufordern, bei ihr in Indien zu bleiben, doch die junge Schweizerin möchte zurück nach Europa. In Bombay schifft sie sich nach Genua ein.

Ein reger Briefwechsel hält den Kontakt zwischen den beiden Reisegefährtinnen aufrecht, die damals nicht ahnten, daß sie sich zum letzten Mal gesehen haben.

Nach einer fast einjährigen Pause beginnt Annemarie auch wieder, den Mann-Geschwistern zu schreiben. Ähnlich wie nach dem Ende ihrer Arbeit mit Barbara Hamilton-Wright rücken die Freunde auch jetzt wieder, kaum daß das Afghanistan-Projekt zu Ende ist, in den Vordergrund. Noch vom Dampfer aus, mit dem sie am 1. Februar in Genua ankommt, schreibt sie an Klaus: »Seitdem ich mich zur Rückkehr entschloss, – (auf welchen seltsamen und herben Umwegen, das müsste ich mündlich erzählen ...) seither geht es mir stündlich nahe, dass ich so von Euch getrennt war. Wir wollen es reparieren, es kann nicht anders sein!«[21] Klaus Mann vermerkt in seinen Tagebüchern zu dieser erneuten Kontaktaufnahme nach langem Schweigen: »Korrespondenz: (...) von Annemarie – die anhänglich wieder zum Vorschein kommt; auf der Rückreise aus fernen Landen nach Haus –: in welchem Zustand?«[22] Fünf Tage später antwortet er der Freundin. Unter der Rubrik »Korrespondenz« vermerkt er am 27. 2. 1940: »Heute ausführlich an *Annemarie.*«[23]

Es war viel geschehen seit ihrem letzten Zusammensein. Der Krieg, die nun schon jahrelange Emigration der Geschwister, die vorrückenden deutschen Truppen. So denkt Annemarie auch vorerst nicht daran, in die USA zu reisen. Sie will das Material über die Afghanistanfahrt aufbereiten, und dann »scheint es mir nicht anders denkbar, als dass ich engagiert werde in dieser oder jener Form, ich hoffe als Korrespondent, und vielleicht in Skandinavien. Der französische Pass wird ja jetzt in mancher Hinsicht erschwerend sein, – ich kann z. B. weder nach Polen noch in die CSR.«[24]

Neben den Aufträgen für das Züricher Museum und den Morgarten Verlag hatten sich Ella Maillart und Annemarie vor ihrer Abreise bei verschiedenen Zeitungen und Agenturen Aufträge gesichert, denen sie zum Teil schon während der Fahrt nachgekommen waren. Im Oktober 1939 war in *Sie und Er* bereits die vierteilige Serie »In das Herz Asiens: eine Expedition von Ella Maillart und Annemarie Clark-Schwarzenbach« erschienen. Am 2. 2. 1940 erscheinen von Annemarie nun auch »Afghanistan und der Krieg«, am 23. 2. 1940 »Afghanistan und England. Rückblick, Ausblick« und am 8. März 1940 »Sieben russische Grenzen«.

Die *Zürcher Illustrierte* druckt am 29. 3. 1940 die Bildberichte von ihr und Ella Maillart: »Vorderasiatische Auto-Anekdoten. Im Ford von Zürich über Istanbul-Kabul nach Bombay und Indien« und »Wir begegnen Schweizern in Asien«, und am 7. 5. 1940 erscheint von Annemarie in der Zeitschrift *Auto* »Zwei Schweizerinnen und ein Ford«. Im gleichen Zeitraum erscheinen in der *National-Zeitung* »Die Steppe«

(1.11.1939), »Der Friedensmonat« (5.2.1940), »Nachrichten aus Europa« (21.9.1939), »Im Garten der schönen Mädchen von Kaisar« (13./14. April 1939) und »Dreimal der Hindukusch« (17. November 1939). Neben dieser Fülle von journalistischem Material hat Annemarie in Afghanistan die zehn Prosaerzählungen *Die vierzig Säulen der Erinnerung* geschrieben. Die neunte Erzählung aus diesem bis heute unveröffentlichten Zyklus heißt »Die menschliche Landschaft« und trägt den Zusatz »Pour Ria«. Vereinbarungsgemäß hinterlegt Annemarie in der Schweiz nun auch das gemeinsam mit Ella Maillart erarbeitete Material über Afghanistan – Photos und Texte auf Deutsch und Französisch – bei einer Agentur.[25] Das Reisebuch für den Morgartenverlag entsteht aber nicht.[26]

Traurige Liebe

Zurück in Sils[27] trifft Annemarie Margot von Opel wieder, die Deutschland ebenfalls verlassen hat und jetzt in St. Moritz lebt. Eine kurze persönliche Bekanntschaft mit Hitler und einigen anderen Herren der Partei reichte Margot von Opel nach eigener Aussage, um zu verstehen, daß es unter einer solchen Führung nur bergab gehen konnte mit Deutschland. Margot und ihr Ehemann Fritz von Opel haben nicht vor, in der Schweiz zu bleiben. Ihr Ziel sind die USA, wohin Fritz von Opel sein Vermögen bereits vorsorglich transferiert hat.

Annemarie und Margot sind sich nicht nur politisch einig, sie kommen sich im Frühling 1940 auch emotional nahe. Dieses Mal hat Margot offensichtlich keine Angst mehr davor, Annemaries Charme zu erliegen. Die acht Jahre ältere Margot von Opel sieht, daß Annemarie Zuwendung braucht, und sie gibt sie jetzt bereitwillig. Annemarie ihrerseits verfällt dem alten Zauber, den attraktive fürsorgliche Damen auf sie ausüben. Sie gibt ihren Plan, eventuell als Korrespondentin nach Skandinavien zu reisen, auf und begleitet statt dessen die Freundin nach New York. Das Zusammensein ist von Beginn an nicht einfach. Zum einen quält Annemarie die Eifersucht auf Fritz von Opel, der mit ihnen reist, zum anderen ist ihre psychische Verfassung nicht die beste, und auch Margots zärtliche Fürsorge vermag daran kaum etwas zu ändern.

In New York herrscht eine deprimierte Stimmung unter den Emigranten. Die Manns sind nunmehr seit sieben Jahren im Exil, und Hitler befindet sich durch den erfolgreichen Frankreichfeldzug auf dem Zenit seiner Macht. »Der hunderttausendfache Tod in Europa. Der ungeheure Alptraum dieser Destruktion. Wie alle unsere Prophezeiungen sich grausig-real erfüllen. ---- [sic] Und es war so ekelhaft *leicht* zu prophezeien. ----- Jetzt aber ist es sehr schwer geworden. Ungeheures In-der-Schwebe-Sein des totalen Schicksals«, notiert Klaus Mann am 26. 5. 40 in sein Tagebuch.[28] Annemarie besucht die Freunde sofort nach ihrer Ankunft in Princeton, und sie ist auch am 6. Juni in Begleitung Margots dort, als der 65. Geburtstag von Thomas Mann »würdig begangen«[29] wird. Margot von Opel gegenüber sind die Manns mißtrauisch. Der Name Opel ist ein Synonym für die deutsche Wirtschaft und Fritz von Opel ein berühmter Rennfahrer und Motoreningenieur seiner Zeit. Die Beweggründe des Ehepaares, Deutschland zu verlassen, sind den Emigranten der ersten Stunde nicht ganz klar, und auch die Amerikaner verhalten sich den Opels gegenüber mißtrauisch. Im Dezember 1941, nachdem Deutschland den USA den Krieg erklärt hat, werden beide gar für längere Zeit interniert. Klaus Mann, der Margot von Opel am 30. Mai 1940 kennenlernt, als sie sich alle gemeinsam in New York den Film »There shall be no night« von Robert E. Sherwood anschauen, schreibt: »Im Theater, mit Miro, Gumpert und der – etwas zweifelhaften, aber vielleicht im Grunde ganz braven Margot Opel.«[30]

Margot und Annemarie bleiben an der Ostküste. Sie suchen sich zunächst in Lowell, Massachusetts, ein Domizil und entdecken dann, im Juli, die Insel Nantucket bei New York für sich, die Margot an ihr »geliebtes Sylt« erinnert. Unterbrochen von kurzen Ausflügen nach New York, verbringen sie hier in einem Ferienhaus gemeinsam den Sommer 1940.

Annemarie versucht in New York, einige ihrer Photos von der Afghanistanreise an *National Geographic* und *Life* zu verkaufen. Politisch engagiert sie sich beim »Emergency Rescue Committee« (ERC) zur Rettung bedrohter Hitler-Gegner[31], das 1940 gegründet wird und in dem auch Erika und Klaus Mann aktiv sind. Das ERC beschafft Geld für Schiffspassagen, Transitvisa, Affidavits und Aufenthaltsgenehmigungen. Die Sorge gilt insbesondere auch den Insassen der berüchtigten französischen Lager von le Vernet oder Gurs, die aufgrund von Artikel 19 des im Juni 1940 abgeschlossenen Waffenstillstandsabkommens jederzeit nach Deutschland ausgeliefert werden können. Die Zahl der Bedrohten, darunter auch Golo und Heinrich Mann, wird immer größer. Der Amerikaner Varian Fry und die deutsche Jüdin Lisa Fittko organisieren in Südfrankreich für das ERC den Fluchtweg über die Pyrenäen. Erika Mann engagiert sich unermüdlich für die Einreisemöglichkeiten der Flüchtlinge, und viele haben nicht zuletzt ihrem außergewöhnlichen Einsatz ihre schließlich geglückte Rettung zu verdanken.[32] Neben ihrer Arbeit innerhalb des ERC versucht Annemarie in Nantucket auch Geld für Klaus Manns neue Zeitschrift *Decision* zu sammeln. Ihre finanzielle Situation zu dieser Zeit läßt eine Unterstützung mit eigenen Mitteln nicht zu. Im September 1940 schreibt sie an Klaus über ihre Bemühungen, Geldgeber zu organisieren: »Für die Zeitschrift unternahm ich wenig, weil ich es doch für viel richtiger halte, persönlich zu den Onkels zu gehen, – und die Onkels von Nantucket sind zwar reich, aber unleidig, antisemitisch mehr als antideutsch.«[33]

Obwohl Margot von Opel während unseres Gespräches 1992 nur von einer »Freundschaft mit Annemarie« spricht und ein Liebesverhältnis mit ihr negiert, legen die Briefe Annemaries an die Mann-Geschwister und die dramatischen Eifersuchtsszenen wegen der jungen amerikanischen Schriftstellerin Carson McCullers ein solches Verhältnis nahe. Mit Sicherheit aber war Margot von Opel in den USA der einzige wirkliche Bezugspunkt für Annemarie, ihr einziger, *kontinuierlicher* emotionaler Halt. »Nicht zu vergessen, dass meine ganzen derzeitigen Lebensumstände sich nur und allein auf meiner Beziehung zu Margot aufbauen, und da wird mir vor Angst oft schwindlig«, gesteht sie Klaus im Juni 1940. »Aber die Angst kommt von mir her, nicht von ihr, u. es ist also an mir, diese Form der Existenz zu schonen, solange ich nichts Besseres entgegenzusetzen habe.«[34]

Wie bereits bei Ella Maillart hatte Annemarie auch diesmal ein gutes Gespür dafür, einen Menschen zu finden, der sich verläßlich um sie kümmerte, der für sie da war und sie stützen konnte. Denn von Klaus und Erika ist eine solche Hilfe nicht zu erwarten. Zum einen sind beide viel unterwegs, zum anderen ist zumindest Klaus, wie seinen Tagebüchern zu entnehmen ist, in einer dermaßen deprimierten, todessehnsüchtigen Verfassung, daß er selbst nur mit Mühe am Leben festhält. Während sich Erika auf Lecture-tours verausgabt und nach dem Umzug von Thomas und Katia Mann an die Westküste häufig quer durch den Kontinent unterwegs ist, um alle Gefahren und Mißverständnisse auszuräumen, in die sich der häufig ungeschickt agierende Thomas Mann hineinbegibt, rotiert Klaus auf seine Weise. Am Tage hat er drei bis vier Verabredungen mit Schauspielern und Schriftstellern, in der Regel große Namen der Emigration oder der amerikanischen Gesellschaft. Die Nächte verbringt er mit Strichjungen, one-night-stands oder in Auseinandersetzung mit seinem Geliebten Tomski. Viel Alkohol und Drogen sind im Spiel; daneben zum ersten Mal in seinem Leben systematisches Arbeiten in Bibliotheken und der Kampf um die englische Sprache, in der er nun zu schreiben beginnt. »Wieder ziemlich häufig in der Public Library. Alles ziemlich mühselig; but I don't mind it. Es lenkt mich am ehesten ab von einer fast gleichmässig penetranten, sehr schwer zu ertragenden Traurigkeit. (Gefühl der Vereinsamung, wachsend. Alles entweicht ... Friedrich [Landshoff, A. G.], von dem ich nichts höre .... Tomski, zu dem die Beziehung immer inhaltsloser wird ... Ach, und welch *tödliche* Beängstigung, wenn ich zuweilen zu spüren meine, wie sogar E ----).«[35]

Zur gleichen Zeit macht sich in Lowell Katastrophenstimmung breit, die sich einen Monat später in Nantucket zur ersten handfesten Krise zwischen Annemarie und Margot entwickelt. Die Probleme sind zum Teil privater Natur, zum Teil Folge der Ohnmacht, in der man die politische Entwicklung verfolgen muß, ohne sie wirklich aufhalten zu können. Nur mit Mühe und letztendlich lustlos arbeitet Annemarie an einigen Texten, wie an dem über Carson McCullers und an »Die Schweiz, das Land, das nicht zum Schuss kam«. Die Arbeit ist mit soviel Alkoholkonsum verbunden, daß sie bald an Klaus schreibt, freiwillig aufgeben zu wollen. Dennoch entstehen in dieser Situation eine Reihe von Artikeln, die zum Teil in der Schweiz veröffentlicht werden. Annemarie kann gar nicht anders, als ihre Umgebung zu beobachten und darüber zu schreiben. Und vor allem will sie sich politisch äußern. Um so mehr fühlt sich Annemarie in der beschaulichen Ferienatmosphäre von Nantucket isoliert, einsam und nutzlos. Das friedliche Zusammenleben mit Margot empfindet sie schon nach kurzer Zeit als erdrückend. Trotz ihrer lebenslangen Sehnsucht danach kann sie diese Art von Nähe und Harmonie nicht ertragen. Annemarie braucht das Gefühl des Provisorischen, die äußeren Spannungen einer Reise etwa mit der Aussicht, einen Ort bald wieder verlassen zu können. Aus dem Erleben der Fremde und der spezifischen Einsamkeit eines solchen Lebens oder aus den starken Emotionen einer unglücklichen Liebe nährt sich ihre schöpferische Kraft. Nantucket kann ihr das alles nicht geben. Hin- und hergerissen zwischen ihrer Angst, durch eine feste Bindung ihre »innere Freiheit« zu verlieren, und ihrer Sehnsucht nach einer glücklichen Beziehung, einem »irgendwie freundlichen, zivilen Leben«[36], wie sie es nennt, trägt sie sich mit Reisegedanken. Alaska oder die Mongolei sind im Gespräch, doch im Grunde ist es Europa, wohin sie zurück will. »Es wäre natürlich und ganz und gar verfehlt, das aufzuschreiben, worüber Margot und ich halbe Tage u. Nächte lang reden, so intensiv und ehrlich von beiden Seiten, dass man sich fast um Kopf und Kragen redet. Denn was von allen minor difficulties und allen im Moment empfindlich schmerzenden Anlässen schließlich übrig bleibt, ist doch: dass ich in der so oder so gearteten Umgebung mich zwar leicht adaptiere, auch nichts entgegen zu setzen habe, aber unglücklich bin, weil ich noch nicht sesshaft, auch wiederum von keiner Umgebung überzeugt bin, sie sei die meinige. Und vielleicht ist es wirklich so, dass ich ›unglücklich sein will‹, d.h. die Spannungen von aussen brauche, und darum schon wieder auf die Landstrasse möchte. Es handelt sich nicht darum, ob Margot nach Alaska oder die Wüstenei mitgehen *würde*, denn dann wäre es für mich ja nicht der Aufbruch und das von Allem weggehen, – wohl aber ist in mir der Verdacht wach, dieses Weggehen sei eine Neigung, dem Schicksal auszuweichen. – Nein, ich kann mich nicht darauf einlassen, der Sache nach- und auf den zu Grund zu gehen. Jedenfalls aber ist es doch klar, dass für den Anderen, für Margot, nur übrig bleibt: ich sei zum Zusammenleben und zur Liebe nicht fähig und nicht bereit.«[37]

Annemarie sieht für sich keinen wirklichen Anknüpfungspunkt in den USA, ihr fehlt die konkrete Aufgabe. Zwar spricht sie von einer Mitarbeit an *Decision*, doch das Projekt ist noch Theorie und die Möglichkeit ihrer Mitarbeit daran ist, wie man bereits an der *Sammlung* sehen konnte, zweifelhaft. Außerdem mag Annemarie das Gefühl nicht, »rekrutiert zu sein«. Ihre »innere Freiheit« umfaßt auch und ganz besonders ihre literarische Produktion. »Ich könnte es auch anders ausdrücken. Wären wir zum Beispiel in New York, in einer Redaktion, in irgendwelchen aktuellen Aufgaben gefangen, – und ich würde ein Buch schreiben wollen, so sehr, wie ich das ›Glückliche Tal‹ schreiben wollte, – hätte ich denn jederzeit das Recht, ›*wegzugehen*‹, (und da gibt es ja kaum auch nur den äusserlichen Kompromiss)«[38], schreibt sie an Klaus. Die Argumentation erscheint auf den ersten Blick angesichts der politischen Lage und der großen Not vieler Emigranten abwegig und kann als Unfähigkeit gelesen werden, von ihrer eigenen Situation zu abstrahieren. Im Grunde aber enthält sie die Essenz ihres Lebens, den legitimen Versuch, selbst in diesen Zeiten ihre Individualität und ihre persönliche Freiheit zu bewahren.

In diese an sich schon schwierige Situation bricht im Sommer 1940 Carson McCullers ein, deren erster Roman *The heart is a lonely hunter* in Amerika gerade für eine literarische Sensation sorgt.[39] Carson, gerade 22 Jahre alt, wird als eines der größten jungen Talente des Landes gefeiert. Lebenshungrig, neugierig, impulsiv und dabei voller Zweifel, ob die New Yorker Gesellschaft sie mögen wird, kommt die Südstaatlerin aus Columbo im Sommer 1940 zum zweiten Mal nach New York. Diesmal voller Vorfreude auf das gesellschaftliche Leben, an dem sie nun teilhaben können wird. Carson wird zum »Darling« der amerikanischen Kulturszene. Kritiker, Verleger, Kollegen, alle wollen das junge Talent kennenlernen. Carson McCullers, die Schriftstellerin mit der zarten Statur, der labilen Gesundheit und den großen Augen im Kindergesicht stürzt sich mit Wonne in dieses New Yorker Leben und spaziert begeistert mit ihrem Ehemann, Richard Reeves, durch die Straßen von Manhattan und an den vielen Buchläden vorbei, in denen ihr Roman ausliegt und Photos von ihr zu sehen sind. Carson interessiert sich allerdings nicht nur für den eigenen Erfolg. Sie hat auch ein reges Interesse am internationalen Geschehen. In New York sucht sie schon bald die Nähe der Emigranten, die sich nach der Kapitulation Frankreichs nun zahlreich in den USA einfinden. Carson ist fasziniert von den Lebensgeschichten der Emigranten. Ihr erster Versuch der Kontaktaufnahme gilt Greta Garbo. Die Garbo empfängt die junge, exaltierte Schriftstellerin zwar zum Tee, gibt ihr aber zu verstehen, daß sie an einer weiteren Bekanntschaft nicht interessiert sei.[40] Schon bald aber, im Juni 1940, lernt Carson McCullers Erika und Klaus Mann kennen und kurz darauf auch Annemarie.[41] Carson, die selbst eine starke Affinität zum Androgynen hat, ist hingerissen von den beiden Frauen, ihren Reisen, ihrer Herkunft, ihrem Charme, ihrem politischen Engagement. Carson, die die amerikanische Provinz bis dahin kaum verlassen hat, erscheinen sie wie moderne Göttinnen. »Seltsame neue Bekanntschaft, diese junge Carson McCullers«, schreibt Klaus recht überheblich am 12. Juni in seinem Tagebuch, »mit ihrem gleichsam seltsamen – Mann, frisch aus dem Süden eingetroffen. Sonderbar primitives, naiv-morbides Geschöpf. Vielleicht sehr begabt. Schreibt etwas über einen Emigranten und einen Neger.«[42]

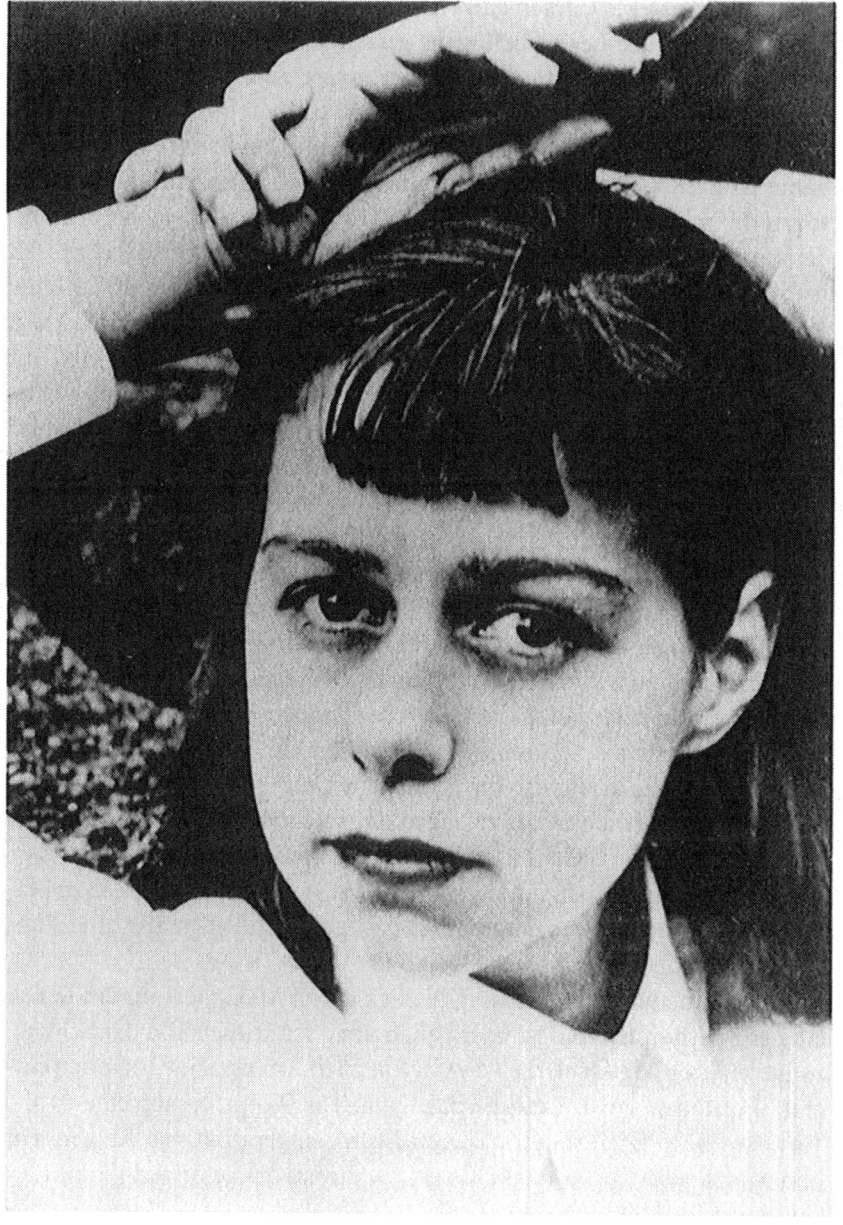

Carson Mc Cullers Ende der 30er Jahre

Annemarie hat es Carson ganz besonders angetan, und einige Parallelen in ihrer beider Leben beflügeln geradezu die Phantasie der jungen Amerikanerin. Beide hatten als Kinder ernste Krankheiten zu überstehen, beide haben mit 22 Jahren ihren ersten Roman publiziert, beide lieben Musik und spielen wundervoll Klavier, und beide haben eine dominante Mutter. Carson glaubt, Annemarie sei ihr Schicksal. Sie möchte sofort die Scheidung einreichen und mit ihr zusammenleben. Immer wieder versucht sie in den nächsten Monaten, Annemarie für ein Leben zu zweit zu gewinnen. Annemarie mag Carson zwar und trifft sie in New York auch öfter, von einer Erwiderung dieser stürmischen Gefühle kann aber keine Rede sein. Carsons emotionaler Überschwang wird im Gegenteil immer unerträglicher für sie, zumal Margot, an die sich Annemarie ihrerseits emotional klammert, sehr eifersüchtig auf die Rivalin reagiert. Carsons Versuche, die Schweizerin für sich zu gewinnen, sind so hartnäckig, daß Annemarie beginnt, an der Geistesverfassung der jungen Frau zu zweifeln. An Klaus schreibt sie: »Am Wenigsten wirst Du verstehen, dass der Anlass zu einer so intensiven Krise [mit Margot von Opel, A. G.] jenes Mädchen Carson McCullers war, die schwer krank ist, und in einer so merkwürdig abseitigen Vorstellungswelt lebt, dass man ihr mit keiner Realität auch nur beikommen kann. Und während ich glaube, mit aller behandelnden, erwägenden Vorsicht vorgegangen zu sein, erwartet sie, ich würde, da ich doch ihr Schicksal sei, morgen oder eines Tages kommen. Ihr Mann hat sie nun deswegen verlassen. Margot hat natürlich recht, zu sagen, an solchen Dingen *sei* man nicht ganz unschuldig.«[43] Richard Reeves ist verzweifelt. Er kennt zwar Carsons Affinität zu Frauen und hat, solange er sicher sein kann, daß es platonische Freundschaften sind, nichts dagegen. Bei Annemarie allerdings kann er sich dessen nicht sicher sein.

Trotz Annemaries Abweisung bleibt Carson McCullers ihr ein Leben lang eng verbunden und ist untröstlich über den frühen Tod der Schweizerin. Margot von Opel, die von Carson nach Annemaries Tod noch einmal eingeladen wird, erzählt, daß in ihrem Wohnzimmer eine große Torte auf dem Tisch stand, in deren Mitte, eingerahmt von Kerzen, ein Bild Annemaries lag, von dem Carson während des gesamten Gesprächs kaum den Blick abwenden konnte.

Aus Angst, Annemarie könnte nicht mehr dasein, wenn sie zurück ist, und voll quälender Eifersucht auf Erika Mann, will Carson sogar die Einladung nach Bread Loaf in den Bergen von Vermont ausschlagen, einem national wichtigen Treffpunkt für Schriftsteller, wo sie in Ruhe schreiben könnte – seit ihrer Bekanntschaft mit Annemarie hat sie nichts mehr zustande gebracht – und wo sie Austausch hätte mit den prominentesten Vertretern der amerikanischen Literatur. Erst als sie durch ihren Verleger Robert Linscott auch für Annemarie eine Einladung bekommt, willigt sie ein abzufahren. Annemarie verspricht nachzukommen. Vor ihrer Abreise am 14. August sprechen Reeves und Carson über eine mögliche Scheidung. Carson fühlt sich in ihrer leidenschaftlichen Liebe zu Annemarie durch den Ehemann behindert. Reeves dagegen will unter allen Umständen an der Ehe festhalten.

Carsons Abfahrt gewährt Annemarie eine Atempause. Sie nutzt sie, um mit Reeves und Robert Linscott über diese unmögliche Liebe zu sprechen, außerdem muß sie Margot besänftigen.

In Vermont weicht Carson nun notgedrungen auf Telephonanrufe aus. Nachdem Annemarie ihr sagt, daß sie nicht nach Vermont kommen werde, schlägt die Amerikanerin ihr Cape Cod als neuen Treffpunkt vor, um einige gemeinsame Tage zu verbringen. Reeves und Linscott gelingt es, Carson davon abzubringen, in ihrem labilen gesundheitlichen Zustand die lange Fahrt nach Boston zu machen. Carson ist verzweifelt. Verzehrt vor Liebe zu Annemarie übersieht sie, wie labil auch der Zustand der Schweizerin ist und welche große Belastung Carsons Monomanie für sie ist. In Vermont scheint Carson die Geliebte unerreichbarer denn je zu sein, und sie hat außerdem das Gefühl, daß Annemarie sich auf Reeves Seite gestellt hat. Merkwürdige Dreierbeziehungen dieser Art werden das Thema in *The ballad of the Sad Café* (1943) und in *The Member of the Wedding* (1946) sein.

In der Zwischenzeit hat Erika Mann beschlossen, nach London zu fahren, um dort als Korrespondentin für die BBC zu arbeiten. Beide Mann-Geschwister haben den Sommer bei ihren Eltern an der Westküste verbracht. Am 19. August fährt Klaus die Schwester zusammen mit einigen Freunden zum Flughafen. Vier Tage später notiert er: »Ich kann die Gefühle nicht zusammenfassen, die mir das Herz verwirren. Angst – Neid – Stolz – Traurigkeit – das Gefühl, *zurück zu bleiben.*«[44] So ähnlich mögen auch Annemaries Gefühle gewesen sein, als sie von den Plänen der Freundin erfährt. Ihr eigener Wunsch, nach Europa zurückzukehren, wird immer stärker. Und die Antwort auf die Frage, was sie in den USA machen könnte, immer schwieriger: »Bis jetzt hatte ich mir in der Schweiz, unter den nahen, verwandten Schweizern, einen Boden und ein

Publikum geschaffen, das war die einzige bescheidene Realisation der letzten Jahre. Hingegen kann ich mich noch nicht damit abfinden, in [den] USA und *nur* hier zu publizieren«[45], schreibt sie an Klaus.

Im Herbst findet das Carson-Kapitel mit ihrer Rückkehr nach New York seine Fortsetzung. Im September zieht Carson ohne Reeves in das Haus von George Davis, dem Herausgeber von *Harper's Bazaar*, nach Brooklyn. Um das Trio Davis, McCullers und Auden, der ebenfalls dort wohnt und die Organisation des turbulenten Haushalts innehat, bildet sich in kurzer Zeit eine Art Künstlerkolonie in 7 Middagh. Schriftsteller, Musiker, Maler und Bildhauer aus dem ganzen Land möchten hier wohnen, und bald gibt es lange Wartelisten um ein Zimmer in dem Haus. Der Komponist Benjamin Britten ist zu Gast, der Lyriker Louis MacNeice, der Tenor und Britten-Interpret Peter Pears; auch Janet Flanner besucht die Hausbewohner. Sie freundet sich mit Carson an und kommentiert in ihrer ironischen Art das Treiben in dem Haus, das sich durch die Ankunft von Salvador Dali und Gala mehr und mehr zu einem »Traumort« verwandelt. Carson genießt Brooklyn. Der Stadtteil hat noch seine nachbarschaftlichen Strukturen behalten, und die kleinen Geschäfte und Bars schaffen Atmosphäre. Außerdem finden sich hier, abseits der Hochglanz-Kultur Manhattans, viele skurrile Gestalten, häufig Menschen, die am Rande der Gesellschaft leben und die auf Carson immer eine besondere Faszination ausgeübt haben. In der Vaudeville-Tänzerin Gypsy Rose Lee findet Carson schließlich auch eine neue Liebe, die nicht so aufreibend ist wie die zu Annemarie. Auch Erika und Klaus Mann finden sich bald häufig in dem Haus ein, das zum aufregendsten künstlerischen Ort der USA geworden ist. Klaus findet hier Unterstützung für *Decision*, deren erste Ausgabe am 18. Dezember mit Beiträgen von William Carlos Williams, Somerset Maugham, Sherwood Anderson und anderen großen Namen der englischsprachigen Literatur erscheint. Golo, der am 13.10.1940 zusammen mit Heinrich Mann auch endlich in die USA gelangt ist, wohnt sogar zeitweise dort. Morgens, so berichtet Janet Flanner, steht er immer als erster auf, um den Rahm von der Milch abzutrinken. Seine Mitbewohner sind so höflich, Golos Freßneid mit seiner französischen Gefangenschaft zu entschuldigen.[46] Auch Annemarie, die wieder in New York ist, findet sich häufig in 7 Middagh ein, woraufhin Klaus die emotionalen Zustände in diesem »sonderbaren Haus« zum Teil gar nicht mehr fassen kann. Er glaubt sich in eine groteske Farce hineinversetzt und kommentiert in seinen Tagebüchern spöttisch: »McCullers, verzehrt von ihrem Talent, ihrer Schwindsucht und ihrer unsinnigen Liebe zu Miro --- (Dazu: Miro - E; E - Wystan; Wystan - Chester. ---) - Welch ein Roman!!«[47]

Ab dem 13. Oktober gibt es über Annemarie nur noch Bedenkliches zu berichten. »Grosse Debatten auch mit Margot von Opel - eine gar nicht so üble Person -, wegen Miro's beängstigenden Narreteien. (Ihre Zwangsvorstellung, dass sie umgehend nach Europa muss --- u. s. w.) Krisenhafter Abend, in Margots Appartement - unmittelbar vor der beschlossenen Abreise - die dann doch nicht stattfindet.«[48] Annemarie und Margot haben in New York getrennt Logie bezogen. Margot wohnt im Hotel »Pierre«, Annemarie im »Bedford«. Doch diese Trennung ist vorerst nur formal vollzogen, die meiste Zeit verbringen beide in Margots Appartement im »Pierre«.

Am 19. 10. 1940 fällt Klaus' Bericht über »Miro« noch dramatischer aus: »Gestern abend, sehr lang im ›Pierre‹. Erst mit Miro und ihrer ergebenen Erika Andersen; dann im Salon der Margot, mit Gumpert dabei. Miro, wieder in höchst beängstigendem Zustand. Ihr schaurig sich verändernder Blick. Die verhängnisvolle Stelle zwischen den Augenbrauen. ---- Ihre lügenhafte Beredtheit; dann - das plötzliche Zusammenklappen (nach einem Glas Whisky). Kopf sinkt nach vorn. Apathie des erschlaffenden Gesichtes. ----- Ich fürchte, dass es sehr ernst ist - diesmal. Lange Beratung mit Margot und Gumpert, da sie trotzig-schwankend zu Bett geht. G.: ›Am Rande, wenn nicht schon im Beginn einer Psychose ----.‹ Pauvre enfant.«[49]

Annemaries gesundheitlicher Zustand wird immer bedenklicher. Neben den Anzeichen einer psychischen Erschöpfung gibt auch ihr körperlicher Zustand aufgrund des Raubbaus, den sie betreibt, wieder Anlaß zu großer Sorge. Sie raucht viel, sie trinkt, und nachts läuft sie oft, hemmungslos weinend, durch die Straßen von New York. In dieser Stimmung tiefster Niedergeschlagenheit schreibt sie im November das Prosagedicht »Die zärtlichen Wege, unsere Einsamkeit«. Jede Form einer menschlichen Bindung erklärt sie darin für unmöglich. Aus der Schweiz erreicht sie im gleichen Monat die Nachricht, daß ihr Vater an einem Herzinfarkt gestorben sei. Annemarie ist untröstlich über den Verlust, und kann es sich nicht verzeihen, daß sie nicht bei dem Vater war, als er starb. Der Tod Alfred Schwarzenbachs bedeutet für Annemarie, auch auf seine vermittelnde Funktion verzichten zu müssen. Bocken erscheint nun in noch weitere Ferne gerückt, und Annemaries Gefühl von Nutzlosigkeit, Einsamkeit und Heimatlosigkeit wird übermächtig stark.

Unter der Wirkung der psychotischen Schübe, die nun einsetzten beginnt Annemarie, sich gegenüber ihrer näheren Umgebung aggressiv zu verhalten. Im Dezember kommt es in Margots Appartement im Hotel »Pierre« zur Eskalation. Aus unerfindlichen Gründen versucht Annemarie, Margot, die im Bett liegt, zu würgen. Während diese sich verzweifelt wehrt, denkt sie an das Set scharfgeschliffener Messer, das sich in der Küche befindet. Wie weit würde die Freundin gehen? Doch Annemarie weicht nach kurzer Zeit zurück. Selbst erschrocken über ihre Tat beginnt sie so laut zu schreien, daß die Nachbarn die Polizei informieren. In ihrer Verzweiflung ruft Margot Martin Gumpert an, der sofort herbeieilt. Margot von Opel kann bei der Hotelleitung durchsetzen, daß Annemarie unter Bewachung von zwei Hotelangestellten die Nacht über im Hotel bleiben darf, bevor sie am nächsten Morgen ins »Bedford« zurückkehrt. Dort besucht sie am nächsten Tag Erica Anderson, ihre ergebene Freundin. Sie ruft aus dem »Bedford« Margot an und versucht, zwischen den beiden Frauen zu vermitteln. Margot besteht aber darauf, daß Annemarie erst einen Arzt konsultieren müsse, bevor sie sich noch einmal auf irgend etwas mit ihr einließe. Kurz darauf ruft Erica Anderson noch einmal im »Pierre« an. Dieses Mal, um ihr zu sagen, daß Annemarie gerade versucht habe, sich das Leben zu nehmen. Margot kommt sofort ins »Bedford«, um Annemarie dort reglos auf dem Boden liegend zu finden. Aus ihren Pulsadern fließt Blut, und im Hintergrund spielt das Grammophon »Der Tod und das Mädchen« von Schubert.

> »Vorüber! ach, vorüber
> Geh wilder Knochenmann!
> Ich bin noch jung, geh, Lieber!
> Und rühre mich nicht an.«

> »Gib deine Hand, du schön und zart Gebild,
> Bin Freund und komme nicht zu strafen.
> Sei guten Muts! Ich bin nicht wild,
> Sollst sanft in meinen Armen schlafen.«

Margot entschließt sich, Annemaries Bruder Alfred Schwarzenbach zu rufen, der die Einlieferung seiner Schwester ins Doctor's Hospital, eine Privatklinik, veranlaßt. Auf dem Flur des Hospitals macht Alfred

Schwarzenbach, dem das Ganze sehr unangenehm ist und der die Eskapaden seiner Schwester unmöglich findet, Margot von Opel zu allem Überfluß auch noch eine Szene. »Und nun erschien der Bruder und ging auf die Erica und mich los wie ein nicht normaler Mensch und sagte, das wäre eben ganz klar, daß diese Schande passiert, das käme eben nur von Annemaries Freundschaft mit mir.«[50]

Kurz darauf wird Annemarie in eine psychiatrische Klinik nach Greenwich/Connecticut verlegt. Es hält sie nur wenige Tage dort, dann unternimmt sie einen Fluchtversuch. Nur mit Hausschuhen und einer dünnen Bluse bekleidet, versteckt sie sich bei niedrigen Temperaturen eine Nacht in den Wäldern. Erst dann traut sie sich, ein Auto auf der naheliegenden Straße anzuhalten. Ein Taxifahrer erklärt sich bereit, sie nach New York mitzunehmen, und so gelangt sie vollkommen durchgefroren in das Atelier ihres Freundes Freddi Wolkenberg.[51] Kurz darauf kommt es erneut zu einem psychotischen Schub. Annemarie beginnt Gipshände, die sie in Wolkenbergs Atelier findet, aus dem Fenster zu schmeißen, woraufhin die Polizei sie festnimmt und nun in eine Massenzelle der psychiatrischen Abteilung des berüchtigten »Bellevue«-Hospitals einliefert. »Da kommen also Nutten herein, und Leute, die wirklich tobsüchtig sind (...).«[52]

Wieder muß der Bruder Alfred Schwarzenbach als nächster Verwandter »halb am Ende, u. treu u. liebenswert«[53] intervenieren. Ende Dezember gelingt es ihm, die Schwester in das private Hospital White Plains bei New York zu überweisen. An eine baldige Entlassung ist nicht zu denken. »Unser einziger Ausweg, den die Aerzte einer Privatanstalt vorschlagen!!!, um mich zu entlassen, ist sofortige Abreise.«[54] Annemarie geht auf diese Bedingung ein und verläßt nach ihrer Entlassung am 1. Februar 1941 die USA.

Drei Wochen hatte das Martyrium im »Bellevue« gedauert. Nur mit Sarkasmus und bitteren Vorwürfen wegen der unterbliebenen Hilfeleistung kann sie Klaus Mann darüber berichten: »Mein lieber Klaus«, schreibt sie am 28. Januar noch aus den USA an den Freund, »ganz so konsequent u. schwarz habe ich mir den grausamen Ablauf nicht gedacht – obwohl mir Manches bitter in Erinnerung ist seit jenem 12. Oktober, als ich hören musste (u. wie oft seither) – ich wolle die U.S. nur verlassen, ›um meinen Hals zu retten‹ – ich wusste jedenfalls dass vom ersten Arzt zur Zwangsjacke nur ein Schritt ist, – u. die Panik einmal ausgebrochen, die alte Panik vor der nackten Gewalt, – war es dann auch nur ein Schritt bis zur Polizei, die mich in die unvorstellbar grausige Massenzelle des Bellevue-Gefängnisses brachte – Reden wir also nicht davon. Die Furcht bin ich losgeworden, als ich schlichthin und brutal gepeinigt wurde, tagelang, – 9 Stunden im Dunkeln gefesselt, 6 Tage ohne Zigarette oder heißen Thee u. plötzlich wusste, dass hier kein menschliches Wort mehr galt, keine Stimme mehr ein Echo fand, jedes Argument u. jede Klage nur neue ›Bestrafungen‹ zur Folge hatte – (denk nicht dass ich übertreibe, K. –, ich spare mir nur die Details, die man doch *erlebt* haben muss um sie zu begreifen) – Mein Bruder hat das Äusserste getan um mich herauszuholen. Sonst habe ich in diesen 3 Wochen von Niemandem gehört. Ich habe mich manchmal gefragt, was Du, auch was Eri Euch wohl vorgestellt haben mögt – *wer* sich meiner wohl annehme, – wer mich aus den Händen der Polizei hole, – oder gibt es solche Grenzen der Freundschaft – dass, wenn einer wirklich in trouble ist, man ihn in *solchem* Elend einfach umkommen lässt. – – Aber lassen wir es. Ich glaube, es war mein grundsätzlicher u. schwerwiegender Irrtum, der Irrtum eines halben Lebens, dass ich immer geworben, gebeten, Hilfe erwartet habe, immer mich beweisen u. bewähren, immer eine Antwort wollte. Ein solches Liebesverhältnis zur Welt, wie meines (das sich in meinem Verhältnis zu Margot zuspitzte bis zum bitteren Ende) kann nur mit einer Niederlage enden, oder es muss in Hass umschlagen, – oder man muss einmal die absolute, die schwarze Stille empfinden, u. darin die eigene Kraft u. Unverletzlichkeit –«[55]

Bittere Vorwürfe nach einer langen Freundschaft und vielen gemeinsamen Erinnerungen. Sicher, man könnte einwenden, daß Klaus und Erika in den USA mit ihrem eigenen Leben beschäftigt waren. Klaus arbeitete immer noch daran, sein Zeitschriften-Projekt auf den Weg zu bringen, und Erika war gerade damit beschäftigt, sich durch ihre Radikalität, mit der sie gegen den Kulturbetrieb in Deutschland wetterte, in Amerika unbeliebt zu machen. Öffentlich beklagte sie, daß Einspielungen nazitreuer Musiker durch den amerikanischen Äther kamen. Dennoch, die distanzierte, fast teilnahmslose Art und Weise, mit der Klaus die zunehmenden Zeichen von Annemaries psychischen Schwierigkeiten notiert, mutet merkwürdig an. War es die eigene Angst vor einem psychischen Zusammenbruch, die ihn auf Distanz gehen ließ, oder sah er, daß der Freundin nicht mehr zu helfen war. »Pauvre enfant.« Auch mit diesen Worten kann man einen Menschen fallen lassen.

Annemarie wird ein halbes Jahr später in Afrika das Psychiatrieerleb-

Annemarie Schwarzenbach um 1937

nis und dieses »absolute, schwarze Empfinden« ihrem Prosatext *Das Wunder des Baums* zugrunde legen und in der Erkenntnis, daß man sich nicht gegen die äußeren Umstände wehren darf, den Beginn eines kathartischen seelischen Prozesses sehen. Erst wenn man gegenüber der äußeren Gewalt gleichgültig geworden ist, beginnt die innere Freiheit.

Die letzte große Reise – Afrika

Ende Februar 1941 legt das Schiff, mit dem Annemarie Schwarzenbach nach Europa zurückkehrt, im Hafen von Lissabon an. Wie immer führt sie ihr erster Weg zur Schweizer Botschaft. Nachrichten könnten hier für sie liegen, Briefe und vielleicht auch Neuigkeiten von zu Hause. Schweizer Botschafter in Portugal ist zu dieser Zeit Henri Martin, ein alter Bekannter Annemaries aus Ankara. Das Wiedertreffen mit ihm erweist sich als glücklicher Zufall. Martin ist Annemarie, ähnlich wie Henri Seyric in Beirut, sehr zugetan. Beeindruckt von ihrem Mut und von ihrer Arbeit, die er in den Schweizer Zeitungen regelmäßig verfolgte, schlägt er ihr vor, in Portugal zu bleiben und dort journalistisch zu arbeiten. Schließlich gibt es von Lissabon, dem zentralen Stützpunkt des Internationalen Roten Kreuzes aus einiges zu berichten. Und tatsächlich gelingt es Annemarie, sich unter der freundschaftlichen Obhut Martins in kurzer Zeit soweit zu stabilisieren und an Lebensmut zu gewinnen, daß sie beginnt, eine ganze Reihe von Artikeln zu schreiben. Schon am 7. März 1941 erscheint in der *Weltwoche* ihr Artikel »Passagiere nach Lissabon«. Am 19. März 1941 »Lissabon: neues Leben in einer alten Stadt« auf Seite zwei der *National-Zeitung*. Zwei Monate später, am 6.6.1941, wieder in der *Weltwoche*, »Eine Atempause in Estoril«, am 16. Mai 1941 »Die Weihe der Schiffe«, am 11.7.41 »Zwischen den Kontinenten« und am 19.9.1941 »Aequator«. Diese ungemein produktive journalistische Phase setzt sich bis in den Spätsommer 1942 fort. Artikel Annemaries erscheinen auch in der *NZZ*, zum Teil auf der ersten und zweiten Seite, im *Luzerner Tagblatt*, in der *Thurgauer Zeitung* und in der *Schweizer Illustrierten Zeitung*. Und dabei sind die publizierten Arbeiten nur ein Teil ihrer Gesamtproduktion. Äußerlich zumindest wirkt Annemarie in diesen Monaten befreit. In Lissabon scheint sie endlich nicht mehr ausschließlich über das eigene Schicksal zu sinnieren. In dieser lebendigen Hafenstadt nimmt sie nun wieder ihre Umgebung bewußt wahr. Henri Martin, dem der labile psychische Zustand der Freundin nicht verborgen bleibt, kümmert sich rührend um sie. Er gibt ihr in Lissabon nicht nur eine Aufgabe, er führt Annemarie auch in die Gesellschaft ein und verschafft ihr so die nötigen Beziehungen, die sie zum Recherchieren braucht. Annemarie kann dies sichtlich genießen. Befreit von der Vergangenheit scheint es in Lissabon möglich zu sein, ein neues Kapitel in ihrem Leben aufzuschlagen. Die Stadt ist gut zu überschauen, und endlich befindet sich die Schweizerin wieder in Europa. Wie immer gelingt es Annemarie, die Menschen in ihrer Umgebung zu bezaubern. Die Lissaboner Gesellschaft ist beeindruckt von dieser attraktiven, intelligenten und engagierten jungen Abenteurerin. Martin schreibt an Renée Schwarzenbach: »Eine ganze Anzahl (meiner Freunde), die sie bei mir kennengelernt hat, haben sie eingeladen, und alle haben ihre Konversation gelobt.«[56]

Innerlich aber wirken die New Yorker Erlebnisse in Annemarie fort. Zum ersten Mal in ihrem Leben hatte sie im »Bellevue« physische Gewalt erlebt. Sie war gefangen gewesen und der Willkür von Ärzten und Wächtern ausgesetzt. Die Privilegien ihrer Herkunft, die sie bis dahin im entscheidenden Moment immer geschützt hatten, verloren in dieser Massenzelle ihre Gültigkeit. Die Maschinerie der Psychiatrie war unbarmherzig über sie hereingebrochen und hatte sie zum Objekt gemacht. Diese Erfahrung hat Folgen. Annemarie, schon immer von Ängsten geplagt, kann sich seitdem nie mehr sicher sein, ob sie dieser Gewalt nicht ein zweites Mal ausgesetzt würde. Die kleinste Gemütsschwankung reicht jetzt bereits aus, um ängstlich in sich hineinzuhorchen. »Ich habe einen hohen Preis für diese persönliche, private Katastrophe bezahlt, die ich nicht unter Kontrolle bekam«, schreibt sie an Ella Maillart.[57]

Obwohl ihr die freundschaftliche Atmosphäre in Lissabon gut tut, hat Annemarie nicht vor, länger zu bleiben. Ihr Ziel ist immer noch die Schweiz. Wenn sie schon nicht bei der Beerdigung ihres Vaters dabei sein konnte, so möchte sie doch wenigstens sein Grab besuchen. Drei Wochen bleibt sie in der portugiesischen Hauptstadt, dann macht sie sich auf den Weg. Der unausgestandene Konflikt mit Renée macht einen längeren Aufenthalt auf Bocken allerdings unmöglich. Annemarie fährt weiter nach Sils-Baselgia, wo sie den März 1941 verbringt und mit The-

rese Giehse, dem »alten Kamerad«, ein paar erholsame Wochen verlebt. Aber auch den Silser Frieden kann sie nicht lange genießen. Renée, die natürlich weiß, was in Amerika passiert ist, und von ihrem Sohn Alfred auch über Annemaries amerikanisches Umfeld detailliert informiert worden ist, hat endgültig die Geduld mit der Tochter verloren. Die Hintergründe des Zusammenbruchs scheinen ihr egal zu sein wie auch der momentane Zustand Annemaries. Renée ist nicht der selbstkritische Typ. Hatte die Tochter schließlich nicht selbst alle Chancen verspielt, die man ihr gegeben hatte? War sie nicht freiwillig in die USA gefahren, diesem Unglücksland mit seinem Sammelsurium an Vaterlandsverrätern? Jahrelang hatte Annemarie die mütterlichen Bemühungen um sie konsequent abgewiesen. Immer hatte sie es lieber mit Erika Mann gehalten und hatte Erika in jedem Punkt recht gegeben und sich dabei gegen die Mutter gestellt. Renée mag nun nicht mehr. Hatte sie in den letzten Jahren nicht alle Sanatorien des Landes kennengelernt? Auch Renée, der Machtmensch, hatte mit dieser Tochter ihre Ohnmacht erleben müssen. Jetzt will sie Annemarie nicht einmal länger im gleichen Land dulden. Die Schweiz scheint endgültig zu klein geworden zu sein, um Platz genug für beide zu bieten. Nach vier Wochen schon drängt Renée auf Abreise und droht mit dem Entzug der Geldmittel, wenn sie sich nicht fügt. Schmerzhaft wird Annemarie bewußt, daß nach dem Tod des Vaters nun eine wichtige ausgleichende Kraft zwischen ihr und ihrer Mutter fehlt.[58]
»Bocken a un peu changé depuis la mort de Papa«, schreibt sie an Ella Maillart, »they [die Familie, A. G.] put me very much under pressure, m'accusant, surtout, d'une manière cruelle, de prendre et d'avoir pris du dope. (...) Ensuite, for the sake of my mothers' exhausted nerves, on me demande de ne pas rester en Suisse. Comme il y a des questions d'argent qui se mêlent, je ne vois pas quoi faire, excepté d'exécuter un projet de partir pour l'Afrique, qui s'est formé á Lisbon. Ce n'est pas un mauvais projet, du reste. Si je ne parviens pas à joindre les forces De Gaulle ou d'envoyer des articles (...), je vais découvrir une nouvelle partie du monde et apprendre à vivre seul.«[59]
[»Bocken hat sich ein wenig verändert seit Papas Tod. Sie (die Familie, A. G.) übt starken Druck auf mich aus und klagt mich auf grausame Art an, Morphium genommen zu haben und zu nehmen. (...) Anschließend hat man mich aufgrund der erschöpften Nerven meiner Mutter gebeten, nicht in der Schweiz zu bleiben. Da sich Geldangelegenheiten damit verknüpfen, weiß ich nicht, was ich tun könnte – außer, das

Projekt einer Afrikareise zu verwirklichen, das sich in Lissabon entwickelt hat. Es ist gar kein schlechtes Projekt. Wenn ich mich nicht der Armee De Gaulles anschließen oder Artikel schicken kann (...), werde ich einen neuen Teil der Welt entdecken und lernen, allein zu leben.«]

Annemarie kehrt wieder nach Lissabon zurück. Dort gelingt es ihr im Frühjahr 1941, ein Visum für den belgischen Kongo, dem heutigen Zaire, zu bekommen und im Mai, nach vier Wochen Wartezeit, auch einen Platz auf dem portugiesischen Dampfer »Colonial«, den sie bereits drei Monate vorher bestellt und bezahlt hatte. Aus San Thomé schickt sie schnell noch einige Manuskripte und einen Brief an Erika, denn niemand weiß so recht, wie die Verbindungen von den zentralafrikanischen Kolonien aus zur Außenwelt sind. »Ich sollte anscheinend ins dunkelste Afrika geschickt werden (...), und dabei sollte ich besser das normale Leben innerhalb des Netzwerkes unserer Zivilisation vergessen«, schreibt sie im Juni an Erika. »Dies hörte sich romantisch an, und nicht ganz schlecht, gerade wenn man bedenkt, dass unser sogenanntes normales Leben in Europa vorbei ist, für immer, nehme ich an – und um es zurückzugewinnen, ist nicht ein Schlachtfeld übriggeblieben, wo man kämpfen könnte. Bis auf das pulsierende Herz Londons und manche ruhige Plätze wie die Schweiz und Portugal, findet man kaum noch irgendetwas ausser einer widerwärtigen Atmosphäre der Niederlage und des stillschweigenden Wartens.«[60]

Auf dem Schiff herrscht Verwirrung. Niemand weiß genau, welche Zonen der französischen Kolonien nun zur Vichy-Regierung gehören und welche mit dem Freien Frankreich, »France Libre«, vereinigt sind. »Wenn die Briten mich nicht freundlicherweise davon abgehalten hätten, in die offenen Arme der Vichy-Funktionäre und deren Nazilehrer zu laufen, wäre ich vielleicht dem Rat eines ehemaligen französischen Offiziers gefolgt, der begierig darauf war, den Weg von Freetown (Sierra Leone) nach Tschad zu finden.«[61] Das Ziel scheint Annemarie letztlich egal zu sein. Krieg herrscht schließlich überall. An Bord der »Colonial« beginnt sie eine vierteilige Artikel-Serie für die *National-Zeitung*, die sie »Schiffs-Tagebuch« nennt.[62]

Ihre erste Station ist Brazzaville, die Hauptstadt des französischen Kongo. Brazzaville ist der Verwaltungssitz von Französisch-Äquatorialafrika und einer wichtigsten Orte des Widerstandes um General Charles de Gaulle, der nach der französischen Niederlage nach London geflohen ist und als Chef des Freien Frankreich am 18. Juni 1940 zum

In Afrika 1941/1942

Widerstand gegen Hitler-Deutschland aufgerufen hat. Von Brazzaville aus setzt Annemarie über den Kongo nach Léopoldville, heute Kinshasa, der Hauptstadt von Belgisch-Kongo. Die Städte sind nur durch den Kongo-Fluß voneinander getrennt, trotzdem zeigen sie im Juni 1941, als Annemarie dort ankommt, ein sehr unterschiedliches Gesicht. »Man könnte Belgisch-Léopoldville (...) eine Stadt nennen, wenn man will – dort gibt es Läden, Kneipen, Hotels, einige asphaltierte Strassen und Denkmäler, viele Export- und Importfirmen, sehr viele neue blitzende Autos, und ihre 3500 weissen Bürger erhalten eine geldmachende kleinbürgerliche Existenz aufrecht«, schreibt sie an Erika. »Brazzaville hingegen ist derzeit eine von Militärbehörden verwaltete Garnison, angefangen von ihrem Flughafen und ihrem mächtigen Radiosender bis hin zu den wenigen kleinen Schneidern, die Khakiuniformen schneidern, und den wenigen kleinen ›Café-Restaurants‹, wo man selten eine Zivilperson sieht.«[63] Auch Annemarie trägt Khaki und ist recht amüsiert darüber, daß die militärische Familientradition sie nun doch eingeholt hat.

Durch ihre Beziehungen zu Martin kann Annemarie in Léopoldville beim Schweizer Geschäftsträger wohnen, und in ihren Briefen klingt sie zunächst recht optimistisch. Geographisch ist sie zwar wieder einmal am Ende der Welt, politisch aber fühlt sie sich nahe am Weltgeschehen. Sie ist voller Pläne. Bei den Schweizer Blättern hat sie sich als Auslandskorrespondentin zurückgemeldet, und in Afrika wird sie von dem Leiter des Informationsdienstes in Brazzaville gefragt, ob sie nicht bei den deutschen Sendungen mitarbeiten möchte, die bald ausgestrahlt werden sollen. Glücklich darüber, endlich einen Platz gefunden zu haben, an dem sie ihren Beitrag im Kampf gegen den Faschismus leisten kann, sagt sie sofort zu. Doch schon nach ein paar Tagen wird das Angebot an sie unter dem Druck der Belgier wieder zurückgezogen. Annemarie hat sich in Léopoldville unbeliebt gemacht, wodurch ihre Arbeit und ihr Aufenthalt im Kongo sehr erschwert werden. Sie bekommt quasi Arbeitsverbot. Erst nachdem sie wieder in Europa ist, erscheinen einige Artikel über den Kongo, die jedoch politisch kaum Stellung beziehen und eher feuilletonistisch gehalten sind.[64] Die Zensur ist nur teilweise der Grund für die unerwarteten Schwierigkeiten im Kongo. Schwerwiegender ist das Mißtrauen, das die junge Abenteurerin in dem Kreis von konventionellen Kolonialbeamten auslöst. Niemandem in Léopoldville ist so recht klar, was diese junge Frau mit der exzentrischen Vorgeschichte, dem jungenhaften Aussehen sowie dem Hang zu starken Getränken und vielen Zigaretten hier eigentlich will. Und auch ihr differenzierter politischer Standpunkt wird in dieser Gesellschaft von Offizieren, höheren Kolonialbeamten, Wirtschaftsfunktionären und Diplomaten zum Streitpunkt.

Für das Säbelrasseln chauvinistischer Couleur, das in diesen Kreisen zum guten Ton gehört, ist Annemarie nicht zu haben. Sie kann weder alles Deutsche per se verdammen, noch kann sie der Vorstellung vom »Heldentod« etwas abgewinnen. »Immer Mütter, die ihre Söhne opfern, immer Söhne, die ihre Väter verraten, das Schwert über zerstampften Aeckern führen, ihr Erbe vertun und Tränen aussäen, immer hungernde

Kinder« wird sie in *Wunder des Baums* über den Krieg schreiben.[65] Diese Bilder sind kaum geeignet, die Kampfmoral in den Kolonien zu stärken. Dazu kommt Annemaries eigene, ganz private Art, die männliche Gesellschaft in Frage zu stellen: Die Damen verlieben sich in sie. Die Atmosphäre auf den Empfängen, zu denen Annemarie als Gattin eines französischen Botschafters natürlich eingeladen wird, ist explosiv: Eifersucht, Alkohol, hitzige politische Diskussionen und das Mißtrauen gegenüber einer Journalistin, die auf Deutsch schreibt, verdichten sich zu den ungeheuerlichsten Anschuldigungen. Bald schon fällt in dieser aufgeladenen Atmosphäre das Wort von der deutschen Spionin, die sie ja vielleicht sei. Das Gerücht macht schnell die Runde.[66]

Mehrere Male wird sie von den Militärbehörden vorgeladen und mißtrauisch nach ihrer abenteuerlichen Vergangenheit befragt. »Es steht außer Frage, daß dieser fatale Kreislauf zu meiner Internierung hätte führen können, ohne, daß ein legales, d. h. automatisches Mittel mich hätte schützen können. Ich habe andere, tragische Fälle kennengelernt, die so geendet haben. Die krasse Tatsache, daß ich trotz meiner grundlegenden antifaschistischen Überzeugung als Nazi-Agent verdächtigt wurde, schien mir bald bedeutungslos: denn die Kreise, die über mich urteilten und in deren Hand ich war, gingen von einem rein politischen und ›weltlich‹-praktischen Gesichtspunkt aus, den ich tatsächlich, wie ich jetzt begreifen lernte, niemals teilen konnte«, schreibt sie in dem unveröffentlichten Typoskript »Beim Verlassen Afrikas«. Auch ohne das Erlebnis der Psychiatrie hätte diese Situation ausgereicht, um einen Menschen in Angst zu versetzen. Annemarie sieht nur noch die Möglichkeit der Flucht.

Da sich das Radioprojekt endgültig zerschlagen hat, fährt sie im Juli mit einem Flußdampfer den Kongo hinauf nach Lisala, einem äußeren Grenzposten am Rande des Dschungels, wo die wenigen Europäer, die dort stationiert sind oder Handel treiben, die Tage zählen, bis sie wieder fort können.

Literarisch verfällt Annemarie in dieser Situation in einen fast hemmungslosen subjektiven Stil, in dem jeder Schritt zur Metapher gerät. Wie bereits in Persien reflektiert sie vor allem über das eigene Befinden. Heimweh, Trauer und das Nachdenken über die menschliche Existenz sind ihre Themen. Gefühlslandschaften dominieren das Bild. Das üppige, undurchdringliche Grün des Dschungels wird zur Kulisse der eigenen Auswegslosigkeit und Verzweiflung; zum Symbol ihres eigenen mühsamen Weges. Und wenn endlich die Lichtung erreicht ist, dann steht das zugleich für die Erlösung aus den Wirrnissen des Daseins.

250 Kilometer nordwestlich von Lisala, in Molanda en Mongala, ist die Plantage des Schweizer Ehepaares Vivien gelegen. Annemarie plant, eine dreiteilige Artikelserie mit dem Titel »Schweizer Pioniere im Urwald« für die *Thurgauer Zeitung* zu schreiben.[67] Dazu muß sie nun auch Lisala, diesen notdürftigen Posten der westlichen Zivilisation, verlassen und zu Fuß und per Lastwagen weit in den Dschungel vordringen. »Die Weissen von Lisala warnten mich (...), die Strasse sei nur ein durch den Dschungel geschlagener, etwas verbreiteter Negerpfad, die über Sümpfe und Weiher gelegten Brücken aus Brettern würden oft einbrechen, nach einem Regenfall sei die rote Erde glatt wie Eis, und die Schwarzen würden immer noch gelegentlich einen Fremden von hinten mit Lanzen erstechen und aufessen. Aber obwohl dies alles richtig ist, fürchtet man sich weniger davor als vor dem Weg selbst, der unentrinnbar in das schweigende Dunkel der Wildnis hineinläuft. Die Bäume schlagen darüber zusammen, das Atmen wird schwer, die feuchte Hitze saugt sich in den Poren fest, scharfe Palmblätter und hängende Lianen ragen verwirrend in den Pfad, Baumstämme versperren ihn plötzlich, rote Termitenhügel erheben sich am Rand, die farblose Luft legt sich wie Wasser vor die Augen. (...) Dann beginnt der Regen, der Himmel senkt sich schwarz herab, die Bäume biegen sich unter den Stössen des herannahenden Tornados. (...)Wir halten so gespannt Ausschau, dass wir nicht einmal merken, dass der Regen aufgehört hat, so plötzlich, wie er begann. Aber man ist aus der Lähmung des langen Tages erwacht, mit durchnässten Schultern, erfrischten Augen atmet man tief auf, der nächtliche Urwald scheint seinen Schrecken verloren zu haben. Und gleich darauf lichtet er sich, man sieht weithin vereinzelte Stämme auf ansteigendem Land verteilt, darüber ziehende Wolken, einen offenen, hohen Himmel.«[68]

Diese Freundlichkeit, die der Dschungel ausstrahlen kann, ist ein wichtiges Erlebnis für Annemarie. Im *Wunder des Baums*, das sie im Oktober 1941 zu schreiben beginnt, wird ihr Alter ego, Marc, ein junger Schweizer aus gutem Hause, durch den Anblick eines Baumes über all die Unbill getröstet, die Menschen ihm angetan haben. All die Worte, die er gesprochen hat und die niemand verstand, sind ausgelöscht in diesem Moment der metaphysischen Verschmelzung mit der Schöpfung. Und als er inhaftiert wird, ist es wieder eine göttliche Kraft, die ihn unsichtbar macht und fliehen läßt. Draußen in der schützenden Umarmung der Natur, findet Marc seine Freiheit und seine Unversehrtheit wieder. Hier kann ihn keine Hand mehr erreichen, keine Gewalt, kein böses Wort ihn treffen und den neuen Zustand der Reinheit zerstören. Gott selbst hat sein Herz berührt. »Er fühlte sich wie der Bruder von Hasen und Füchsen, er konnte in der Nacht sehen und sich vom Himmelsbrot nähren. (...) Und so ging er und ging er, in seiner grossen Seligkeit.«[69]

In diesem letzten großen Prosatext, den Annemarie schreibt, rekapituliert sie noch einmal die gesamte Odyssee ihres Lebens. Ihre Kindheit, ihre Aufbrüche, die vielen Grenzen, die sie passierte, immer getrieben von der Sehnsucht nach Liebe und nach dem inneren Frieden, den sie nirgends finden konnte. Geplagt von Gefühlen der Schuld, endet die Odyssee schließlich in einem Militärgefängnis, das deutlich die Psychiatrieerfahrungen der Autorin in den USA nachzeichnet. Der Protagonist Marc wird in Frankreich inhaftiert und nimmt, wie Golo und Heinrich Mann, den Weg über die Pyrenäen. Doch Marc geht nicht in die USA, sondern er kommt nach Afrika, wo für ihn das Martyrium der Worte beginnt, die niemand versteht, und wo es zu der verhängnisvollen Nacht in einem Lokal kommt, die mit seiner Inhaftierung im Gefängnis endet. Die Inhaftierung ist nicht nur eine Folge seines massiven Alkoholkonsums, sondern zugleich Endpunkt des Mißtrauens und der vielen Verdächtigungen ihm gegenüber in der Kolonie. Im Gefängnis richtet sich Marcs stumme Verzweiflung schon bald nicht mehr gegen das Eingesperrtsein. Das Zermürbende und Verletzende daran lernt er bald wortlos zu ertragen. Schlimmer ist die stumme Gewalt, die Erniedrigung und die Angst, die ein Mensch vor einem anderen Menschen empfinden kann. »Wie jemals davon sprechen wollen, wie man eines Tages in jenem Gefängnis dem Feind gegenüber zu stehen glaubte, einem Arzt, einem Inspektor (...), einem jener Maskengesichter, – wie man zuschlagen wollte, als sie einem das Sprechen verboten – Wie es erklären, dass sie einem lächelnd die Hand auf die Schulter legten, lächelnd, lächelnd, und ungestraft, und dass man sich nicht wehrte! Dass man sich fürchtete! Dass man einen Zigarettenstummel unter dem Kopfkissen versteckte, aus Furcht, denn man wäre bestraft worden! – *Wie es erklären!* – wie man eines Tages, als man mit vor der Brust geballten Fäusten, von Angst geschüttelt, vor irgendeinem Vorgesetzten stand, wie im Saal ein Schuldiger gesucht wurde, der eine Glühbirne, eine Glasscherbe gestohlen hatte, um sich vielleicht die Adern aufzuschneiden, – und man war (...)

unschuldig, und fürchtete sich doch (...) und als könnte man nicht, zur Not auch ein paar Tage lang ein Paar Handschellen ertragen oder strafweise ohne Tabak auskommen, – wie man dort stand, und schweigend in die Augen der Vorgesetzten starrte, und an seinen Lippen hing, und jedes Wort erstickte, und sich nicht verteidigte, und sich immer noch fürchtete, – und wie man plötzlich abliess. Wie erklären, dass man die Hand sinken liess, und ein Gefühl der Ohnmacht empfand, ganz als hätten die Finger einem zärtlichen Druck nachgegeben.«[70]

Schreiben sei der Gottesdienst ihres Lebens, hatte Ella Maillart über *Christina* geschrieben. Bei der Lektüre von *Wunder des Baums* hat man den Eindruck, es sei Annemarie Schwarzenbachs letztes großes Gebet, zu dem sie ausholt. Ein einziger großer lyrischer Monolog, in dem sie jede Möglichkeit einer Kommunikation zwischen den Menschen negiert und in dem die Sprache selbst nur noch ein untaugliches Instrument der Verständigung ist. Nur noch geeignet, um den Schmerz und die Verzweiflung auszudrücken. Radikal läßt Annemarie jedes Bemühen um Freundschaft, Nächstenliebe und menschliche Güte scheitern. Der Mensch ist ganz auf sich selbst zurückgeworfen, und nur die vollkommene Kapitulation des Willens kann seine verzehrende Ungeduld beruhigen. Selbst die Liebe erfüllt sich hier nur noch im Tod. »Zu lieben, Ella, ist keine Sklaverei, sondern ein Adel, der Ausdruck unseres Wunsches, die Welt zu berühren, zu kommunizieren – letztlich mit einem anderen Wesen zu verschmelzen, zu verstehen, die Grenzen des Individuums zu überwinden – was natürlich die Quelle der Kraft ist, die wir brauchen – und der Wunsch, den Tod zu finden (...)«, hat Annemarie am 23. März 1941 an Ella Maillart geschrieben. Doch diese tiefe, religiös verklärte Sehnsucht nach Verschmelzung mit einem anderen Menschen konnte sich nie erfüllen, auch in Afrika nicht. Auch die leidenschaftliche Liebesgeschichte mit einer jungen Engländerin, die Annemarie in Léopoldville kennenlernt, und die sie auch in Thysville, einer kleinen Stadt auf 700 m Höhe, wohin sie sich Anfang 1942 zurückzieht, um den dritten Teil des Buches zu schreiben, oft besucht, endet unglücklich. Annemarie, wie immer ambivalent, wenn sie liebt, mag ihren Teil dazu beigetragen haben. Im *Wunder des Baums* verzehrt sich Louise, die junge englische Fliegerwitwe, nur nach einem Menschen, nach ihrem toten Ehemann, mit dem sie jetzt, da er tot ist, die Form der seelischen Vereinigung leben kann, die nicht möglich war, solange er lebte. Marc, dem Lebenden, kann sie diese Sehnsucht nicht erfüllen. Ihn entläßt sie wieder in die quälende Freiheit der Lebenden.

An Ella Maillart, mit der sie in den letzten zwei Jahren ihres Lebens regelmäßig und sehr umfangreich korrespondiert, schreibt Annemarie, der Text sei »the best part of myself«[71], doch müssen ihr, zurück in der Schweiz, Bedenken gekommen sein. Annemarie wollte den Text noch einmal überarbeiten. Da sie dazu nicht mehr kam, wird der Text noch heute von den Nachlaßverwaltern, der SLB in Bern, nicht zur Veröffentlichung freigegeben.

Tatsächlich fehlt dem *Wunder des Baums* die Stringenz und die konzentrierte Kraft ihrer früheren Arbeiten. Immer wieder greift sie die gleichen Gedanken auf, ohne ihnen dadurch eine klarere Form geben zu können. Die Bilder zerfließen förmlich. Die wenigen gelungenen Stellen gehen in der Fülle des Textes und in den vielen Wiederholungen unter. Konzentrationsschwierigkeiten werden deutlich und eine psychische Verfassung, die, stärker noch als während der Niederschrift des *Glücklichen Tals*, manisch-depressiv erscheint. Auch die Ausfuhrgeschichte des Manuskriptes, wie Annemarie sie darstellt, zeugt von einer realitätsfernen Wahrnehmung.

Um die Verdächtigungen gegen sie aus der Welt zu schaffen, die sich im übrigen, wie Annemarie selbst betont, niemals konkretisiert haben, legt sie den Text kurz vor ihrer Abreise im Februar/März 1942 den Kolonialbehörden als Rechtfertigungsschrift vor. Im März 1942 schreibt sie darüber an Ella Mailart nach Indien: »Ich gab den Text einem der höchsten Offiziellen der Regierung zur Zensur. Verstehst du, was das bedeutet? Alle meine Freunde dachten, ich sei verrückt geworden. (...) Einen Tag später hatte ich ein sehr bemerkenswertes, fast zweistündiges Gespräch mit dem Regierungsvertreter. Er schien verblüfft und interpretierte zuerst völlig falsch, was ich angriff –, (...) Um dir ein Beispiel zu geben: Er sagte: ›Sie stellen unsere Welt – und daher unser Land – als ein Ort des Unglücks, der unvollständigen Gerechtigkeit und der unvollständigen Reinheit dar – das man nur ertragen kann, wenn man sich etwas Höherem zuwendet –‹, und ich antwortete: ›Ich meinte nicht nur Ihr Land, ich meinte unsere Welt. Das ist meine Überzeugung.‹ Ella, nach Monaten von absurden Gesprächen, in denen ich mich gegen absurde Mißverständnisse verteidigen mußte – diesmal war ich da und sprach für die Wahrheit und meine Überzeugungen! -- wußte ich, daß dieser Mann Macht über mich hatte, und über mein Buch mit mir. Aber ich war fast glücklich ... Zwei Tage später wurde ich von demselben Mann empfangen, und er sagte mir, daß sie das Manuskript noch einmal gelesen hätten, diesmal in einem anderen Geist, wie mir schien – und daß es genehmigt sei und daß die Regierung selbst sich darum kümmern werde. Das vollständige Manuskript, versiegelt von der Regierung, liegt sicher im Schweizer Konsulat. Und ich fühlte Erleichterung und Dankbarkeit: dieses einzige Mal war mir die Gelegenheit gegeben, meine tiefsten Gedanken auszusprechen, – und mir wurde zugehört (...).«[72] Man muß sich die Situation, die Annemarie der Freundin da beschreibt, einmal bildlich vorstellen. Ein auf deutsch geschriebenes Manuskript von knapp 400 Seiten wird in Kriegszeiten den französischsprachigen belgischen Kolonialbehörden vorgelegt, die es nach Annemaries Darstellung sogar zwei Mal lesen und mit ihr über seinen philosophischen Gehalt diskutieren. Leider ist Ella Maillarts Antwort darauf nicht erhalten. Viele ihrer Briefe konnten Annemarie schon kriegsbedingt nicht erreichen. In einem Brief an Anita Forrer schreibt Ella Maillart aber am 14. Februar 1944: »Nach ihrem letzten Besuch in New York sah ich, daß nur der Tod ihr helfen konnte.«[73] In ihrem Typoskript »Beim Verlassen Afrikas« beschreibt Annemarie Schwarzenbach den Verlauf der Gespräche mit den Kolonialbehörden realistischer. Hier lautet die Antwort des Kabinett-Chefs, »ihre Fragestellung sei ›luxuriös, weltfremd und folglich wohl überflüssig‹, im übrigen aber dürfe sie die Kolonie ohne weiteres samt ihrem Manuskript verlassen«.[74]

Am 14. März 1942 geht Annemarie in Luanda an Bord des portugiesischen Dampfers SS Quanza und verläßt Schwarzafrika in Richtung Lissabon. Am 30. März erreicht sie die portugiesische Hauptstadt und schickt von dort aus die in Afrika geschriebenen Artikel in die Schweiz. In dichter Folge erscheinen zwischen April und August 1942 über 20 Artikel Annemaries in Schweizer Zeitungen.

Tod in der Schweiz

Am 23. Mai fliegt Annemarie von Lissabon nach Madrid und von dort aus nach Rabat, wo Claude Clarac sie am 1. Juni am Flugplatz abholt. Clarac residiert im Sommer 1942 als französischer Geschäftsträger in

Tetuan. Annemarie möchte eigentlich mit ihm über die Scheidung sprechen, doch die gemeinsam verbrachte Zeit in Marokko wird so schön, daß sie beschließen, ein Ehepaar zu bleiben. Annemarie plant gar, Ende Oktober wieder zu Claude zurückzukommen. Zuvor will sie aber in der Schweiz noch einige Dinge erledigen.

All diese Aktivitäten können jedoch nicht darüber hinwegtäuschen, daß Annemarie innerlich in eine tiefe Melancholie gefallen ist. Die Neugierde auf die Welt, die sie bislang immer getrieben hat, kann sie nicht mehr empfinden, und immer häufiger dominieren auch in ihren journalistischen Arbeiten Gedanken an Finsternis und Tod. Fast esoterisch reflektiert sie über Metaebenen der sinnlichen Wahrnehmung. In Marokko zeigt sie sich noch einmal tief beeindruckt von der orientalischen Lebensweise, die verlangt, sich dem Schicksal einfach zu ergeben, statt es nach eigenem Willen formen zu wollen. Für Annemarie als Tochter des aufgeklärten europäischen Bürgertums war diese Haltung in der Vergangenheit nur Ausdruck unverständlicher Resignation gewesen. Jetzt, da sie selbst erfahren hat, wie wenig die Auflehnung nutzt und wie sehr man fremden Mächten ausgeliefert ist, scheint sie sich selbst dieser Haltung gegenüber dem Leben anzunähern.

In der Schweiz führt sie ihr erster Weg nach Bocken, und wieder wird es ein kurzer Besuch. Annemarie fährt weiter nach Sils, wo sie mit Therese Giehse, die gerade Theaterferien hat, den August verbringt. Annemarie ist voller Zukunftspläne. Dem Chefredakteur der *Weltwoche*, Karl Schumacher, schreibt sie, um mit ihm über einen Korrespondentenposten in Lissabon zu verhandeln. Gleichzeitig beginnt sie *Das Wunder des Baums* in das Prosagedicht *Marc* umzuschreiben. Carson McCullers, der sie von ihrem Naturerlebnis geschrieben hatte, und daß sie dadurch von ihrer verzehrenden Ungeduld und von ihrer Sehnsucht nach Liebe und Verständnis befreit worden sei, nimmt den Gedanken auf und schreibt die Kurzgeschichte »A Tree. A Rock. A Cloud«. Annemarie möchte Carson McCullers *Reflections in a golden eye* gerne ins Deutsche übersetzen, und Carson ihrerseits will sich für eine englischsprachige Version von *Kongo Ufer* und *Das Wunder des Baums* einsetzen.

Bedingt durch den Tod ihrer Großmutter Schwarzenbach erbt Annemarie zur gleichen Zeit eine größere Summe. Sie beschließt daraufhin, nun endlich das Bauernhaus in Sils-Baselgia zu kaufen, nachdem sie es bislang nur gemietet hatte. Am 7. September will sie beim Notar den Kaufvertrag perfekt machen.

Annemarie bestellt an diesem Tag ein »Kütschli«, einen Einspänner, mit dem sie ins Dorf fahren will. Nachdem die Kutsche bereits bestellt ist, sagt der Notar das Treffen aus Termingründen kurzfristig ab. Da das »Kütschli« nun aber einmal bestellt ist, beschließt Annemarie, statt dessen eine Spazierfahrt zu machen. Sie ist gerade losgefahren, als die Schweizer Fliegerin Isabelle Trümpy ins Bauernhaus kommt. Sie erfährt, daß sie Annemarie mit dem Fahrrad noch erreichen könne, wenn sie sich beeile. Und tatsächlich gelingt es Isabelle Trümpy, Annemarie auf dem kurzen Weg von Sils ins benachbarte Silvaplana einzuholen. Nachdem sie ein Stück nebeneinander hergefahren sind, bietet Annemarie Isabelle das »Kütschli« an, damit sie auch ihren Spaß daran haben könne. Annemarie besteigt ihrerseits das Fahrrad der Freundin.

Wie schon als Kind kann Annemarie nicht widerstehen, freihändig zu fahren und Isabelle ihre Geschicklichkeit zu demonstrieren. Sie übersieht dabei eine Unebenheit auf der Straße, stürzt und schlägt unglücklich mit der Schläfe an einem spitzen Stein auf, der am Wegrand liegt. Annemarie verliert sofort das Bewußtsein. Sie blutet stark. Unverzüglich bringt man sie in der Kutsche zu einem Wohnhaus in der Nähe, und schon bald darauf trifft eine Ärztin ein. Renée, die sofort benachrichtigt wird, steigt in Bocken umgehend in ihr Auto und ist nur wenige Stunden später bei der schwer verletzten Tochter. Da Forel ein Arzt ist, dem Renée unbedingt vertraut, bringt sie Annemarie im Auto nach Prangins, wo diese drei Tage im Koma liegt.[75]

In der Zwischenzeit ist auch Claude Clarac benachrichtigt worden. Er läßt alles stehen und liegen, um über Marseille nach Prangins zu gelangen. Dort erklärt ihm Dr. Favez, Annemarie sei außer Gefahr, die Heilung würde aber lange Zeit in Anspruch nehmen, und es wäre günstig, wenn sich Annemarie bei ihm in Tetuan auskurieren könne.[76]

In einem Brief an Ella Maillart vom 7.8.1944 schreibt Anita Forrer, daß es Dr. Favez jedoch allein ein Anliegen war, Claude Clarac vor dem Anblick Annemaries zu bewahren, da Annemarie eine Amnesie hatte und niemanden mehr erkannte. »Sie kroch auf dem Boden herum und reagierte in keiner Weise mehr wie ein menschliches Wesen.«[77]

Nachdem man Annemarie in Prangins nicht mehr helfen kann, läßt Renée sie wieder in ihr Bauernhaus bringen und vertraut sie dort der Obhut von zwei Krankenpflegerinnen an. Die Betreuung Annemaries läßt allerdings zu wünschen übrig. Die Ärztin in Sils, die mit Suzanne befreundet ist, schreibt ihr nach Schweden über die unmögliche Situa-

Testament

Hiermit vermache ich bei meinem Tode mein ganzes Guthaben bei der Firma Robert Schwarzenbach u. Co. u. der Aktiengesellschaft für Unternehmungen der Textilindustrie Glarus meinem Bruder Hans Herbert Schwarzenbach. Mein übriges Eigentum, Schmuck einschliesslich eines Diamantringes, soll Frau Anita Forrer in Schloss Bothmar, Malans, erhalten. Ferner soll Frau Forrer als Erste das Jäger-Haus in Sils (Engadin) betreten, u. meine Sachen sichten, insbesondere meine Briefe und Manuskripte. Die Herausgabe der Manuskripte bleibe ich u. Frau Erika Mann überlassen. Ich bitte meinen Erben Hans Herbert Schwarzenbach, Frau Erika Mann Frs. 10 000.— (zehntausend) im Verlauf von fünf, längstens 10 Jahren auszuzahlen, davon Frs. 2000.— (zweitausend) innerhalb der ersten sechs Monate nach meinem Tod. Nachdem Frau Forrer über die Verteilung von Andenken an Frau Theresa Giehse, Claude Clarac, Klaus Mann, Michael Logan und Barbara Wright belieht hat, fällt der Erlös meiner verkauften Möbel an Hans Herbert Schwarzenbach, der ihn für Emigrantenhilfe verwenden soll.

Ich danke allen, die mir im Leben zur Seite standen, insbesondere meinen Eltern.

Annemarie Clarac-Schwarzenbach

Yverdon, 11. Dezember 1938

P.S. Erika Mann ist zu erreichen: % Thomas Mann, Princeton, N.J., 65, Stockton Street.

Testament Annemarie Schwarzenbachs, das sie bei ihrem letzten Sanatoriumsaufenthalt in Yverdon im Dezember 1938 anfertigte

tion in Sils. Suzanne bemüht sich in Schweden sofort um die nötigen Durchreisevisa, die sie braucht, um in die Schweiz zu fahren. Vergebens. Kurz nachdem sie mit Hilfe des Schweizer Botschafters in Stockholm endlich alle Papiere zusammen hat, bekommt sie Mitte November die Nachricht, daß ihre Schwester gestorben sei. »Ganz allein, ohne eine einzige ihrer treuen Freundinnen bei sich zu haben«[78], war sie am 15. November 1942 gestorben. Annemarie war 34 Jahre alt.

Als man sie einen Tag später in die Wohngemeinde der Eltern nach Horgen überführt, läuten in Sils-Baselgia und in Sils-Maria alle Kirchenglocken. Die merkwürdige junge Frau hatte sich bei den verschlossenen Dorfbewohnern des Engadin viele Sympathien geschaffen.

»Manchmal möchte ich mit der Hand nach meinem Herzen greifen,
Ob es noch schlägt und das gleiche ist.
Es schlägt langsam wie im Traum.
Und die Schläfen beben, der Atem müht sich
Und die Brust ist klein geworden, so schmächtig,
Damit ihre Enge dies bißchen Leben und Bewegung nicht störe,
Um das wir kämpfen müssen«, hatte Annemarie in ihrem Gedicht »Sils« geschrieben. Arnold Kübler druckt es zusammen mit einem Nachruf im März 1943 in der Zeitschrift *DU*.

Biographische Daten – Annemarie Schwarzenbach

23. Mai 1908	Annemarie Schwarzenbach wird als drittes Kind des Großindustriellen Alfred Schwarzenbach (1876-1940) und seiner Frau, Renée Schwarzenbach geb. Wille (1883-1959), in Zürich geboren.
1912	Übersiedlung der Familie auf das Landgut Bocken oberhalb von Horgen am Zürichsee.
1916-1923	Unterricht durch eine private Hauslehrerin auf Bocken. Einen Schwerpunkt bildet die musikalische Ausbildung.
1923-1924	Besuch der Züricher Privatschule Dr. Götz-Azzolini.
1924-1925	Mitgliedschaft in der Jugendbewegung »Der Wandervogel«.
1925-1927	Besuch des Hochalpinen Töchterinternats Fetan (Unterengadin). Matura (Abitur).
3. November 1927	Immatrikulation an der Universität Zürich im Fach Geschichte. Kurzer Aufenthalt in New York.
1929-1930	Zwei Semester an der Pariser Sorbonne. Neben Geschichte hört sie auch Philosophie und Psychologie.
1928-1930	Erste wichtige literarische Arbeiten: *Erik* (1928), *Der Hut* (1930), *Römische Skizzen* (undatiert), *Das Märchen von der gefangenen Prinzessin* (undatiert), *Pariser Novellen I-II* (1929), *Paris III* (1930), *Stellung der Jugend* (Essay, veröffentlicht in der *Neuen Zürcher Zeitung* am 20.4.1930), *Ruth* (1930), Novelle, veröffentlicht im *Amalthea Almanach*, Zürich/Leipzig 1932).
Herbst/Winter 1930	Beginn der Freundschaft mit Erika und Klaus Mann.

31. Oktober	Erste öffentliche Lesung Annemarie Schwarzenbachs. Sie liest in Zürich Auszüge aus ihrem ersten Roman *Freunde um Bernhard* sowie aus *Römische Skizze* und *Ruth*.
16. Dezember	Auf Betreiben von A.S. lädt die Zürcher Studentenschaft Erika und Klaus Mann zu einer Lesung über zeitgenössiche deutsche Poesie ein.

1931

April	Abschluß ihrer Dissertation *Beiträge zur Geschichte des Oberengadins im Mittelalter und zu Beginn der Neuzeit*. Promotion zur Dr. phil.
Mai	Kurzer Aufenthalt mit Erika und Klaus Mann in Frankreich (Bandol und Paris). Veröffentlichung von *Freunde um Bernhard* im Wiener Amalthea Verlag.
September	Umzug nach Berlin.
November	Bei einem Aufenthalt in Rheinsberg entsteht die *Lyrische Novelle*.
Dezember	Kurzer Aufenthalt in München. Auftrag vom Piper Verlag (München), an der Reihe *Was nicht im Baedeker steht* mitzuarbeiten. Manuel Gasser, Hans Rudolf Schmid, Eduard Korrodi und Annemarie Schwarzenbach schreiben die zwei Bände der Reihe über die Schweiz.
Weihnachten	auf Bocken.

1932

Januar	Lesung in Sankt Gallen mit Auszügen aus dem unveröffentlichten Roman *Aufbruch im Herbst* (Manuskript heute verschollen).
Mai	Ricki Hallgarten nimmt sich in seinem Sommerhaus in Utting das Leben. Die geplante Fahrt mit ihm und den Geschwistern Mann nach Persien zerschlägt sich. A.S. fährt mit Erika und Klaus Mann nach Venedig.

Juni	Rückkehr nach Berlin. Arbeit an dem Drama *Cromwell* (unveröffentlicht).
Juli	Annemarie Schwarzenbach trifft die Mann-Geschwister in Stockholm.
Herbst	Wieder in Berlin. Erster Kontakt mit Morphium.
November	Roger Martin du Gard schenkt ihr in Berlin ein Exemplar seines Buches *Confidance Africaine*. Die Widmung darin lautet: *Für Annemarie Schwarzenbach, mit Dank daß sie mit ihrem schönen Gesicht eines untröstlichen Engels auf dieser Welt spaziert.*
Jahresende	Verstärkter Drogenkonsum.

1933

Januar	Erika Mann eröffnet in München ihr politisches Kabarett »Die Pfeffermühle«.
März	Erika und Klaus Mann emigrieren.
April	Veröffentlichung von *Lyrische Novelle* (Rowohlt Verlag).
3.-12. Mai	A.S. besucht Thomas Mann in Le Lavandou.
13. Mai	Reise mit Marianne Breslauer in die spanischen Pyrenäen für eine Photoreportage.
Juni	Mit Erika und Klaus Mann in Paris.
Juli	Lesung in Zürich aus *Flucht nach oben* (Manuskript heute verschollen).
Sommer	Wieder in Berlin.
September	Erste Nummer von Klaus Manns Emigrations-Zeitschrift *Die Sammlung* erscheint (Querido Verlag, Amsterdam).
Oktober	»Die Pfeffermühle« wird in Zrich wiedereröffnet.

12. Oktober	Erste Reise nach Vorderasien über Istanbul, Ankara, Aleppo, Beirut, Jerusalem, Bagdad, Teheran und Baku. Begegnung mit Archäologen in Syrien und im Iran. Annemarie lernt in Persien den französischen Legationsrat Claude Achille Clarac kennen, der ihr einen Heiratsantrag macht.

1934

Ende April	Rückreise über Paris in die Schweiz. Arbeit an dem Reisebuch *Winter in Vorderasien. Tagebuch einer Reise*. Veröffentlichung im Herbst desselben Jahres im Zürcher Rascher Verlag.
Juli	Mit Maud Thyssen in Bad Gastein. Mit der Zustimmung ihres Vaters mietet A.S. ein Haus in Sils Baselgia (Oberengadin). In den nächsten Jahren werden hier häufig Freunde zu Besuch sein.
Ende Juli	A.S. beginnt die Erzählungen für *Der Falkenkäfig* zu schreiben, den sie im Juni 1935 abschließt.
17. August bis 7. September	Mit Klaus Mann auf dem ersten sowjetischen Schriftstellerkongreß in Moskau.
Mitte September bis Dezember	Zweiter Aufenthalt in Persien. Als archäologische Hilfsassistentin bei Ausgrabungen in der Nähe von Teheran. November »Pfeffermühlen«-Skandal in Zürich.
Dezember	A.S. bezieht nach ihrer Rückkehr in einem Artikel in der *Zürcher Post* vom 27.12. öffentlich Stellung für Erika Mann. Heftiger Streit mit ihrer Familie und mit Erika Mann.

1935

Januar	Erster Selbstmordversuch.
16. April	Erneute Abreise nach Teheran. Diesmal um Claude Achille Clarac zu heiraten.

21. Mai	Heirat mit Clarac in der französischen Botschaft von Teheran. A.S. bekommt dadurch die französische Staatsbürgerschaft und einen Diplomatenpaß.
Juni/Juli	In Fermanieh, einem Sommerhaus in der Nähe von Teheran, schließt A.S. den *Falkenkäfig* ab. Es folgt eine depressive Phase, die verschlimmert wird durch eine Malariaerkrankung und hohen Drogenkonsum. Ihre Liebesbeziehung zu Jalé, der ältesten Tochter des türkischen Botschafters in Teheran, endet tragisch und führt zum gesellschaftlichen Skandal.
Ende Juli	Die englische Gesandtschaft lädt das Ehepaar Clarac zu einem Camp im Lahr-Tal, am Fuße des Demawend, ein. Das Tal ist ca. 80 km von Teheran entfernt und liegt 2500 Meter über dem Meeresspiegel. Annemarie beginnt *Tod in Persien* zu schreiben. Wegen eines operativen Eingriffs am Bein muß sie den Campaufenthalt für kurze Zeit unterbrechen und nach Teheran zurückkehren. Von Teheran aus schickt A.S. Klaus Mann, der nach Persien kommen will, Geld und Empfehlungsschreiben. Die Reisepläne des Freundes zerschlagen sich jedoch.
August/ September	Bekanntschaft mit Barbara Hamilton-Wright, die die Claracs in Persien besucht.
Oktober	Rückkehr in die Schweiz. A.S. ist häufig bei Thomas Mann in Küsnacht zu Besuch.
November	Entziehungskur bei Prof. Forel in Prangins.
Weihnachten/ Silvester	Mit Erika und Klaus Mann in Sils-Baselgia. Klaus Mann beginnt hier seinen Roman *Mephisto* zu schreiben.

1936

A.S. beendet *Tod in Persien* (nicht veröffentlicht). Ein Rückfall in die Drogensucht erscheint ihr wahrscheinlich. Sie sucht die Nähe Erika Manns.

Mai	Annemarie Schwarzenbach besucht Erika Mann in London und begleitet sie dann nach Paris.
Juni	Ferien mit Erika und Klaus Mann auf Mallorca. Danach mit Erika Mann und Therese Giehse in Sils-Baselgia.
26. August	Abreise in die USA auf Einladung von Barbara Hamilton-Wright, die A.S. eine gemeinsame Reportagetour vorschlägt.
19. September	Abreise der Mann-Geschwister in die USA.
26. November	Premiere von »The peppermill« in New York.

1937

Januar	Erste Reportagetour mit Barbara Hamilton-Wright durch die nördlichen Industrieregionen der USA.
Februar	Rückkehr nach Sils-Baselgia.
Mai	Reise durch Deutschland, Polen und die baltischen Staaten nach Moskau. Es entstehen eine ganze Reihe von Reportagen über diese Länder. In Moskau Recherchen im Nachlaß des tödlich verunglückten Schweizer Bergsteigers Lorenz Saladin. Die auf dem Schriftstellerkongreß 1934 geknüpften Kontakte helfen ihr durch die Moskauer Bürokratie. Kritisch über die Innenpolitik der Sowjetunion. Annemarie Schwarzenbachs Biographie über Saladin, *Lorenz Saladin. Ein Leben für die Berge*, erscheint 1938 im Hallwag Verlag, Bern. Das Vorwort schreibt Sven Hedin. Das Buch wird ihr größter kommerzieller Erfolg.
Juni	Annemarie Schwarzenbach trifft Barbara Hamilton-Wright und Michael Logan in Schweden bei ihrer Schwester, Suzanne Öhman. Gemeinsam mit den Freunden zurück nach Sils-Baselgia, wo Claude Clarac, Klaus Mann und Thomas Quinn Curtis zu ihnen stoßen; später auch Erika Mann. Gemeinsam verbringen die Freunde den Sommer im Engadin.

September	Erneute Reise in die USA. Diesmal zusammen mit Barbara Hamilton-Wright und Klaus Mann.
Ab November	Fotoreportagen mit Barbara Hamilton-Wright über die Situation in den amerikanischen Südstaaten.

1938

Februar	Rückkehr nach Europa mit Klaus Mann. Auf dem Schiff bereits wieder hoher Morphiumkonsum. In Sils-Baselgia Arbeit an der Biographie über Saladin.
März	Kurz zur Entziehungskur bei Dr. Ruppaner in Samedan.
Anfang April	Fahrt nach Österreich, um im Auftrag von Klaus Mann Kontakte zwischen den Emigranten und dem österreichischen Widerstand herzustellen. Wieder entstehen eine Reihe politisch engagierter Artikel, von denen aber nur einer veröffentlicht wird.
Anfang Mai	Nach Intoxikation wieder bei Dr. Ruppaner in Samedan.
Juli bis Mitte August	Entziehungskur in der geschlossenen Abteilung der Klinik von Dr. Ludwig Binswanger in Kreuzlingen. A.S. schreibt hier weiter an der Biographie und beendet sie kurz darauf in Sils-Baselgia.
14. August	Besuch von Thomas Mann in Sils, der sich anerkennend über ihre Südstaatenartikel äußert.
September	Reise nach Prag. Die politische Situation dort kurz vor der Annektion verstärkt ihre Niedergeschlagenheit.
Mitte Oktober bis Februar 1939	Erneuter Entzugsversuch in der Klinik Bellevue in Yverdon. A.S. verliebt sich dort in ihre Ärztin, Dr. Favez. Ihre Liebe wird erwidert. A.S. schreibt in Yverdon *Tod in Persien* um in *Das glückliche Tal*. In Yverdon erstes Treffen mit der Genfer Weltreisenden, Ella Kini Maillart. Maillart ist unsicher, ob A.S. in diesem Zustand die geplante Fahrt nach Afghanistan durch-

	stehen kann, läßt sich aber dennoch auf das Unternehmen ein. Danach häufige Besuche von ihr wie auch von Anita Forrer in Yverdon.
11. Dezember	Annemarie Schwarzenbach schreibt ihr Testament.

1939

Februar	Wieder in Sils. A.S. arbeitet an ihrer Kondition.
März/April	Annemarie Schwarzenbachs Artikel »Nordamerikanisches: Das Drama der amerikanischen Südstaaten« erscheint in Zürich in der Zeitschrift von Thomas Mann *Mass und Wert*.
6. Juni	Beginn ihrer Reise mit Ella K. Maillart über den Balkan, die Türkei und Persien nach Kabul. Unterwegs entstehen eine Reihe von Reiseberichten. In Sofia schon besorgt sich A.S. den Morphiumersatz, Eukodal. Die Stimmung unter den Reisegefährtinnen wird durch den Rückfall belastet.
6. August	Ankunft in Kabul. Die Stimmung ist gespannt. Ella Maillart reist kurz darauf allein nach Neu Delhi. A.S. soll das Archäologenteam von Joseph Hackin in Turkestan treffen. Ihre Liebe zu Ria Hackin, der Ehefrau Hackins, macht ein Bleiben allerdings unmöglich.
Dezember	A.S. schreibt den Zyklus *Die 40 Säulen der Erinnerung* (nicht veröffentlicht).
Januar	A.S. reist allein mit dem Auto nach Indien. In Mandu trifft sie ein letztes Mal mit Ella Maillart zusammen, dann schifft sie sich auf dem italienischen Dampfer *Conte Biancanamo* nach Genua ein, wo sie am 1. Februar ankommt. In der Schweiz erscheinen eine Reihe ihrer Reiseberichte. Darunter auch Fotoreportagen von Ella Maillart und ihr. Im Züricher Morgarten Verlag erscheint *Das glückliche Tal*.
Frühjahr	Wiederbegegnung mit Margot von Opel in Sils.

Mai	Zusammen mit Margot und ihrem Mann, Fritz von Opel, reist A.S. über Lissabon in die USA. Wiederbegegnung mit der Familie Mann in Princeton. A.S. engagiert sich gemeinsam mit ihnen beim Emergency Rescue Comitee zur Rettung bedrohter NS-Regime-Gegner. A.S. lebt mit Margot von Opel erst in Lowell, Massachusetts, zusammen, im Sommer dann auf der Insel Nantucket bei Boston. Durch ihre Kontakte zum amerikanischen Großbürgertum versucht sie Geld für Klaus Manns Zeitschrift *Decision* zu sammeln.
Sommer	A.S. schreibt in Nantucket einen großen Artikel über die politische Haltung der Schweiz, der unveröffentlicht bleibt. Berichte Annemaries über die USA erscheinen aber in mehreren Schweizer Zeitungen. Trotz journalistischer Erfolge große Niedergeschlagenheit, die sie mit Alkohol und Morphium zu überwinden sucht. Starker Drang nach Europa zurückzufahren.
Juni	Erste Begegnung mit der jungen amerikanischen Schriftstellerin Carson Mc Cullers. Carson Mc Cullers verliebt sich in Annemarie Schwarzenbach und belastet dadurch deren Verhältnis zu Margot von Opel.
Oktober	A.S. zeigt Anzeichen totaler psychischer und physischer Erschöpfung.
November	Tod ihres Vaters, Alfred Schwarzenbach. A. S. beginnt in New York den Prosatext *Die zärtlichen Wege, unsere Einsamkeit* (nicht veröffentlicht).
Dezember	Im New Yorker Hotel *Pierre* kommt es im Appartement Margot von Opels zu einem aggressiven Übergriff Annemaries auf die Freundin. Am Tag darauf verübt sie einen Selbstmordversuch. Margot von Opel verständigt daraufhin Annemaries Bruder, Alfred, der die Einlieferung seiner Schwester ins *Doctor's Hospital* von New York veranlaßt. Kurz darauf wird Annemarie in eine psychiatrische Klinik nach Greenwich/Connecticut verlegt, von wo sie jedoch bald wieder ausbricht. Danach zwangsweise Einlieferung in das berüchtigte

Bellevue-Hospital. Alfred Schwarzenbach gelingt es, A.S. in das private Hospital *White Plains* bei New York zu verlegen.

1941

1. Februar	A. S. wird unter der Bedingung auszureisen, entlassen. Sie schifft sich nach Lissabon ein, wo sie drei Wochen unter der Obhut des Schweizer Botschafters Henri Martin bleibt und journalistisch arbeitet.
März	Rückkehr in die Schweiz. Nach einem kurzen Aufenthalt auf Bocken fährt sie weiter nach Sils-Baselgia, wo sie *Die Zärtlichen Wege, unsere Einsamkeit* beendet. Renée Schwarzenbach will ihre Tochter nur unter der Bedingung finanziell unterstützen, daß Annemarie das Land wieder verläßt.
April	Annemarie reist von Lissabon aus in die Kongo-Kolonien. Sie will sich dort den Truppen von Charles de Gaulle anschließen. In der Hauptstadt von Belgisch-Kongo, Léopoldville, kommt es jedoch bald zu Schwierigkeiten mit den Behörden. Unter dem Druck der Belgier lehnen auch die Franzosen in Brazzaville die geplante Mitarbeit Annemaries bei *Radio Brazzaville* ab.
Anfang Juli	A.S. reist ins Innere von Belgisch-Kongo bis zur entlegenen Kolonialstation Lisala, wo sie ein paar Wochen bleibt und den schwermütigen Zyklus *Kongo-Ufer* schreibt.
Ende Juli	Aufenthalt bei der Schweizer Familie Vivien in Molanda en Mongala.
August bis September	Reisen durch den Kongo bis in den Tschad.
Oktober	Rückkehr nach Léopoldville. Beginn ihres letzten großen Prosatextes *Das Wunder des Baums* (nicht veröffentlicht).

Dezember	Aufenthalt in Thysville. Arbeit am dritten Teil des Prosatextes.

1942

14. März	A.S. geht in Luanda an Bord des portugiesischen Dampfers »SS Quanza« und fährt zurück nach Lissabon, wo sie am 30. März ankommt. Während der Überfahrt schreibt sie *Beim Verlassen Afrikas* (nicht veröffentlicht).
13. April bis 4. Mai	In der *Nationalzeitung* erscheinen vier Artikel unter dem Titel *Kleines Kongo-Tagebuch*.
23. Mai	Über Madrid fährt sie weiter nach Rabat, wo sie Claude Clarac am 1. Juni empfängt. Claude ist inzwischen französischer Botschafter in Tetuan. Pläne, Carson McCullers *Reflections in a golden eye* ins Deutsche zu übersetzen. Die Amerikanerin ihrerseits will sich um die Übersesetzung von *Das Wunder des Baums* und *Kongo-Ufer* kümmern.
Juni	In Marokko entstehen einige Arbeiten, darunter der Zyklus *Aus Tetuan* (nicht veröffentlicht) der, wie bereits die Arbeiten, die in Afrika entstanden sind, tief von Pessimismus geprägt ist und ins Metaphysische tendiert.
Anfang Juli	Nach kurzem Besuch auf Bocken wieder zurück in Sils-Baselgia. Pläne, als Auslandskorrespondentin in Lissabon zu arbeiten.
August	Erbschaft durch den Tod ihrer Großmutter. A.S. will das Haus in Sils-Baselgia nun kaufen. Den ersten Teil von *Das Wunder des Baums* arbeitet sie in das Prosagedicht *Marc* um.
7. September	A.S. stürzt mit dem Fahrrad und verletzt sich schwer. Ihre Mutter veranlaßt, daß sie zu Prof. Forel nach Prangins gebracht wird. Drei Tage liegt sie dort im

Koma. Als sie wieder zu Bewußtsein kommt, hat sie eine Amnesie. Die letzten Wochen verbringt sie wieder in Sils, wo sie von zwei Krankenpflegerinnen betreut wird. Sie erkennt niemanden mehr.

15. November   A.S. erliegt ihren Verletzungen. Einen Tag später wird ihr Leichnam nach Bocken überführt, um am 18. November in Zürich bestattet zu werden. In allen wichtigen Schweizer Zeitungen erscheinen Traueranzeigen und Nachrufe.

Anmerkungen

Vorwort

1 Meienberg, N. (1987), S. 184. Dem Brief zufolge hat Renée Schwarzenbach nicht alle privaten Aufzeichnunen Annemaries vernichtet. Trotzdem sind in ihrem Nachlaß keine Tagebücher zu finden und nur sehr wenige an sie adressierte Briefe.
2 Eine Photopgraphie von dem verletzten Leichnam ihres früh verunglückten Bruders, Fritz Wille, hatte Renée Schwarzenbach lange in der Innentür ihres privaten Schrankes hängen.
Ihre ältere Tochter, Suzanne Öhman, der sie eine Reihe der Aufnahmen von ihrem toten Ehemann und Annemarie nach Schweden schickte, war recht irritiert über die Photographien und vernichtete sie später.

Das Elternhaus am Zürichsee

1 Heute besteht die Firma Schwarzenbach nur noch aus einer Handelsgesellschaft in der Schweiz. Die Erlöse, die in den 80er Jahren nach Abriß der unrentabel gewordenen Produktionshallen durch den Verkauf der Grundstücke erzielt wurden, mußten zur Tilgung der Firmenschulden aufgewendet werden.
2 Renée Schwarzenbach bringt den Sohn mehrmals im Jahr für einige Wochen nach Bocken, was vor allem während des Zweiten Weltkriegs, den Robert-Ulrich zusammen mit den Kölles in Möhringen erlebt, mit großen Schwierigkeiten verbunden ist. Nach dem Krieg kaufen die Schwarzenbachs den Kölles ein Reihenhaus in Zollikon, um den Sohn näher bei sich zu haben.
3 Schwarzenbach, A., *Das glückliche Tal*, S. 26f.
4 Merz, E. (1985), S. 84.
5 Vgl. Müller/Grente (1995), S. 32ff.
6 In einem Gespräch mit Suzanne Öhman, Meilen 1995.
7 Zit. nach Müller/Grente (1995), S. 29.
8 Ende der 40er Jahre wandte sich Emmy Krüger von Renée ab und begann, schlecht über die langjährige Freundin zu reden, was Renée aufs Tiefste traf (Gundalena von Weizsäcker-Wille). Ihr Bruch mit der Politik der Nationalsozialisten, denen Emmy Krüger anfangs durchaus begeistert zujubelte, vollzog sich, als verfügt wurde, das Heine-Lied »Die Loreley« unter »Verfasser unbekannt« zu führen. Dies fand die Sängerin einfach empörend (Suzanne Öhman).
9 In einem Gespräch mit Elisabeth Albers-Schönberg, Feldmeilen 1995.
10 Brief an Erika Mann vom 15.10.1930, in: Fleischmann (Hg.) (1993), S. 21.
11 Die Schwägerin des spanischen Königs. Sie besuchte 1930 ihre Söhne in Zürich, die dort studierten.

12 Brief an Erika Mann vom 20.10.1930, in: Fleischmann (Hg.) (1993), S. 24.
13 Schwarzenbach, A., *Pariser Novelle I*, S. 14f.
14 In einem Gespräch mit Ella Maillart, Chandolin 1994.
15 In einem Gespräch mit Suzanne Öhman, Meilen 1995.
16 Merz, E. (1985), S. 85.
17 Sabine Nagel beging 1979 Selbstmord. Der Grund soll eine Frau gewesen sein, die eine Wohnung in der Nachbarschaft bewohnte und von der sie sich verfolgt fühlte. In einem Gespräch mit Frau Werkmeister-Langen, Frankfurt/M. 1995.
18 In einem Gespräch mit Suzanne Öhman, Meilen 1995.
19 Einer ihrer Verehrer war der spätere Führer der faschistischen Schweizer »Nationalen Front«, Henne, der angeblich nur zu den »Fronten« gegangen war, weil Annemarie ihm einen Korb gegeben hatte.
20 Vgl. Mann, K. (1989d), S. 239.
21 In einem Gespräch mit Marianne Breslauer, geb. Feilchenfeldt, Zürich 1992.
22 In einem Brief an Ella Maillart vom 1.2.1942.
23 In: *Die Weltwoche*, Zürich 20.11.1942.
24 Während A.S. in Fetan ist, gibt es auch einen kleinen Skandal im Lehrerkollegium. Annemaries Musiklehrerin, die sie sehr mochte, verließ »aus ungenannten Gründen« zusammen mit der Handelslehrerin das Institut.
25 Merz, E. (1985), S. 84 f.
26 Schwarzenbach, A., *Pariser Novelle*, S. 26f.
27 Merz, E. (1985), S. 86.
28 Ebd.
29 In einem Gespräch mit Ingrid Werkmeister-Langen, Frankfurt/M. 1994.
30 Suzanne Öhman nach Charles Linsmayer (1987), S. 170.
31 Schwarzenbach, A., *Pariser Novelle*, S. 21.
32 In einem Gespräch mit Ella Maillart, Chandolin 1994.
33 Schwarzenbach, A., *Der Hut*.
34 In einem Gespräch mit Margot von Opel, Liechtenstein 1992. Suzanne Öhman konnte diese Darstellung nicht bestätigen. Ihrer Meinung nach wäre diese Zeremonie auch Annemarie zu weit gegangen.
35 Schwarzenbach, A., *Pariser Novelle*, S. 24.
36 In den gleichen Zyklus der *Pariser Novelle* gehören auch die *Pariser Novelle I* und *Paris III*, die alle zwischen 1929 und 1930 entstanden sind.
37 Schwarzenbach, A., *Pariser Novelle*, S. 24.
38 Das Haus heißt in der Novelle Lindenhof und steht wahrscheinlich für das Haus von Verwandten in Winterthur. Eine Cousine Annemaries, die dort wohnte, hieß Ursula, wie die Ich-Erzählerin in der Novelle.
39 Schwarzenbach, A., *Pariser Novelle*, S. 29f.
40 Ebd., S. 30.
41 Schwarzenbach, A., *Lyrische Novelle*.
42 In einem Gespräch mit Suzanne Öhman, Meilen 1995.
43 In den 60er Jahren wird Suzanne Öhman in den Stadtrat ihrer Gemeinde gewählt, ein politisches Amt, in das Ausländer nur sehr selten hineingewählt werden.

44 Gautschi, W. (1988), S. 38.
45 In Kriegszeiten wird in der Schweiz aus dem Kreis der Oberstkorpskommandanten – zu Friedenszeiten höchster militärischer Rang – ein General gewählt.
46 In: Schwarzenbach, A., Notizen zum Schriftstellerkongreß in Moskau, in: *Auf der Schattenseite*. General Wille und sein Sohn Ulrich Wille waren beide Ausbildungsoffiziere und sahen in der Armee ein wichtiges Mittel zur Erziehung von jungen Männern.
47 Über die Höhe seiner Pension wurde übrigens eine lange, für Wille sehr demütigende Debatte im Bundesrat geführt.

Schwärmerische, traurige Jugend

1 Schwarzenbach, A., Stellung der Jugend, in: *Neue Zürcher Zeitung*.
2 Pessoa, F. (1988), S. 13.
3 Schwarzenbach, A., Stellung der Jugend, in: *Neue Zürcher Zeitung*.
4 Ebd.
5 Mann, K. (1990b), S. 19.
6 Schwarzenbach, A., *Paris III*, S. 8.
7 Vgl. Frevert, U. (1986), S. 174.
8 Ebd.
9 In der Schweiz wurde den Frauen bis 1971 sogar das Wahlrecht vorenthalten. In den Kanotnen Glarus und Appenzell bekamen sie es selbst 1971 nur auf eidgenössischer Ebene (Bundesebene). Auf kantonaler Ebene (Kommunalebene) bekamen sie es nach langen Debatten und vielen Protesten erst 1988.
10 Z.B. durch das Gesetz zur Freimachung von Arbeitsplätzen von 1919.
11 Vgl. Frevert, U. (1986), S. 193
12 Mann, K. (1989d), S. 100f.
13 Geuter, U. (1994), S. 121f.
14 Zit. nach Roger Perret (1988), S. 104.
15 Ebd.
16 Schwarzenbach, A., in: *Der Wandervogel*, Heft 3/4, Okt. 1925.
17 Zit. nach Perret, Roger (1988), S. 104.
18 Auch in einer der Erzählungen, die im *Falkenkäfig* gesammelt sind, kommt eine heterosexuelle Affäre vor. Von einer Involvierung Annemaries weiblichen Alter Egos, Billi, wie in der *Pariser Novelle* kann dort aber nicht die Rede sein. Schon nach einer Nacht bekennt Billy dem Kapitän, daß sie Frauen liebt und daß deshalb seine Bemühungen um eine tiefere Beziehung zwischen ihnen oder um Billis Leidenschaft müßig seien. Er müsse sich mit dem begnügen, was sie geben könne.
19 Schwarzenbach, A., *Pariser Novelle*, S. 16f.
20 Ebd., S. 18.
21 Ebd., S. 21.
22 Ebd., S. 27.
23 In einem Gespräch mit Suzanne Öhman, Meilen 1995.

24 Brief an Erika Mann vom Oktober 1930, in: Fleischmann (Hg.) (1993), S. 18f.
25 Schwarzenbach, A., *Freunde um Bernhard*, S. 24.
26 In einem Gespräch mit Margot von Opel, Liechtenstein 1992.
27 Mann, E. (1988), S. 36.
28 In einem Brief an Erika Mann vom 19.8.1931, in: Fleischmann (Hg.) (1993), S. 57.
29 In einem Brief an Erika Mann vom 23.12.1930, in: ebd., S. 40
30 Vgl. Brief Annemarie Schwarzenbachs an Erika Mann vom 24.11.1932, in: ebd., S. 82.
31 Merz, E. (1985), S. 89.

Aufbruch

1 Vgl. Müller/Grente (1995) nach einem Gespräch mit Gundalena v. Weizsäcker.
2 Mettler, H. (1942).
3 Von der berühmten englischsprachigen Kolonie in Paris wußte Annemarie offensichtlich nichts.
4 Schwarzenbach, A., *Paris III*, S. 1-14.
5 Schwarzenbach, A., *Gespräch*.
6 Schwarzenbach, A., *Paris III*, S. 19f.
7 Schwarzenbach, A., *Freunde um Bernhard*, S. 111f.
8 Ebd., S. 97
9 Sahl, H. (1990), S. 113-115.
10 Brief an Erika Mann vom 28.10.1930, in: Fleischmann (Hg) (1993), S. 27.
11 Eduard Korrodi war der Chefredakteur des Feuilletons der *Neuen Zürcher Zeitung* und ein wichtiger Förderer Annemarie Schwarzenbachs.
12 Brief an Erika Mann vom 28.10.1930, in: Fleischmann (Hg.) (1993), S. 26.
13 Ehefrau des berühmten Tennisspielers Gottfried von Cramm.
14 In einem Gespräch mit Margot von Opel, Liechtenstein 1992.
15 Brief an Erika Mann vom Anfang Oktober 1930, in: Fleischmann (Hg.) (1993), S. 18.
16 Der Promotion.
17 Brief an Erika Mann vom 15.10.1930, in: Fleischmann (Hg.) (1993), S. 21f.
18 Bonjour, E. (1971), S. 291.
19 Brief Erika Manns an ihre Mutter Katia vom 4.6.1933, in: Erika Mann (1988), S. 39.
Annemarie unterstützt finanziell Klaus Manns Exilzeitschrift *Die Sammlung*. Suzanne Öhman bezweifelt allerdings, daß ihr Vater jemals ein solches Vokabular benutzt haben könne. Sie betont, daß ihr Vater politisch den angelsächsischen Demokratien nahe stand.
20 Meienberg (1987) schreibt, daß Hitler in der Villa Wesendonk eingeladen war, wo ca. 40 Gäste anwesend waren. Dr. Jürg Wille konnte das nicht bestätigen. Ich folge an dieser Stelle seinen Angaben dazu.
21 Kreis, G. (1976), S. 177.
22 Zwei seiner drei Töchter waren damals bereits in Deutschland verheiratet. 1937

heiratete auch seine jüngste Tochter, Gundalena, mit Carl-Friedrich von Weizsäcker einen Deutschen, was die linke Presse mit Unmut kommentierte.
23 Vgl. Kreis, G. (1976) und Bonjour E. (1967/1970/1971).
24 Von Hassel, U. (1994), Tagebucheintragung vom 24.1.1942.
25 Bonjour, E. (1967), S. 41.
26 Schwarzenbach, A., »Die Schweiz – das Land, das nicht zum Schuß kam«.
27 Ebd.
28 Von der Lühe, I. (1993), S. 93.
29 Ebd.
30 Ebd., S. 92.
31 Ebd.
32 Ebd., S. 94.
33 Ebd.
34 Vgl. ebd.
35 Ebd.
36 Ebd., S. 95
37 Vgl. ebd.
38 Ebd., S. 95f.
39 Ebd.
40 Vgl. Linsmayer, Ch. (1987), S. 186.
41 Renée Schwarzenbach gehörte tatsächlich nicht zu den »Drahtziehern«. Dazu fehlten ihr auch die Kontakte zu den »Fronten«. Sie sympathisierte aber mit den Übergriffen und stimmte den Parolen der Rechten sicher zu.
42 Brief an Klaus Mann vom 21.12.1934, in: Fleischmann (Hg.) (1993), S. 122.
43 Mann, K. (1989b), S. 92.
44 Brief an Klaus Mann vom Januar 1935, in: Fleischmann (Hg.) (1993), S. 124.
45 Sahl, H. (1991), S.41.
46 Brief an Erika Mann vom 18.10.1930, in: Fleischmann (Hg.) (1993), S. 22.
47 Merz,E. (1985), S. 88.
48 Brief an Erika Mann vom 15.10.1930, in Fleischmann (Hg.) (1993), S. 21.
49 Brief an Erika Mann vom September/Oktober 1930, in ebd., S. 18.
50 Brief an Erika Mann vom 30.11.1930, in: ebd., S. 34.
51 Brief an Erika Mann vom 30.12.1930, in: Fleischmann (Hg.) (1993), S. 40.
52 Unveröffentlichter Brief aus dem Nachlaß Annemarie Schwarzenbach der Schweizerischen Landesbibliothek.
53 Sahl, H. (1990), S. 51f.
54 In: Mann, K. (1989), S. 239.
55 Brief an Erika Mann vom 15.10.1931, in: Fleischmann (Hg.) (1993), S. 21.
56 Maillart, E. (1988), S. 17.
57 Ebd., S. 11.
58 Brief an Erika Mann von Anfang September 1931, in: Fleischmann (Hg.) (1993), S. 58f.
59 Brief an Erika Mann vom 30.9.1931, in: ebd., S. 63.
60 Brief an Klaus Mann vom 19.5.1935, in: ebd., S. 130.
61 Briefe an Erika Mann vom 18.10.1930 und vom Nov. 1930, in: ebd., S. 23 und S. 33.

62　Vgl. Von der Lühe, I. (1993), S. 36.
63　Ebd., S. 54f.
64　Brief an Erika Mann vom Nov. 1930, in Fleischmann (Hg.) (1993), S. 35.
65　Merz, E. (1985), S. 85.
66　Gide, A. (1991).
67　Mann, K. (1991a), S. 19.
68　Mann K. (1993), S. 51f. und 166.
69　Brief an Klaus Mann vom 21.12.1934, in: Fleischmann (Hg) (1993), S. 123.
70　Vgl. Schwarzenbach, A., »Darf man heute noch »historische« und »abseitige« Bücher schreiben?«, 1937.
71　*Klaus und Erika Mann*, Ausstellungskatalog (1990),S. 39.
72　Brief an Klaus Mann vom Januar 1933, in: Fleischmann (Hg.) (1993), S. 106f.
73　Sahl, H. (1990), S. 121f.
74　Perret, R. (1988), S. 127.
75　In einem Gespräch mit Elisabeth Albers-Schönberg, Feldmeilen 1995.
76　Brief an Erika Mann vom 30.9.1931, in: Fleischmann (Hg.) (1993), S. 63.
77　Perret, R. (1988), S. 128ff.
78　Haushofer, A. (1946).
79　Brief an Erika Mann vom Dezember 1931, in: Fleischmann (Hg.) (1993), S. 70.
80　Glendinning, Victoria (1990), S. 295.
81　Brief an Erika Mann vom 15.10.1931, in: Fleischmann (Hg.) (1993), S. 65.
82　Brief an Erika Mann von Anfang Dezember 1931, in: ebd., S. 69.
83　Brief an Erika Mann vom 30.10.1931, in: ebd., S. 65.
84　Brief an Erika Mann vom September/Oktober 1931, in: ebd., S. 64.
85　Brief an Erika Mann vom 9.11.31, in ebd., S. 67.
86　Ebd.
87　Perret, R. (1988), S. 132.
88　In einem Gespräch mit Marianne Feilchenfeldt, Zürich 1992.
89　Ebd.
90　Ebd.
91　Schwarzenbach, A., *Lyrische Novelle*, S. 60f.
92　Vgl. Perret, R. (1988), S. 99.
93　Brief an Erika Mann vom 6.1.1933, in: Fleischmann (Hg.) (1993), S. 83.
94　Mann, K. (1989d), S. 306f.
95　Von der Lühe, I. (1993), S. 59.
96　Mann, K. (1989d), S. 96.
97　Mann, K. (1989d.), S. 271.
98　Ebd., S. 274.
99　Brief an Erika Mann vom 19.1.1933, in: Fleischmann (Hg.) (1993), S. 84.
100　Ebd.
101　Brief an Erika Mann vom 5.11.1932, in: ebd., S. 81.
102　Brief an Erika Mann vom 24.11.1932, in: ebd., S. 81f.
103　Brief Erika Manns an Katia Mann vom 11.9.1933, in: Mann E. (1988), S. 43.

In der Ferne

1 Schwarzenbach, A., *Winter in Vorderasien*, S. 39.
2 Ebd., S. 46.
3 Nach der heftigen Kritik an der *Lyrischen Novelle*, die sich vor allem darauf bezog, daß sie zu subjektiv gefärbt sei, hatte sich Annemarie für dieses Projekt einer größtmöglichen Objektivität verschrieben. Vgl. Perret, R. (1989), S. 224.
4 Schwarzenbach, A., *Winter in Vorderasien*, S. 52.
5 Ebd., S. 77.
6 Brief an Klaus Mann vom Januar 1934, in: Fleischmann (Hg.) (1993), S. 106.
7 Brief an Klaus Mann vom 8.2.1934, in: ebd., S. 108.
8 Schwarzenbach, A., *Winter in Vorderasien*, S. 80f.
9 Ebd., S. 80.
10 Ebd., S. 115f.
11 Ebd., S. 131.
12 Ebd., S. 135f.
13 Glendinning, V. (1990), S. 219.
14 Brief an Klaus Mann vom 4.7.1934, in: Fleischmann (Hg.) (1993), S. 111.
15 Schwarzenbach, A., *Winter in Vorderasien*, S. 162-165.
16 Ebd., S. 173.
17 Maillart, E. (1990), S. 12.
18 Brief an Klaus Mann vom 3.4.1934, in: Fleischmann (Hg.) (1993), S. 116.
19 Ebd., S. 117.
20 Mann, K. (1984), S. 334.
21 Feuchtwanger war 1937 bei dem zweiten Prozeß, dem »Prozeß der 17« gegen Radek, Bredel, Pjatakow und Sokolnikow anwesend. Der erste Prozeß gegen »die 16« – Sinowjew und Kamenew – hatte im August 1936 stattgefunden. Der dritte große Prozeß fand 1938 gegen Bucharin statt.
Zum Verhältnis von Feuchtwanger zur Sowjetunion vgl. Kröhnke, K. (1991).
22 Vgl. Kröhnke (1991), S. 29-39.
23 Vgl. Portisch, H. (1993), S. 258.
24 Maxim Gorki zit. nach Portisch, H. (1993), S. 238.
25 Portisch, H. (1993), S. 238.
26 Schwarzenbach, A., Notizen zum Schriftstellerkongreß in Moskau, in: *Auf der Schattenseite*, S. 41.
27 Dieterle/Perret (1990), S. 362f.
28 Schwarzenbach, A., Notizen zum Schriftstellerkongreß in Moskau, in: *Auf der Schattenseite*, S. 35.
29 Ebd., S. 47.
30 Vgl. Portisch, H. (1993), S. 240.
31 Schwarzenbach, A., *Notizen* ..., S. 38.
32 Ebd., S. 50.
33 Ebd., S. 36.
34 Vgl. Portisch, H. (1993), S. 239f.
35 Ebd.

36 Schwarzenbach, A. *Notizen* ..., S. 42.
37 Dieterle/Perret (1990), S. 331.
38 Ebd., S. 331.
39 Schwarzenbach, A., *Notizen* ..., S. 47.
40 Vgl. dazu auch Dieterle, in: Dieterle/Perret (1990), S. 331-333.
41 Schwarzenbach, A., Notizen ..., in: *Auf der Schattenseite*, S. 46.
42 Portisch, H. (1993), S. 241.
43 Ebd.
44 Schwarzenbach, A., Notizen ..., in: *Auf der Schattenseite*, S. 35. Zu Kolzow und seinem tragischen Ende vgl. Kröhnke, K. (1991), S. 21.
45 Schwarzenbach, A., Notizen ..., in: *Auf der Schattenseite*, S. 49.
46 Ebd., S. 37.
47 Schwarzenbach, A., Notizen ..., in: *Auf der Schattenseite*, S. 49f.
48 Brief an Klaus Mann vom 4.7.1934, in: Fleischmann (Hg.) (1993), S. 117.
49 Der fünf Jahre ältere Claude Clarac war zweiter Sekretär in der französischen Botschaft von Teheran.
50 Brief von Erika an Klaus Mann vom 1.12.1934, in: Mann, E. (1988), S. 60.
51 Brief an Klaus Mann vom 7.5.1934, in: Fleischmann (Hg.) (1993), S. 112.
52 In einem Gespräch mit Ella Maillart, Chandolin 1994.
53 Brief an Klaus Mann vom 23.2.1935, in: Fleischmann (Hg.) (1993), S. 126.
54 Ebd.
55 Brief an Klaus Mann vom 6.4.1935, in: ebd., S. 127.
56 Nach Müller/Grente (1995, 156) war Firouz ehemals Finanzminister und wurde später vom Schah hingerichtet.
57 Vgl. ebd.
58 Schwarzenbach, A., *Das glückliche Tal*, S. 85f.
59 Ebd., S. 16-18.
60 Brief an Klaus Mann vom 6.4.1935, in: Fleischmann (Hg.) (1993), S. 127.
61 Schwarzenbach, A., *Das glückliche Tal*, S. 87f.
62 Brief an Klaus Mann vom 12.6.1935, in: Fleischmann (Hg.) (1993), S. 131f.
63 Brief an Klaus Mann vom 8.7.1935, in: ebd., S. 134.
64 Mann, Klaus (1989), S. 130.
65 Brief an Klaus Mann vom 27.9.1935, in: ebd., S. 139.
66 Ebd.
67 Vgl. Linsmayer, Ch. (1987), S. 194.
68 Brief an Klaus Mann vom 17.11.1935, in: Fleischmann (Hg.) (1993), S. 141.
69 Brief an Klaus Mann vom November 1935, in: Fleischmann (Hg.) (1993), S. 142.
70 Brief an Klaus Mann vom 17.11.1935, in: ebd., S. 141.
71 Brief an Klaus Mann von Ende November 1935, in: ebd., S. 143.
72 Brief an Klaus Mann vom 28.1.1936, in: ebd., S. 145.
73 Brief an Klaus Mann vom 22.1.1936, in: ebd., S. 144.
74 Brief an Klaus Mann vom 28.1.1936, in: ebd., S. 145.
75 Von der Lühe, I. (1993), S. 110.
76 Ebd.
77 Meyer-Larsen, W. (1995), in: *Der Spiegel*, S. 175.

78 Vgl. Von der Lühe, I. (1993), S. 110.
79 Mann Klaus (1989), S. 322; Von der Lühe, I. (1993), S. 111f.
80 Vgl. Von der Lühe, ebd., S. 112.
81 Ebd.
82 Ebd., S. 112f.
83 Wysling/Schmidlin (1994), S. 332.
84 Von der Lühe, I. (1993), S. 112f.
85 Vgl. ebd., S. 113.
86 Brief an Klaus Mann vom 28.1.1936, in: Fleischmann (Hg.) (1993), S. 145.
87 Vgl. Meyer-Larsen (1995), in: *Der Spiegel*, S. 167.
88 Vgl. ebd., S. 169.
89 Hier zit. nach Perret, R. (1992), S. 162.
90 Brief Erika Manns an Katia Mann vom 27.11.1936, in: Mann, E. (1988), S. 103.
91 Ebd., S. 104.
92 Von der Lühe, I. (1993), S. 137.
93 Brief Erika Manns an Katia Mann vom 1.2.1937, in: Mann, E. (1988), S. 111.
94 Brief an Klaus Mann vom 5.3.1937, in: Fleischmann (Hg.) (1993), S. 151.
95 Schwarzenbach, A., *Auf der Schattenseite*, S. 138.
96 Vgl. Perret, R. (1992), S. 171.
97 Vgl. Perret, R. (1992), S. 182f.
98 Brief an Klaus Mann vom 31.1.1937, in: Fleischmann (Hg.) (1993), S. 148.
99 Vgl. auch Dieterle, R., in: Dieterle/Perret (1990), S. 338.
100 Zit. nach Perret, R. (1992), S. 163.
101 Schwarzenbach, A., *Jenseits von New York*, S. 38. In Altoona bei Pittsburgh soll Annemarie in einer Schwarzenbach-Fabrik mit der Belegschaft für mehr Lohn und bessere Arbeitsbedingungen demonstriert haben, was die Direktion in Aufregung versetzte. Nach Meienber, N. (1987), S. 133.
102 Schwarzenbach, A., »Auf der Schattenseite von Knoxville«.
103 Schwarzenbach, A., »Die Reise nach Pittsburgh«, in: Dieterle/Perret (Hg.) (1990), S. 336f. Fotografierverbot erhielt Annemarie Schwarzenbach nicht nur in den Stahlwerken von Aliquippa, sondern später auch in einem Gefängnis in Georgia (vgl. Dieterle/Perret (1990), S. 352.
104 Post Wolcott, Marion, hier zit. nach Perret (Hg.) (1992), S. 164.
105 Ebd.
106 Vgl. auch Perret (1992), S. 173f.
107 FSA steht für Farm Security Administration. Eines der Projekte dieser 1935 unter dem Namen »Resettlement Administration« gegründeten staatlichen Organisation war die fotografische Dokumentation der gesellschaftlichen Mißstände mit der »einzigen Zielsetzung«, zwei Drittel der Nation zur Hilfe für das verarmte Drittel zu bewegen und damit den »New Deal« zu unterstützen. Vgl. Perret (1992), S. 164.
108 Vgl. Dieterle, R., in: Dieterle/Perret (1990), S. 336f.; Perret (1992), S. 164.
109 Schwarzenbach, A., Lumberton/Notizen, in: *Jenseits von New York*, S. 117f.
110 Barbara Hamilton-Wright arbeitete später als Fotografin für die FSA. Vgl. Dieterle, R., in: Dieterle/Perret (1990), S. 336.

111 Ihren Europa-Aufenthalt vor der Reise in die Südstaaten nutzte sie, um in der Schweiz konkrete Aufträge mit Zeitungen auszuhandeln. Vgl. Dieterle, R., in: Dieterle/Perret (1990), S. 338.
112 Vgl. Perret, R. (1992), S. 170f.
113 Vgl. ebd., S. 182.
114 Brief von Renée Schwarzenbach an Ernst Merz vom 11.8.1937, zit. nach Perret, R. (1992), S. 171.
115 Ebd., S. 170.
116 Theo Pinkus, hier zit. nach Dieterle, R., in: Dieterle/Perret (1990), S. 339 und 352.
117 Vgl. auch Perret (1992), S. 167.
118 Schwarzenbach, A., Kleine Begegnungen in Deutschland, in: Dieterle/Perret (1990), S. 108f.
119 Brief an Klaus Mann vom 28.5.1937, in: Fleischmann (Hg.) (1993), S. 157.
120 Schwarzenbach, A., *Baltisches Tagebuch*, in Dieterle/Perret (1990), S. 120f.
121 Brief an Klaus Mann vom 21.5.1937, in: Fleischmann (Hg.) (1993), S. 155.
122 Ebd.
123 Brief an Klaus Mann vom 2.6.1937, in: ebd., S. 158.
124 Ebd.
125 Von der Lühe, I. (1993), S. 138.

Vorahnung des Todes

1 Brief an Klaus Mann vom 18.3.1938, in: Fleischmann (Hg.) (1993), S. 163-165.
2 Ebd.
3 Schwarzenbach, A., in: Perret/Dieterle (1990), S. 187f.
4 Ebd., S. 190.
5 Ebd., S. 191.
6 In einem Gespräch mit Suzanne Öhman, Meilen 1995. Vgl. dazu auch Linsmayer, Ch. (1987), S. 198.
7 Vgl. Dieterle/Perret (1990), S. 374.
8 Brief an Klaus Mann vom 14.5.1938, in: Fleischmann (Hg.) (1993), S. 166.
9 Zit. nach Müller/Grente (1995), S. 195.
10 Zit. nach ebd., S. 197.
11 Brief an Klaus Mann von Ende Januar 1939, in: Fleischmann (Hg.) (1993), S. 172.
12 Ebd., S. 173.
13 Nach Linsmayer (1987, 200) wurde Dr. Favez wegen ihrer Liebe zu Annemarie nach deren Entlassung gekündigt. Eine neue Anstellung fand sie bei Prof. Forel in seiner Klinik in Prangins.
14 In einem Gespräch mit Ella Maillart, Chandolin 1994. Alle hier folgenden Äußerungen Ella Maillarts stammen ebenfalls aus diesem Gespräch.
15 Maillart, E. (1988), S. 13.
16 Ella Maillart ist heute noch sehr aufgebracht über diesen deutschen Titel ihres Buches (Originaltitel: La Voie cruelle – Der qualvolle Weg-): »Zwei Frauen sind

allein unterwegs, schlafen auf der Straße, und sie sagen *Flüchtige Idylle* dazu – es ist lächerlich.«
17 Vgl. Dieterle/Perret (1990), S. 386.
18 Clark, Annemarie, *Im Garten der schönen Mädchen von Kaisar*, verfasst in Afghanistan im Juli/August 1939.
19 Clark, Annemarie, *Die Frauen von Kabul*, verfasst in Kabul/Afghanistan im Herbst 1939.
20 Brief an Klaus Mann vom 18.1.1940, in: Fleischmann (Hg.) (1993), S. 174f.
21 Brief an Klaus Mann vom 18.1. 1940, in: Fleischmann (Hg.) (1993), S. 176.
22 Mann, K. (1991a), S. 23.
23 Ebd., S. 24.
24 Brief an Klaus Mann vom 18.1.1940, in: Fleischmann (Hg.) (1993), S. 175.
25 Vgl. Linsmayer, Ch. (1987), S. 208.
26 Ebd.
27 Annemarie Schwarzenbach kann sich dieses Feriendomizil eigentlich nicht mehr leisten. Die schlechten Geschäfte der Schwarzenbach-Fabriken haben auch Einfluß auf ihre finanzielle Situation. Ihr Vater springt ihr zwischenzeitlich helfend zur Seite und behält das Haus für die Tochter. Die Mann-Geschwister, denen Annemarie vorschlägt, einen Teil der Kosten zu übernehmen, so daß sie Sils aus eigenen Mitteln unterhalten könnten, reagieren nicht. Die finanzielle Situation der Geschwister in den USA, die ihrerseits vom Vater abhängig bleiben, erlaubt eine solche Mitfinanzierung wahrscheinlich auch nicht. Auch ist 1940 an eine Rückkehr der Geschwister in die Schweiz oder an einen Urlaub dort seit Ausbruch des Krieges nicht zu denken.
28 Mann, K. (1991a), S. 37.
29 Ebd., S. 42.
30 Ebd., S. 40.
31 Vgl. Linsmayer (1987), S. 208.
32 Vgl. Von der Lühe, I. (1993), S. 198.
33 Brief an Klaus Mann vom 1.9.1940, in: Fleischmann (Hg.) (1993), S. 185.
Es dürfte sich bei den »Onkels« nicht um wirkliche Verwandte gehandelt haben. Bekannt ist nur, daß ihr jüngerer Bruder Alfred Schwarzenbach in der Dependance der Schwarzenbach-Werke in den USA arbeitete. Ganz offensichtlich meinte sie mit »Onkels« reiche Amerikaner, die sie aufgrund ihrer Herkunft kennenlernte und um Unterstützung für *Decision* bitten konnte.
34 Brief an Klaus Mann vom 21. Juni 1940, in: ebd., S. 177.
35 Mann, K. (1991a), S. 30.
36 Brief an Klaus Mann vom 1. August 1940, in: Fleischmann (Hg.) (1993), S. 182.
37 Brief an Klaus Mann vom 23. Juli 1940, in: ebd., S. 178f.
38 Brief an Klaus Mann vom 1.8.1940, in: ebd., S. 183.
39 Zu Carson McCullers Beziehung zu Annemarie Schwarzenbach vgl. auch Virginia Spencer Carr (1977).
40 Vgl. ebd., S. 100.
41 Virginia Spencer Carr, die Biographin Carson McCullers, schreibt, daß Carson die Manns zusammen mit Wystan Auden und Annemarie, die gerade zu Besuch

ist, am 1. Juli kennenlernt. Klaus Mann erwähnt die junge Amerikanerin aber schon am 12.6. in seinem Tagebuch. Auch, daß Annemarie sie gleichzeitig mit den Mann-Geschwistern kennengelernt haben soll, scheint nicht richtig.

42 Mann, K. (1991a), S. 42.
43 Brief an Klaus Mann vom 23.7.1940, in: Fleischmann (Hg.) (1993), S. 179.
44 Mann, K. (1991a), S. 51.
45 Brief an Klaus Mann vom 1.8.1940, in: Fleischmann (Hg.) (1993), S. 182.
46 Spencer Carr (1977), S. 123.
47 Mann, K. (1991a), S. 67. Zu Chester Kallmann, einem 19jährigen Lyriker, mit dem Auden zusammen sein wird, siehe Spencer Carr (1977), S. 122.
48 Mann, K. (1991a), S. 69.
49 Ebd., S. 70f.
50 In einem Gespräch mit Margot von Opel, Liechtenstein 1992.
51 Virginia Spencer Carr (1977, 137) beschreibt den Verlauf von Annemaries Flucht aus Connecticut etwas anders. Danach floh Annemarie nicht zu Freddi Wolkenberg, sondern zu Freunden von Carson McCullers nach Manhattan. Von dort aus wurde Carson informiert, die, selbst krank, Annemarie sofort zu Hilfe eilte und bei ihr blieb, um sie zu pflegen. Eines Tages, Carson war gerade außer Haus, tauchten dort ein Arzt und ein Polizist auf mit neuen Einlieferungspapieren. Annemarie wurde gezwungen, sie zu begleiten und schließlich ins »Bellevue« gebracht. Dann wurde jeder Briefkontakt unterbrochen und Carson kehrte nach Georgia zurück.

Später, als Annemarie zurück in Europa ist, nehmen die beiden Frauen den Briefkontakt wieder auf und korrespondieren bis 1942. Carson McCullers *Reflections in a golden eye*, das kurz nach der Abreise Annemaries erscheint, ist ihr von Carson McCullers gewidmet. Auch in den folgenden Jahren wird sie in einer Reihe von Texten ihrer unerfüllten Liebe zu Annemarie Schwarzenbach Ausdruck verleihen und so auf ihre Art versuchen, ihre Gefühle zu verarbeiten.

52 In einem Gespräch mit Margot von Opel, Liechtenstein 1992.
53 Brief an Klaus Mann vom 28.1.1941, in: Fleischmann (Hg.) (1993), S. 187.
54 Ebd.
55 Brief an Klaus Mann vom 28.1.1941, in: Fleischmann (Hg.) (1993), S. 185f.
56 Brief von Henri Martin an Renée Schwarzenbach vom 25.5.1942.
57 Brief an Ella Maillart, Sils-Baselgia, 23.3.1941.
58 Die Briefe Martins an Renée Schwarzenbach zeigen aber, daß Renée dennoch gerne über das Schicksal der Tochter informiert sein wollte und auch von Bocken aus ein Auge auf sie hatte.
59 Brief an Ella Maillart, Sils-Baselgia, 23.3.1941.
60 Brief an Erika Mann vom Juni 1941, in: Fleischmann (Hg.) (1993), S. 88f.
61 Ebd., S. 89.
62 Die Artikel sind am 21./22./23./24. und 25. Mai 1941 geschrieben und wurden am 6./7./14. und 17. November 1941 veröffentlicht. Vgl. Dieterle/Perret (1990), S. 385.
63 Brief an Erika Mann vom Juni 1941, in: Fleischmann (Hg.) (1993), S. 89f.
64 Vgl. Linsmayer, Ch. (1987), S. 214.

65 Schwarzenbach, A., *Das Wunder des Baums*, S. 240.
66 Vgl. Linsmayer, Ch. (1987), S. 214f.
67 Geschrieben im Juli 1941, erschienen am 15./20./ und 22. November 1941.
68 Schwarzenbach, A., Begegnung mit dem Dschungel, in: *Auf der Schattenseite*, S. 310.
69 Schwarzenbach, A., *Das Wunder des Baums*, S. 165.
70 Ebd., S. 130.
71 Brief an Ella Maillart vom 18.3.1942.
72 Ebd.
73 Brief im Nachlaß. Hier zit. nach Linsmayer, Ch. (1987), S. 218.
74 Zit. nach Linsmayer, Ch. (1987), S. 218.
75 Nach Linsmayer (1987) hat Renée von Bocken aus die Überführung nach Prangins mit einem Taxi angeordnet, nachdem Annemarie auch am dritten Tag nicht aus der Bewußtlosigkeit aufgewacht war. Ich beziehe mich in der etwas anderen Darstellung auf die Erzählung Suzanne Öhmans.
76 Das geht aus einem Brief Ella Maillarts vom 1.4.1944 an ihre Mutter hervor. Der Brief ist im Nachlaß in der Schweizerischen Landesbibliothek erhalten und wird hier nach Linsmayer (1987), S. 222 zitiert.
77 Vgl. Linsmayer (1987), S. 222.
78 Ella Maillart in dem Brief an Annemaries Mutter vom 1.4.1944.

Quellen und Literatur

Gespräche mit

Margot von Opel, Liechtenstein, 26.4.1992.

Marianne Feilchenfeldt, geb. Breslauer, Zürich, 31.9.1992.

Ella Maillart, Chandolin sur Sierre, 16.8.1994.

Ingrid Werkmeister-Langen, Frankfurt/M., 15.11.1994.

Gundalena und Carl Friedrich von Weizsäcker, Starnberg, 14.1.1995.

Jürg Wille, Feldmeilen, Februar 1995.

Suzanne Öhman, Meilen, 11.2.1995 und 14.2.1995.

Elisabeth Albers-Schönberg, Meilen, 13.2.1995.

Veröffentlichte Werke Annemarie Schwarzenbachs

Beiträge zur Geschichte des Oberengadins im Mittelalter und zu Beginn der Neuzeit. Diss. phil., Zürich 1931.

Freunde um Bernhard, Wien 1931.

Freunde um Bernhard, Reprint, Basel 1993.

Das Buch von der Schweiz. Ost und Süd (in der Reihe: »Was nicht im Baedeker steht«, Band XV), München 1932.

Das Buch von der Schweiz. Nord und West (in der Reihe: »Was nicht im Baedeker steht«, Band XVI), München 1933.

Winter in Vorderasien. Tagebuch einer Reise, Wien 1934.

Lorenz Saladin – Ein Leben für die Berge, Bern, Stuttgart 1938.

Das glückliche Tal, hg. von Charles Linsmayer, Frauenfeld 1987.

Lyrische Novelle, hg. von Roger Perret, Basel 1988.

Bei diesem Regen, hg. von Roger Perret, Basel 1989.

Auf der Schattenseite. Ausgewählte Reportagen, Feuilletons und Fotografien 1933-1942, hg. von Roger Perret und Regine Dieterle, Basel 1990.

Jenseits von New York. Reportagen und Fotografien 1936-1938, hg. von Roger Perret, Basel 1992.

Ruth, (Novelle), 22.-23. September 1930, veröffentlicht im *Amalthea Almanach,* Zürich/Leipzig 1932.

Zeitschriften- und Zeitungsartikel Annemarie Schwarzenbachs

Annemarie Schwarzenbach über die Jugend ihrer Zeit

Stellung der Jugend, in: *Neue Zürcher Zeitung,* Nr. 769, 20. April 1930.

Über Spanien

Kinder in den Pyrenäen, in: *Zürcher Illustrierte,* 6.10.1933.

Über die USA 1936/37

Papiermühlen und kleine Farmen in Maine, in: *National-Zeitung,* 7.10.1936.

Roosevelt Wähler: wie sieht der Amerikaner aus, in: *Zürcher Illustrierte,* 6.11.1936.

Jenseits von New York, in: *Luzerner Tagblatt,* 20.2.1937.

Die Reise nach Pittsburgh, in: *National-Zeitung,* 8.4.1937. (Fortsetzung und Schluß des Artikels vom 7.4.1937).

Bei den Vereinigten Bergarbeitern Amerikas, in: *ABC,* 13.5.1937.

Holzfäller, Bergarbeiter, Bauern- und ein Farmhaus in den Bergen von Tennessee, in: *ABC,* 9.12.1937.

Auf der Schattenseite von Knoxville, in: *National-Zeitung,* 16.12.1937.

In den Cumberland Bergen wird gejasst, in: *National-Zeitung,* 30.12.1937. (Dritter Artikel aus der fünfteiligen Serie Dixie Line – der Weg des amerikanischen Südens, in: *National-Zeitung,* 30.11.1937 – 25.1.1938.

Streik in Lumberton, North Carolina, in: *ABC,* 17.2.1938.

Lumberton. Notizen, in: *Jenseits von New York. Reportagen und Fotografien 1936-1938,* Perret (Hg.) (1992).

Nordamerikanisches – das Drama der amerikanischen Südstaaten, in: *Mass und Wert,* März/April 1939.

Über Deutschland

Kleine Begegnungen in Deutschland, in: *Auf der Schattenseite*, Dieterle/Perret (Hg.) (1990).

Baltisches Tagebuch, in: *Auf der Schattenseite*, Dieterle/Perret (Hg.) (1990).

Über Österreich

Fahrt durch ein verändertes Österreich – erste Eindrücke nach dem Anschluss, in: *Luzerner Tagblatt*, 27.4.1938.

Massenverhaftungen im österreichischen Offizierskorps – Nationalsozialismus ohne Maske, in: *Auf der Schattenseite*, Dieterle/Perret (Hg.) (1990)

Über Afghanistan

Im Garten der schönen Mädchen von Kaisar, in: *National-Zeitung*, 13./14. April 1939.

Die Frauen von Kabul, in: *Auf der Schattenseite*, Dieterle/Perret (Hg.) (1990).

Nachrichten aus Europa, in: *National-Zeitung*, 21.9.1939.

In das Herz Asiens – eine Expedition von Ella Maillart und Annemarie Clark-Schwarzenbach, in: *Sie und Er*, Oktober 1939.

Die Steppe, in: *National-Zeitung*, 1.11.1939.

Dreimal der Hindukusch, in: *National-Zeitung*, 17.11.1939.

Der Friedensmonat, in: *National-Zeitung*, 5.2.1940.

Vorderasiatische Auto-Anekdoten. Im Ford von Zürich über Istanbul nach Bombay und Indien, in: *Zürcher Illustrierte*, 29.3.1940.

Wir begegnen Schweizern in Asien, in: *Zürcher Illustrierte*, 29.3.1940.

Zwei Schweizerinnen und ein Ford, in: *Auto*, 7.5.1940.

Über die USA 1940

Carson McCullers, in: *National-Zeitung*, 7.7.1940.

Nantucket, die Friedensinsel, in: *Weltwoche*, 26.7.1940.

Der Kampf um die amerikanische Präsidentschaft, in: *NZZ*, 11.12.1940.

Die Schweiz,- das Land, das nicht zum Schuss kam, in: *Der Alltag*, Zürich 1987.

Über Portugal und Afrika

Passagiere nach Lissabon, in: *Weltwoche*, 7.3.1941.

Lissabon – neues Leben in einer alten Stadt, in: *National-Zeitung*, 19.3.1941.

Die Weihe der Schiffe, in: *Weltwoche*, 16.5.1941.

Eine Atempause in Estoril, in: *Weltwoche*, 6.6.1941.

Zwischen den Kontinenten, in: *Weltwoche*, 11.7.1941.

Aequator, in: *Weltwoche*, 19.9. 1941.

Funchal, in: *National-Zeitung*, 10.9.1941.

Begegnung mit dem Dschungel, in: *Weltwoche*, 5.12.1941.

Kleines Kongo-Tagebuch (vier Artikel), in: *National-Zeitung*, 13.4. – 4.5.1942.

Internationales Rotes Kreuz – die Aufgabe in Lissabon, in: *NZZ*, 24.5.1942.

Liebe zu Europa, in: *Thurgauer Zeitung*, 6.6.1942.

Diplomaten-Austausch in Lissabon, in: *NZZ*, 18.6.1942.

Der Transport zwischen Lissabon und der Schweiz, in: *Thurgauer Zeitung, 30.6.1942.*

Der Blick auf die Berge, in: *Weltwoche*, 3.7.1942.

Die goldene Stunde, in: *National-Zeitung*, 17.7.1942.

Der Belgische Kongo und der Krieg, in: *NZZ*, 7.8.1942.

Die Jugend Portugals, in: *Die Tat*, 14.8.1942.

(Ein Teil der hier aufgeführten Artikel Annemarie Schwarzenbachs sind in Dieterle/Perret (1990) und in Perret (1992) neu erschienen).

Briefe Annemarie Schwarzenbachs

Alle Briefe an Erika und an Klaus Mann sind zitiert aus: Uta Fleischmann (Hg.) *Wir werden es schon zuwege bringen, das Leben. Annemarie Schwarzenbach an Erika und Klaus Mann. Briefe 1930-1942*, Pfaffenweiler 1993.

Alle anderen hier zitierten Briefe befinden sich im Nachlaß Annemarie Schwarzenbachs in der Schweizerischen Landesbibliothek Bern.

Unveröffentlichte Texte aus dem Nachlaß Annemarie Schwarzenbachs in der Schweizerischen Landesbibliothek Bern.

Das Märchen von der gefangenen Prinzessin, geschrieben Anfang der 30er Jahre, genaues Datum nicht bekannt.

Römische Skizzen, geschrieben Anfang der 30er Jahre, genaues Datum nicht bekannt.

Erik, 1928.

Gespräch, 1928.

Pariser Novelle I und II, 1929.

Paris III, 1930.

Der Hut. Eine Episode aus dem Leben der Familie Schwarzenbach auf Bocken, 22. November 1930.

Cromwell, Schauspiel in acht Bildern, 1932.

Darf man heute noch »historische« oder »abseitige« Bücher schreiben?, 1937.

Die vierzig Säulen der Erinnerung (10 Erzählungen), Dezember 1939.

Die zärtlichen Wege, unsere Einsamkeit, New York, November 1940/ Sils, Frühling 1941.

Kongo-Ufer, I-V, Léopoldville, Lisala, Juni-Juli 1941.

Das Wunder des Baums, Léopoldville und Thysville, 22. Oktober 1941 – 20. Februar 1942.

Beim Verlassen Afrikas, geschrieben an Bord der »SS Quanza« von Luanda bis Lissabon, 14.-30. März 1942.

Aus Tetuan, (vier Texte), Tetuan, Juni 1942.

Marc, Sommer 1942.

Zitierte und weiterführende Literatur

Arendt, Hannah, *Rahel Varnhagen. Lebensgeschichte einer deutschen Jüdin in der Romantik*, München 1983.
Amrain, Susanne, *So geheim und vertraut. Virginia Woolf und Vita Sackville-West*, Frankfurt/M. 1994.
Barnes, Djuna, *Nachtgewächs*, Frankfurt/M. 1985.
Baudelaire, Charles, *Mein entblößtes Herz*, Frankfurt/M. 1986.
Bavendamm, Dirk, *Roosevelts Weg zum Krieg*, München, Berlin 1983.
Bonjour, Edgar, *Geschichte der Schweizerischen Neutralität. Vier Jahrhunderte Eidgenössischer Aussenpolitik*, Bd. 3 (1930-1939), Basel, Stuttgart 1967; Bd. 4 (1939-1945), Basel Stuttgart 1971; Bd. 5 (1939-1945) Basel, Stuttgart 1970.
Bowles, Paul, *Zeitstellen*, Graz, Wien 1989.
Bowles, Paul, *Himmel über der Wüste*, München 1994.
Braun, Cristina von, *Die schamlose Schönheit des Vergangenen. Zum Verhältnis von Geschlecht und Geschichte*, Frankfurt/M. 1989.
Braun, Christina von, *Nicht Ich. Logik, Lüge, Libido*, Frankfurt/M. 1990.
Breslauer, Marianne, *Retrospektive – Fotografie*, Bielefeld, Zürich 1979.
Breton, André, *Die Manifeste des Surrealismus*, Hamburg 1982.
Bronnen, Arnolt, *Vatermord*, hg. von Franz von Peschke, München 1985.
Buber-Neumann, Margarete, *Als Gefangene bei Stalin und Hitler*, Stuttgart, Herford 1985.
Buber-Neumann, Margarete, *Von Potsdam nach Moskau. Stationen eines Irrweges*, Frankfurt/M., Berlin 1990.
Canetti, Elias, *Die Fackel im Ohr. Lebensgeschichte 1921-1931*, Frankfurt/M. 1982.
Canetti, Elias, *Das Augenspiel. Lebensgeschichte 1931-1937*, Frankfurt/M. 1988.
Canetti, Elias, *Die gerettete Zunge. Geschichte einer Jugend*, Frankfurt/M. 1992a.
Canetti, Elias, *Masse und Macht*, Frankfurt/M. 1992b.
Celan, Paul, *Atemwände*, 2Bde., Frankfurt/M. 1962.
Crevel, René, *Seid ihr verrückt?*, Frankfurt/M. 1991.
Der Zweite Weltkrieg. Analysen, Grundzüge, Forschungsbilanz, hg. von Wolfgang Michalka, München 1989.
Deutsche Literaturgeschichte. Von den Anfängen bis zur Gegenwart, Stuttgart, Weimar 1994.
Dieterle/Perret (Hg.), Nachwort zu Annemarie Schwarzenbach, *Auf der Schattenseite. Ausgewählte Reportagen, Feuilletons und Fotografien 1933-1942*, Basel 1990.
Doss, Anna von, *Ein Besuch in Mariafeld 1871*, Privatdruck 1976.
dtv-Atlas zur Weltgeschichte. Karten und chronologischer Ablauf, Bd. 2, *Von der Französischen Revolution bis zur Gegenwart*, München 1978.
Einblicke und Ausbrüche. Lebensskizzen berühmter Frauen, ausgewählt und kommentiert von Susanne Gretter, Frankfurt/M. 1994.
Eldorado. Homosexuelle Frauen und Männer in Berlin 1850-1950. Geschichte, Alltag und Kultur, Ausstellungskatalog, Berlin 1984.

Elias, Norbert, *Studien über die Deutschen. Machtkämpfe und Habitusentwicklung im 19. und 20. Jahrhundert*, Frankfurt/M. 1994.
Flanner, Janet, *Paris, Germany ... Reportagen aus Europa 1931-1950*, München 1940.
Fleischmann, Uta (Hg.), *Wir werden es schon zuwege bringen, das Leben. Annemarie Schwarzenbach an Erika und Klaus Mann. Briefe 1930-1942*, Pfaffenweiler 1993.
Frank, Manfred, *Gott im Exil. Vorlesungen über die neue Mythologie*, Frankfurt/M. 1988.
Freud, Sigmund, *Kulturtheoretische Schriften*, Frankfurt 1986.
Frevert, Ute, *Frauen-Geschichte. Zwischen Bürgerlicher Verbesserung und Neuer Weiblichkeit*, Frankfurt/M. 1986.
Gauguin in Tahiti. Die erste Reise. Gemälde 1891-1893. Mit einem Text von Günter Metken, München 1989.
Gauguin, Paul, Noa Noa (1897). Briefe 1887-1901, in: Gerd Stein (Hg.) *Europamüdigkeit und Verwilderungswünsche*, Frankfurt/M. 1984.
Gautschi, Willi, *Der Landesstreik 1918*, Zürich 1988.
Gay, Peter, *Die Republik der Außenseiter. Geist und Kultur in der Weimarer Zeit 1918-1933*, Frankfurt/M. 1989.
George, Stefan, *Das neue Reich*, Berlin 1928a.
George, Stefan, *Gedichte*, Breslau 1928b.
Georgiadou, Areti, Fluchtwege einer Nomadin. Die Welt Annemarie Schwarzenbachs. Eine Untersuchung zu Leben und Werk, Diss. phil., Frankfurt 1995.
Geuter, Ulfried, *Homosexualität in der deutschen Jugendbewegung. Jugendfreundschaft und Sexualität im Diskurs von Jugendbewegung, Psychoanalyse und Jugendpsychologie am Beginn des 20. Jahrhunderts*, Frankfurt/M. 1994.
Ghods, Reza M., *Iran in the Twentieth Century. A political History*, Boulder, London 1989.
Gide, André, *Der Immoralist*, München 1983.
Gide, André, *Die Falschmünzer*, München 1991.
Gide, André, Zurück aus Sowjetrußland [1936], in: André Gide, *Reisen*, Stuttgart 1966.
Giehse, Therese, *Ich hab nichts zum Sagen. Gespräche mit Monika Sperr*, München, Gütersloh, Wien 1973.
Glaser, Hermann, *Spießer-Ideologie. Von der Zerstörung des deutschen Geistes im 19. und 20. Jahrhundert und dem Aufstieg des Nationalsozialismus*, Frankfurt/M. 1985.
Glendinning, Victoria, *Vita Sackville-West. Eine Biographie*, Frankfurt/M. 1990.
Hassel von, Ulrich, *Der Kreis schließt sich*, Frankfurt/M. 1994.
Hauser, Arnold, *Sozialgeschichte der Kunst und Literatur*, München 1983.
Haushofer, Albrecht, *Moabiter Sonette*, Berlin 1946.
Heininger, Markus, *Dreizehn Gründe. Warum die Schweiz im Zweiten Weltkrieg nicht erobert wurde*, Zürich 1989.
Helbling, Carl, *General Ulrich Wille. Biographie*, Zürich 1957.
Hermand/Trommler, *Die Kultur der Weimarer Republik*, Frankfurt/M. 1988.

Herzer, Manfred, *Magnus Hirschfeld. Leben und Werk eines jüdischen, schwulen und sozialistischen Sexologen*, Frankfurt/M., New York 1992.
Hölderlin, Friedrich, *Hyperion*, Leipzig 1925.
Hofmannsthal, Hugo von, *Ausgewählte Werke*, 2 Bde., Frankfurt/M. 1966.
Hohmann, Joachim S. (Hg.), *Entstellte Engel. Homosexuelle schreiben*, Frankfurt/M. 1983.
Horkheimer/Adorno, *Dialektik der Aufklärung*, Frankfurt/M. 1986.
Jaspers, Karl, *Die geistige Situation der Zeit (1931)*, Berlin 1960.
Jelinek, Elfriede, *Krankheit oder Moderne Frauen*, Köln 1987.
Jung/Renfer, *Der Landsitz Bocken am Zürichsee*, Bern 1994.
Jost, Adam, *Die Haltung der Schweiz gegenüber dem nationalsozialistischen Deutschland im Jahre 1940*, Inaugural Dissertation, Mainz 1972.
Kästner, Erich, *Fabian. Die Geschichte eines Moralisten*, Berlin 1961.
Kavafis, Konstantin, *Gedichte*, Leipzig 1979.
Koestler, Arthur, *Als Zeuge der Zeit. Das Abenteuer meines Lebens*, Frankfurt/M. 1992.
Kracauer, Siegfried, *Das Ornament der Masse*, Frankfurt/M. 1977.
Kreis, Georg, *Auf den Spuren von La Charité. Die Schweizerische Armeeführung im Spannungsfeld des deutsch-französischen Gegensatzes 1936-1941*, Basel, Stuttgart 1976.
Kröhnke, Karl, *Lion Feuchtwanger – Der Ästhet in der Sowjetunion*, Diss. phil., Stuttgart 1991.
Landshoff-Yorck, Ruth, *Klatsch, Ruhm und kleine Feuer*, Köln, Berlin 1963.
Lautmann, Rüdiger (Hg.), *Homosexualität. Handbuch der Theorie- und Forschungsgeschichte*, Frankfurt/M., New York 1993.
Lerner, Gerda, *Die Entstehung des Patriarchats*, Frankfurt/M., New York 1991.
Lerner, Gerda, *Die Entstehung des feministischen Bewußtseins*, Frankfurt/M., New York 1993.
Linsmayer, Charles (Hg.), Nachwort zu Annemarie Schwarzenbach, *Das glückliche Tal*, Frauenfeld 1987.
Maillart, Ella K., *Flüchtige Idylle. Zwei Frauen unterwegs nach Afghanistan*, Zürich 1988. Titel der deutschen Erstausgabe von 1948, *Auf abenteuerlicher Fahrt durch Iran und Afghanistan*.
Maillart, Ella K., *Turkestan Solo. Eine Frau reist durch die Sowjetunion*, Stuttgart 1990.
Mann, Erika, *Stoffel fliegt übers Meer*, Stuttgart (Levy und Müller) 1932.
Mann, Erika, *Briefe und Antworten*. 2 Bde., München 1988.
Mann, Erika, *Zehn Millionen Kinder*, München 1989.
Mann, Erika, Klaus Mann, *Das Buch von der Riviera* (in der Reihe »Was nicht im Baedeker steht«), München 1931.
Mann, Erika, Klaus Mann, *Escape to life. Deutsche Kultur im Exil*, München 1991.
Mann, Erika, Klaus Mann, *Rundherum. Abenteuer einer Weltreise*, Hamburg 1993.
Klaus und Erika Mann, Bilder und Dokumente, Austellungskatalog, München 1990.
Mann, Golo, *Erinnerungen und Gedanken. Eine Jugend in Deutschland*, Frankfurt/M. 1986.

Mann, Heinrich, *Macht und Menschen. Essays*, Frankfurt/M. 1989.
Mann, Klaus, *Vergittertes Fenster*, Frankfurt/M. 1960.
Mann, Klaus, *Kind dieser Zeit*, Hamburg 1965.
Mann, Klaus, *Der Vulkan*, München 1977.
Mann, Klaus, *Mephisto*, Hamburg 1988.
Mann, Klaus, *Tagebücher 1931-1933*, hg. von Joachim Heimannsberg, Peter Laemmle und Wilfried F. Schoeller, München 1989a.
Mann, Klaus, *Tagebücher 1934-1935*, hg. von Joachim Heimannsberg, Peter Laemmle und Wilfried F. Schoeller, München 1989b.
Mann, Klaus, *Flucht in den Norden*, Hamburg 1989c.
Mann, Klaus, *Der Wendepunkt*, Hamburg 1989d.
Mann, Klaus, *Der siebente Engel. Die Theaterstücke*, hg. von Uwe Naumann und Michael Töteberg, Hamburg 1989e.
Mann, Klaus, *Symphonie Pathétique*, Hamburg 1989f.
Mann, Klaus, *Tagebücher 1938-1939*, hg. von Joachim Heimannsberg, Peter Laemmle und Wilfried F. Schoeller, München 1990a.
Mann, Klaus, *Der Fromme Tanz*, Hamburg 1990b.
Mann, Klaus, *Tagebücher 1940-1943*, hg. von Joachim Heimannsberg, Peter Laemmle und Wilfried F. Schoeller, München 1991a.
Mann, Klaus, *Tagebücher 1944-1949*, hg. von Joachim Heimannsberg, Peter Laemmle und Wilfried F. Schoeller, München 1991b.
Mann, Klaus (Hg.), *Die Sammlung*, 1. und 2. Jahrgang (Reprint), München 1993.
Mann, Thomas, *Briefe*, Bde. 1-3, hg. von Erika Mann, Frankfurt/M. 1961-1965.
Mann, Thomas, *Tagebücher 1933-1934*, hg. von Peter de Mendelssohn, Frankfurt/M. 1977.
Mann, Thomas, *Tagebücher 1935-1936*, hg. von Peter de Mendelssohn, Frankfurt/M. 1978.
Mann, Thomas, *Tagebücher 1937-1939*, hg. von Peter de Mendelssohn, Frankfurt/M. 1980.
Mann, Thomas, *Tagebücher 1940-1943*, hg. von Peter de Mendelssohn, Frankfurt/M. 1982.
Thomas Mann. Ein Leben in Bildern, hg. von Wysling/Schmidlin, Zürich 1994.
Mass und Wert, Jg. 2, März/April 1939.
Mattenklot, Gert, *Bilderdienst. Ästhetische Opposition bei Beardsley und George*, Frankfurt/M. 1977.
Mayer, Hans, *Außenseiter*, Frankfurt/M. 1977.
McCullers, Carson, *Die Ballade vom traurigen Café*, Zürich 1971.
McCullers, Carson, *Spiegelbild im goldnen Auge*, Zürich 1990.
McCullers, Carson, *Das Herz ist ein einsamer Jäger*, Zürich 1991.
McCullers, Carson, *Meistererzählungen*, hg. von Anton Friedrich, Zürich 1991.
Meienberg, Niklaus, *Die Welt als Wille und Wahn. Elemente zur Naturgeschichte eines Clans*, Zürich 1987.
Merz, Ernst, *Kulturerneuerung und Ordensgemeinschaft*, Leipzig, Stuttgart 1933.
Merz, Ernst, *Tradition und Einkehr*, aus nachgelassenen Schriften, Amsterdam 1985.

Mettler, Hugo, Begegnungen am Morgen, in: *Zürcher Student*, Heft 7, Dez. 1942.
Meyer, Adele (Hg.) *Lila Nächte. Die Damenklubs im Berlin der Zwanziger Jahre*, Berlin 1994.
Meyer, Alice, *Anpassung oder Widerstand. Die Schweiz zur Zeit des Nationalsozialismus*, Frauenfeld 1965.
Meyer-Larsen, Werner, Der große Showdown, in: *Der Spiegel* Nr. 17, Hamburg 1995, S. 166-186.
Müller/Grente, *Der untröstliche Engel. Das ruhelose Leben der Annemarie Schwarzenbach*, München 1995.
Nietzsche, Friedrich, *Werke* in drei Bänden, München 1960.
Novalis, *Gedanken und Dichtungen*, 2 Bde., Wuppertal 1947.
Paglia, Camille, *Die Masken der Sexualität*, Berlin 1992.
Perret, Roger, Dossier: Annemarie Schwarzenbach, in: *Der Alltag*, Zürich 1987.
Perret, Roger (Hg.), Nachwort zu Annemarie Schwarzenbach, *Lyrische Novelle*, Basel 1988.
Perret, Roger (Hg.), Nachwort zu Annemarie Schwarzenbach, *Bei diesem Regen*, Basel 1989.
Perret Roger (Hg.), Nachwort zu Annemarie Schwarzenbach, *Jenseits von New York. Reportagen und Fotografien 1936-1938*, Basel 1992.
Pessoa, Fernando, *Das Buch der Unruhe*, Frankfurt/M. 1988.
Peukert, Detlev J.K., *Die Weimarer Republik*, Frankfurt/M. 1987.
Portisch, Hugo, *Hört die Signale. Aufstieg und Fall des Sowjetkommunismus*, München 1993.
Potts, Lydia (Hg.), *Aufbruch und Abenteuer*, Berlin 1988.
Richter, Hans, *DADA – Kunst und Antikunst*, Köln 1973.
Rilke, Rainer Maria, *Duineser Elegien. Die Sonette an Orpheus*, Zürich 1991.
Rilke, Rainer Maria, *Die Aufzeichnungen des Malte Laurids Brigge*, Frankfurt/M., Leipzig 1994.
Rilke, Rainer Maria; Forrer, Anita, *Briefwechsel*, Frankfurt/M. 1982.
Rimbaud, Arthur, *Gedichte*, Frankfurt/M. 1989.
Rimbaud, Arthur, *Briefe und Dokumente*, hg. und übers. von Curd Ochwadt, Heidelberg 1961.
Rimbaud, Arthur, *Seher-Briefe. Lettres du voyant*, hg. und übers. von Werner von Koppenfels, Mainz 1990.
Rosenberg, Arthur, *Entstehung und Geschichte der Weimarer Republik*, Frankfurt/M. 1983.
Rule, Jane, *Bilder und Schatten. Die lesbische Frau in der Literatur*, Berlin 1979.
Sahl, Hans, *Memoiren eines Moralisten*, Hamburg, Zürich 1990.
Sahl, Hans, *Das Exil im Exil. Memoiren eines Moralisten II*, Frankfurt/M. 1991.
Sackville-West, Vita, *Zwölf Tage in den Bakhtiari-Bergen. Eine Reiseerzählung*, Frankfurt/M. 1990.
Scary, Elaine, *Der Körper im Schmerz. Die Chiffren der Verrletzlichkeit und die Erfindung der Kultur*, Frankfurt/M. 1992.

Schoppmann, Claudia, *Nationalsozialistische Sexualpolitik und weibliche Homosexualität*, Diss. phil., Pfaffenweiler 1991a.
Schoppmann, Claudia (Hg.), *Im Fluchtgepäck die Sprache. Deutschsprachige Schriftstellerinnen im Exil*, Berlin 1991b.
Schulte, Michael (Hg.), *Paris war unsere Geliebte. Streifzüge mit James Joyce, Ernest Hemingway, Ezra Pound, Gertrude Stein und anderen*, München 1989.
Sender, Toni, *Autobiographie einer deutschen Rebellin*, hg. von Gisela Brinker-Gabler, Frankfurt/M. 1981.
Spangenberg, Eberhard, *Karriere eines Romans. Mephisto, Klaus Mann und Gustaf Gründgens*, Hamburg 1986.
Spencer, Carr, *Virginia, The lonely hunter*, London 1977.
Stark, Freya, *Der Osten und der Westen. Ansichten über Arabien*, Zürich, Dortmund 1992.
Stark, Freya, *Im Tal der Mörder. Eine verbotene Reise in das geheimnisvolle Persien*, München 1993.
Thompson, Dorothy, *Kassandra spricht. Antifaschistische Publizistik 1932-1942*, Leipzig, Weimar 1988.
Toller, Ernst, *Hoppla, wir leben*, Potsdam 1927.
Trakl, Georg, *Das dichterische Werk*, München 1992.
Utrio, Kaari, *Evas Töchter. Die weibliche Seite der Geschichte*, Hamburg, Zürich 1987.
Vietta, Silvio, *Die Literarische Moderne. Eine problemgeschichtliche Darstellung der deutschsprachigen Literatur von Hölderlin bis Thomas Bernhard*, Stuttgart 1992.
Von der Lühe, Irmela, *Erika Mann. Eine Biographie*, Frankfurt/M., New York 1993.
Wandervogel, Der, Heft 3/4, Oktober 1925.
Waldoff, Claire, *»Weeste noch ...!«*, Düsseldorf, München 1953.
Wegener, Walther, *Syrien-Irak-Iran*, Leipzig 1943.
Wille, Eliza, *Erinnerungen an Richard Wagner*, Zürich 1982.
Wolff, Charlotte, *Augenblicke verändern uns mehr als die Zeit. Eine Biographie*, Weinheim, Basel 1982.
Zweig, Stefan, *Die Welt von gestern. Erinnerungen eines Europäers*, Frankfurt/M. 1947.

Bildnachweis

Die Abbildungen auf den Seiten 12, 15, 16, 19, 22, 23, 27, 33, 42, 113 und 209 wurden von Frau Suzanne Öhmann aus ihren privaten Fotoalben mit freundlicher Genehmigung zur Verfügung gestellt.
Die Abbildungen auf den Seiten 37 und 39 sind dem Buch *Die Welt als Wille und Wahn. Elemente zur Naturgeschichte eines Clans* von Niklaus Meienberg entnommen, das 1987 im Limmat-Verlag in Zürich erschien. Ihre Herkunft ist nicht bekannt.
Abbildungen Seite 48, 54, 57, 63 70, 107, 116, 124, 127, 139, 142, 143, 144, 156, 162, 164, 190 und 214: Schweizerische Landesbibliothek Bern.
Abbildung auf Seite 85: Münchner Stadtmuseum
Abbildung auf Seite 98: Bildarchiv und Dokumentation zur Geschichte der Arbeiterbewegung, Zürich.
Abbildung auf Seite 99: Zentralbibliothek Zürich, Graphische Sammlung.
Abbildung auf Seite 111: Foto: Anita Näef.
Abbildung auf Seite 201: Foto: H. Cartier Bresson.
Abbildung auf Seite 224: Das Testament wurde dem Verlag von Jürg Wille, einem Cousin Annemarie Schwarzenbachs, zur Verfügung gestellt.